臺灣歷史與文化 研究輯刊

二 五 編

第 **4** 冊

戰後臺灣保險市場的接收與重整
（1945～1963）（下）

黃 正 宗 著

花木蘭文化事業有限公司

國家圖書館出版品預行編目資料

戰後臺灣保險市場的接收與重整（1945～1963）（下）／黃正宗
著 -- 初版 -- 新北市：花木蘭文化事業有限公司，2024〔民
113〕
目 8+192 面；19×26 公分
（臺灣歷史與文化研究輯刊二五編；第 4 冊）
ISBN 978-626-344-694-6（精裝）
1.CST：保險市場 2.CST：保險史 3.CST：金融史 4.CST：臺灣
733.08   112022552

臺灣歷史與文化研究輯刊
二五編　第 四 冊　　　　　ISBN：978-626-344-694-6

戰後臺灣保險市場的接收與重整
（1945～1963）（下）

作　　者　黃正宗
總 編 輯　杜潔祥
副總編輯　楊嘉樂
編輯主任　許郁翎
編　　輯　潘玟靜、蔡正宣　美術編輯　陳逸婷
出　　版　花木蘭文化事業有限公司
發 行 人　高小娟
聯絡地址　235　新北市中和區中安街七二號十三樓
　　　　　電話：02-2923-1455 ／傳真：02-2923-1452
網　　址　http://www.huamulan.tw 信箱 service@huamulans.com
印　　刷　普羅文化出版廣告事業
初　　版　2024 年 3 月
定　　價　二五編 12 冊（精裝）新台幣 36,000 元　　版權所有‧請勿翻印

戰後臺灣保險市場的接收與重整
（1945～1963）（下）

黃正宗　著

目次

表目次

圖目次

第五章　新體制的確立與影響：組織、資本與人事

　　本文旨在探討戰後臺灣保險市場制度如何轉換及轉換過程所生影響。新制度揉合部分日治要素（舊制度）及戰後添加的新要素，必須完成兩部分的討論後，方具備思考所生影響問題的背景知識。第二至第四章已大致完成第一部分討論，接著針對第二部分，也就是新要素進行探討。筆者在構思後續內容的結構安排時，有兩個腹案。其一是先完成「所有」新要素介紹後，再進行「所生影響」討論；其二是完成「部分」新要素介紹後，即結合舊要素討論成果，進行相關主題的「所生影響」討論。幾經斟酌，筆者認為後者的結構安排較為平均，且可收一氣呵成之效，能夠較佳地呈現討論成果。職是之故，後續三章將回到四個觀察視角，一方面介紹「新要素」、再方面結合「舊要素」、三方面綜合分析「所生影響」。本章聚焦「組織、資本與人事」、第六章「業務發展」、第七章「監理制度與資金運用」。〔註1〕

第一節　三塊拼圖的完成

　　賴英照「三塊拼圖」的比喻恰如其分地描述戰後臺灣金融版圖的形構過程：「第一張拼圖是日據時期留下來的金融機構；第二張是在大陸地區設立，後來在台復業的金融機構；第三張是光復後在台灣設立的金融機構。」〔註2〕臺灣產物、臺灣人壽及郵政管理局都屬於第一塊拼圖，到目前為止，本文的討

〔註1〕此處四大面向討論順序和第二章不同，是因為本文認為戰後添加的新要素中，「組織、資本與人事」深刻影響後續三個面向，故調整至第一順位。

〔註2〕賴英照，《台灣金融版圖之回顧與前瞻》（臺北：聯經，1997年2月），頁3。

論都集中在它們身上。本節將探討第二、三塊拼圖是在何種歷史脈絡下進入臺灣保險市場。

一、第二塊拼圖：中國保險業跨海來臺

戰後臺灣成為中國政府實質統治領土，中國保險業也隨之跨海來臺，它們先是在臺灣設立分支機構，隨後因國共易幟之故，又紛紛改制為總公司。依據來臺設立分支機構先後，分別有資委會保險事務所（下稱資保所）、中信局、太平產物、中國航聯產物、中國產物等5家保險業，以下分別介紹。

（一）資保所

先前提及，臺灣主要工礦事業接收是由資委會主導，隨著該會在臺事業單位成立，服務單位也跟著來臺，資保所就是其中之一。

1943年7月15日，資保所在重慶成立，旨在提供資委會所屬機構保險服務，以節省保費支出，基本上不對外營業。戰後，資保所隨資委會遷返南京，並陸續設立上海、臺灣、華北、瀋陽、廣州等分所及北平辦事處。各分支機構中，以臺灣業務最為發達，其餘則受戰局影響，業績未甚理想。

資保所臺灣分所（原名臺北分所）和資委會其它在臺事業相同，皆於1946年5月1日成立，是最早跨海來臺的中國保險業，成立時間甚至早於臺灣產物、臺灣人壽二籌備處（1946.6.16）。1950年1月14日，因國共易幟後所有總、分所業務均在臺灣辦理，遂將臺灣分所改組為總所，下設業務、會計、總務三組，業務組下設產險、壽險、再保險三課。〔註3〕

1952年9月1日，資委會奉命撤銷，9月8日，原資委會業務由經濟部增設國營事業司接辦，〔註4〕資保所遂直接隸屬於經濟部（下仍簡稱資保所）。

〔註3〕〈資源委員會在臺各事業聯席會議紀錄〉，收入薛月順編，《資源委員會檔案史料彙編：光復初期臺灣經濟建設（下）》（臺北：國史館，1995年12月），頁79；《資源委員會檔案》，〈保險事務所〉，「組織」，中央研究院近代史研究所檔案館藏，館藏號：03-08-001-01-001；《資源委員會檔案》，〈保險事務所〉，「工作報告等」，中央研究院近代史研究所檔案館藏，館藏號：24-10-22-004-01。

〔註4〕「行政院第二五六次會議」，〈行政院會議議事錄臺第三二冊二五五至二五九〉，《行政院》，國史館藏，數位典藏號：014-000205-00059-002；「行政院第二五八次會議」，〈行政院會議議事錄臺第三二冊二五五至二五九〉，《行政院》，國史館藏，數位典藏號：014-000205-00059-004；〈簡化機構增進行政效率 政院撤銷資委會 業務飭由經濟部接管〉，《聯合報》，1952年9月1日，第1版；〈金開英 昨日視事〉，《聯合報》，1952年9月9日，第1版。

1954 年，經濟、財政二部奉「簡化機構、緊縮開支」政令，以資保所、材料供應處二單位業務內容與中信局雷同，不無疊床架屋之虞為由，呈請將該二單位併入中信局。7 月 1 日經行政院第 350 次會議通過，8 月 1 日完成整併，〔註5〕資保所正式走入歷史。自 1943 年 7 月 15 日成立起算，存續約 11 年。

（二）中信局

1935 年 10 月 1 日在上海成立，原係中央銀行之附屬機構，1947 年 5 月 7 日《中央信託局條例》頒布後，成為獨立機構。

臺灣辦事處於 1947 年 2 月 25 日成立，6 月奉准改制為分局，9 月 1 日開始辦公，10 月 9 日正式開業。1949 年，因總局隨政府遷臺，遂將臺灣分局及所轄臺南辦事處裁併，基隆、高雄辦事處則改隸總局。

創設中信局的初始目的係對抗當時外資在華儲蓄事業，以吸收民間資金用於公共事業及生產事業，惟因政策需求，成立時業務範圍已不限於儲蓄，還包括採購、保管、信託及保險。〔註6〕臺灣分局成立之時設有保險科，惟業務範圍僅止於產險，至 1948 年 12 月始分設產、壽險二科。〔註7〕1949 年 4 月，中信局人壽保險處（下稱壽險處）遷臺營業。9 月，奉命暫停營業，未了業務由產物保險處（下稱產險處）續辦。12 月，總局遷臺。1950 年 6 月，恢復舊制分設產、壽險二處。〔註8〕

1959 年 10 月、1961 年 6 月，再保險、公務人員保險業務分別自產、壽險處獨立，增設再保險處（下稱再保處）、公務人員保險處（下稱公保處），〔註9〕

〔註5〕「行政院第三五〇次會議」，〈行政院會議議事錄臺第六五冊三五〇至三五二〉，《行政院》，國史館藏，數位典藏號：014-000205-00092-001；〈經濟部保險事務所 材料供應處 已併入中信局〉，《聯合報》，1954 年 8 月 2 日，第 5 版。
〔註6〕中央信託局，《中央信託局簡介》（出版地不詳：著者，1962 年 10 月），頁 1～2、34～51；「中央信託局臺灣辦事處成立案」（1947-04-14），〈各機關成立〉，《臺灣省行政長官公署》，國史館臺灣文獻館，典藏號：00301210002023；「為函知本分局於九月一日起開始辦公請查照由」（1947-01-01），〈與各機關往來公函〉，《臺灣鹽業》，國史館臺灣文獻館，典藏號：006-360593-016。
〔註7〕〈中央信託局關於臺灣分局人員調派、薪津等事項的文件（1948 年 11 月～1949 年 3 月）〉，收入陳雲林總主編，《館藏民國臺灣檔案匯編》第 275 冊，頁 315～344。
〔註8〕〈中央信託局總局遷臺〉，《中央日報》，1949 年 12 月 30 日，第 1 版；〈中央信託局恢復人壽保險〉，《中央日報》，1950 年 6 月 3 日，第 5 版。另就現有資料不確定產險處有無提早遷臺，若無，應係於 1949 年隨同總局遷臺。
〔註9〕中央信託局，《中央信託局簡介》，頁 34～51。

中信局的保險業務組織自此確立，但隨著時間推進，又陸續消逝於歷史舞台。

1968 年 10 月 31 日，中央再保險公司（下稱中央再保）成立，原再保處完成階段性任務後裁撤；〔註10〕1972 年 2 月，原產險處併入中國產物；〔註11〕2007 年 7 月 1 日，中信局與臺灣銀行合併，原公保處改稱臺灣銀行公教保險部，〔註12〕原壽險處改稱臺灣銀行保險部，並於 2008 年 1 月 2 日改制為臺銀人壽。〔註13〕

（三）太平產物

1929 年 10 月 20 日成立於上海，原名「太平水火保險公司」，由北四行之一的「金城銀行」全額投資。〔註14〕1933 年，為擴大規模，邀請大陸、交通、國華、中南、東萊等銀行參股，並更名為「太平保險公司」。至 1937 年中日戰爭爆發前，太平保險已發展為中國最大的華商保險業之一，鼎盛時期，全國代理處達 900 餘處，並在香港、新加坡、西貢、雅加達、馬尼拉等地設立分支機構。〔註15〕

1946 年 6 月，太平產物奉准至臺灣設立分支機構，〔註16〕惟遲至 1948 年 9 月 10 日始設立辦事處，1950 年 4 月 1 日改組為分公司。1951 年 3 月 22 日，依據行政院 1950 年 9 月 22 日頒布的《淪陷區工商企業總機構在臺灣原

〔註10〕中央再保險公司成立 50 周年特刊編輯小組，《中央再保險公司成立 50 周年特刊》，頁 12。

〔註11〕中國產物保險股份有限公司，《中國產物保險股份有限公司五十周年紀念》，頁 6、23。

〔註12〕臺灣銀行，〈公教人員保險簡介〉，網址：https://www.bot.com.tw/GESSI/GESSI_intro/Pages/default.aspx，瀏覽日期：2021 年 3 月 27 日。

〔註13〕《臺銀人壽保險股份有限公司中華民國一〇八年度年報》，頁 3～4。

〔註14〕北四行係金城、鹽業、中南、大陸四家銀行的合稱，為民國時期長江以北地區最大的私人金融資本集團。1922 年，四家銀行成立聯營事務所，故有「北四行」之稱呼。知名的「四行倉庫」即為該聯營事務所轄下之聯合儲蓄會所興建，因而得名。上海百科全書編輯委員會編，《上海百科》（上海：上海科技技術出版社，2010 年 6 月），頁 17；〈四行倉庫探明「前世今生」——蘇州河畔「全國優秀文物維修工程」之文物勘察篇〉，《建築科技》（2017 年 4 期），頁 6。

〔註15〕林振榮，〈原太平保險實際掌門人丁雪農：太平「守望者」（一）（二）（三）〉，《中國銀行保險報》；中國保險年鑑社編，《中國保險年鑑（1936）》（上海：編者，1936 年 4 月），頁 45；康金莉、姚會元，〈太平保險公司初期發展研究〉，《衡水學院學報》10：2（2008 年 4 月），頁 4～6。

〔註16〕《經濟部檔案》，〈太平產物保險公司〉，中央研究院近代史研究所館藏，館藏號：18-23-01-72-26-215，頁 265～267。

設分支機構管理辦法》規定，〔註17〕將臺灣分公司改制為總公司，並更名為
「臺灣太平產險股份有限公司」。後該公司以「爭取海外分支機構便於接洽業
務及聯繫起見」為由，將公司名稱之臺灣二字刪除，仍稱「太平產險股份有
限公司」。〔註18〕2007年3月1日更名為「華山產物」，惟因經營不善於2009
年1月17日遭金管會勒令停業清理。〔註19〕八十年老店自此消逝於歷史洪
流。

（四）中國航聯產物

1948年10月5日成立於上海，顧名思義，其係輪船同業所發起籌設之保
險業。稍值一提的是，中國航聯產物成立之初就和臺灣有部分關聯，臺灣航業
公司及臺灣銀行皆為該公司創始股東，各自認購國幣 5 億元股份（資本總額
250 億元）。〔註20〕中國航聯產物成立不久後即獲財政部核准在臺灣設立分公
司（1948.12），惟因公司登記問題，〔註21〕遲至翌（1949）年11月才正式在
臺營業。

1951年4月，依上述《淪陷區工商企業總機構在臺灣原設分支機構管理
辦法》規定，將臺灣分公司改制為總公司，並更名為「臺灣中國航聯產物保險

〔註17〕該辦法第 4 條規定「分支機構應一律改為獨立機構，取銷分支字樣，冠以臺
　　　灣二字，自本辦法施行日起，限三個月內完成第六條規定之手續，並重行登
　　　記，逾期予以停業，並公告撤銷其原設立登記。」臺灣省政府秘書處編，《臺
　　　灣省政府公報》39：冬：6（臺北：編者，1950年10月7日），頁58。

〔註18〕「關於臺灣太平產物保險股份有限公司申請更改公司名稱案呈奉行政院核准
　　　辦理特令知照由」（1953-08-26），〈公司登記（0042/482/1/71）〉，《臺灣省級機
　　　關》，國史館臺灣文獻館（原件：國家發展委員會檔案管理局），典藏號：
　　　0044820023497003。

〔註19〕中華民國產物保險商業同業公會，〈產險公會介紹〉，網址：http://www.nlia.
　　　org.tw/modules/tadnews/page.php?nsn=31#A，瀏覽日期：2021年7月12日；
　　　金融監督管理委員會保險局，〈華山產險清理專區〉，網址：https://www.ib.gov.
　　　tw/ch/home.jsp?id=232&parentpath=0,5，瀏覽日期：2021年7月12日。

〔註20〕《經濟部檔案》，〈中國航聯產物保險公司〉，中央研究院近代史研究所館藏，
　　　館藏號：18-23-01-72-26-00；「電為航業公司以上海輪船業發起興辦中國航聯
　　　意外責任產物保險服份有限公司經由該公司徐董事長代為認股十億元是否可
　　　行理合電轉察核示遵由」（1948-03-16），〈航業公司承認中國航聯意外責任產
　　　物保險公司股東案（0036/263.2/27/1）〉，《臺灣省級機關》，國史館臺灣文獻館
　　　（原件：國家發展委員會檔案管理局），典藏號：0042632003942001。

〔註21〕「中國航聯產物保險公司臺北分公司地址不明電送案」（1949-05-07），〈中國
　　　航聯產物保險公司註冊登記（0038/482.1/52/1）〉，《臺灣省級機關》，國史館臺
　　　灣文獻館（原件：國家發展委員會檔案管理局），典藏號：0044821008630001。

股份有限公司」（下仍稱中國航聯產物）。〔註22〕2002 年 10 月 11 日，中國航聯產物被友聯產物併購，〔註23〕走入歷史。

（五）中國產物

1931 年 11 月 1 日成立於上海，由中國銀行全額投資，總公司稱「總管理處」。1949 年 10 月，奉准設立臺灣分公司，同年 12 月正式開業，並因國共易幟之故，總管理處於同月遷臺，形成總管理處、臺灣分公司並存於臺灣的現象。1972 年 2 月，裁撤臺灣分公司。〔註24〕2006 年 7 月 6 日，更名為「兆豐產物保險股份有限公司」，為兆豐金控百分之百持有之子公司，現仍繼續營業中。〔註25〕

以上 5 家保險業，加上臺灣產物、臺灣人壽、郵政管理局，構成戰後臺灣保險市場 1960 年代以前的樣貌。依業務性質分類，產險有臺灣產物、中信局產險處、資保所、太平產物、中國航聯產物、中國產物 6 家；壽險有臺灣人壽、中信局壽險處、臺灣郵政管理局 3 家。依資本屬性分類，除太平產物、中國航聯產物為民營外，〔註26〕其餘皆為公營，進一步確立戰後臺灣保險業以公營為主的體制。這個狀態要到 1960 年保險市場開放後才被打破。

二、第三塊拼圖：保險市場開放與華僑資本

（一）保險市場管制與開放

我們既然要討論「開放」，那麼必然先有「管制」。1951 年 1 月 19 日，財政部代電開：

〔註22〕「據中國航聯產物保險股份有限公司台灣分公司呈請撤銷該分公司原登記案電請核備由」（1951-04-11），〈公司登記（0040/482/1/32）〉，《臺灣省級機關》，國史館臺灣文獻館（原件：國家發展委員會檔案管理局），典藏號：0044820016604019；「臺灣中國航聯產物保險公司呈請設立登記案」（1951-04-13），〈中國航聯產物保險公司設立登記（0040/126.2/16/1）〉，《臺灣省級機關》，國史館臺灣文獻館（原件：國家發展委員會檔案管理局），典藏號：0041262016016001。

〔註23〕中華民國產物保險商業同業公會，〈產險公會介紹〉。

〔註24〕中國產物保險股份有限公司，《中國產物保險股份有限公司五十周年紀念》，頁 6、19～23。

〔註25〕《兆豐保險 2019 年年報》，頁 6。

〔註26〕該二公司雖屬民營，但政府透過公營事業持股，仍具有一定影響力，除上述臺灣航業公司及臺灣銀行外，中信局也持有中國航聯產物股份；交通銀行則持有太平產物股份。吳若予，《戰後臺灣公營事業之政經分析》，頁 144～148。

一、查前經本部核准註冊之保險公司，其原有股東事實上多不在臺，
　　其原有資產亦多未及撤出，且**臺省區域不大，現有保險業總分機**
　　構已足適應需要，自無增設保險機構之必要，所有前經本部核准
　　註冊之民營保險公司，應暫予限制遷臺營業，業經本部呈奉行政
　　院臺四十財字第二〇四號指令准予照辦。

二、所有尚未經部核准遷臺營業之保險公司，均一律不予核准。

〔註27〕

上述內容除了告訴我們政府對保險市場採取「禁止進入」的管制措施外，也
可從反面推論得知必定仍有保險業意欲遷臺或申請設立保險業，否則大可不
必禁止。據悉有泰安產物、太平洋產物、永興產物及保安產物等中國保險業
擬在臺設立分支機構，〔註28〕但最終並未成功。此外，在經濟部 1952 年研
擬的〈對日經濟合作計劃綱要草案〉中，提及日本曾詢問來臺設立保險公司
之可能；〔註29〕1953 年 2、3 月，英商烏思倫（New Zealand）產物、日商大
正海上火災；1959 年 1 月 21 日，美商 Midland National Life Insurace 申請來臺
設立分支機構，〔註30〕皆未獲同意，保險市場管制禁令未見鬆動。

　　1960 年 8 月 25 日，行政院解除保險市場管制，〔註31〕開啟第三塊拼圖
進入臺灣保險市場的契機。關於解除管制的原因，官方說法是「適應經濟發
展需要」。財政部長嚴家淦在 1960 年 11 月接受媒體訪問時提及「保險公司
在過去原是暫時凍結不許新設的，現在由於經濟發展，深覺有准許增設之必
要。」〔註32〕此說固然不錯，但不免過於籠統，有隔靴搔癢之憾。

〔註27〕臺灣省政府秘書處編，《臺灣省政府公報》40：春：40（臺北：編者，1951 年
　　　　2 月 17 日），頁 594。
〔註28〕陽肇昌，〈三十年來的保險事業〉，收入氏著，《我國保險業當前發展之方向》
　　　　（臺北：著者，1985 年 9 月），頁 93；秦賢次、吳瑞松，《臺灣保險史綱：1836
　　　　～2007》，頁 107；「永興產物保險公司臺北市分公司迄未來臺開業電送案」
　　　　（1949-08-10），〈公司登記（0038/482/5/26）〉，《臺灣省級機關》，國史館臺灣
　　　　文獻館（原件：國家發展委員會檔案管理局），典藏號：0044820008526003。
〔註29〕「行政院第二五〇次會議」〈行政院會議議事錄臺第三一冊二四八至二五四〉，
　　　　《行政院》，國史館藏，數位典藏號：014-000205-00058-003，頁 78。
〔註30〕〈外商申請在台設立保險業案〉，《經濟部》，國家發展委員會檔案管理局藏，
　　　　檔號：A313000000G/0042/04990-001434/00001；秦賢次、吳瑞松，《臺灣保險
　　　　史綱：1836～2007》，頁 107。
〔註31〕《財政部公報》1：1（臺北：編者，1963 年 1 月 25 日），頁 16。
〔註32〕〈保險公司開放設立　嚴家淦財長說必須合乎標準〉，《聯合報》，1960 年 11 月
　　　　3 日，第 5 版。

　　袁穎生進一步聯繫到 1958 年 9 月 10 日提出的《總統府臨時行政改革委員會總報告》第 43 建議案「鼓勵儲蓄、促進資本形成，以利經濟發展」，指出該案建議開放保險公司之設立，以間接鼓勵儲蓄。〔註33〕不過，該建議案原文內容是「擴大人壽保險，藉以間接鼓勵儲蓄」，並未明確表明建議開放保險業設立。〔註34〕此外，第 85 建議案「發展保險業務」中同樣沒有開放保險業設立之建議。〔註35〕

　　事實上，財政部長嚴家淦在 1958 年 5 月 10 日時仍主張保險業「目前仍以不准增設為宜。如將來由于經濟之進步，保險業務大量增加，對開放新公司之設立，自可考慮。」〔註36〕嚴家淦身兼總統府臨時行政改革委員會委員，〔註37〕當不至於發表與建議方案扞格的言論。〔註38〕此外，如前所述，1959 年美商 Midland National Life Insurace 申請來臺設立分支機構時，保險市場管制禁令仍未見鬆動。因此，前述建議案顯然不是開放保險市場的直接原因。〔註39〕那麼，促使政府決定開放設立保險業的動力究竟為何？

　　經濟發展、獎勵儲蓄固然都是促成保險市場開放的重要歷史脈絡，但若缺乏給予臨門一腳的關鍵人物，市場開放的進程或許會再晚上幾年。這個關鍵人物是菲律賓華僑施性水。

〔註33〕袁穎生編纂，《重修臺灣省通志（卷四）：經濟志金融篇》，頁 613～614。

〔註34〕「第八類金融」，〈總統府臨時行政改革委員會總報告〉，《陳誠副總統文物》，國史館藏，數位典藏號：008-010507-00026-009。

〔註35〕「第十四類其他」，〈總統府臨時行政改革委員會總報告〉，《陳誠副總統文物》，國史館藏，數位典藏號：008-010507-00026-015。

〔註36〕〈嚴家淦昨發表談話 歡迎民資外資籌設開發公司〉，《聯合報》，1958 年 5 月 11 日，第 4 版。

〔註37〕「附錄丙」，〈總統府臨時行政改革委員會總報告〉，《陳誠副總統文物》，國史館藏，數位典藏號：008-010507-00026-018。

〔註38〕須補充的是，嚴家淦發言的時間雖（1958.5.10）在《總統府臨時行政改革委員會總報告》提出（1958.9.10）之前，但該委員會早在 1958 年 3 月 10 日即已成立。

〔註39〕蘇薰璇也認為開放保險業設立是導因於當時政府推動國民儲蓄，並指出美援會提出的〈增進國民儲蓄及其運用效能方案〉明確提出「開放保險公司之設立」。不過，該方案在 1961 年 3 月 9 日提報美援會會議時仍只是草案，而保險業設立的禁令則早在 1960 年 8 月 25 日就已解除。蘇薰璇，〈市場、國家與社會：從制度論探討臺灣戰後壽險市場的發展〉，頁 76～78；「行政院美援運用委員會五十年第三次會議會議紀錄」，〈行政院美援運用委員會會議紀錄彙輯（五）〉，《陳誠副總統文物》，國史館藏，數位典藏號：008-010503-00007-002。

（二）施性水：保險市場開放的關鍵人物

　　施性水（1904～1963），福建晉江人。11 歲時旅居菲律賓，從其伯父習商。除了商業成就外，其生平最重要的標誌是僑界領袖。26 歲獻身服務華僑社會，約 1937 年出任「馬尼拉中華商會」理事，〔註40〕1950 年起任理事長 10 餘年。施性水與國民黨有深厚淵源，中日戰爭期間任國民黨駐菲總支部委員，此後歷任執委、常委、評議等黨職。1949 年任行政院僑務委員會委員。翌（1950）年，蔣中正在臺灣「復行視事」，於此人心浮動之際，施性水首倡組織回國考察團，往後幾乎每年率領僑團來臺參加慶典。施性水逝世後，總統蔣中正題頒「軫懷僑彥」輓額，副總統陳誠題「志行在敦睦友邦海外廿年思舊績，平生惟忠愛黨國簡書他日表移徵」，菲律賓僑界則於 1966 年在馬尼拉華僑義山墓園附近建一紀念亭，名曰「性水亭」，可知他在國民黨高層及僑界心中之地位。〔註41〕

　　施性水與臺灣保險業的關係是他先後創辦華僑產物、華僑人壽，此事也成為臺灣保險市場開放的敲門磚。不過，事情的經過卻存在兩種說法。

　　第一種說法指出，當時菲律賓僑界除了施性水所屬的中華商會外，尚有蔡功南為首的「華商總會」，兩者相互較勁。後者於 1958 年經核准創辦「華僑銀行」，中華商會不甘落後，施性水遂於 1960 年來臺向金融界投石問路，經立法委員邱漢平（1904～1990）指點，認為銀行業已被捷足先登，故將目光轉向保險業。為此研擬籌設「華僑產物」專案申請文件，擬於謁見總統蔣中正時提出，持件謁見蔣中正途中，巧遇副總統陳誠，提及籌設華僑產物計畫，陳誠允諾代為處理，將案件轉交財政部長嚴家淦辦理。隨後，財政部為增加產險業營運效能，輔以經濟發展需要，遂決定全面開放保險市場。〔註42〕

〔註40〕〈施性水移忠作孝〉一文提到施性水出任中華商會理事到理事長已 24 年，該文章於 1961 年發表，故推算擔任理事之時間約 1937 年。〈施性水移忠作孝〉，《中國一周》586（1961 年 7 月 17 日），頁 9。

〔註41〕潘美智，〈1960 年代菲律賓華僑來臺投資保險業之研究——以施性水及楊應琳為例〉（臺北：國立臺灣師範大學華語文教學研究所僑教與海外華人研究組，2012 年 7 月），頁 75～84；〈施性水移忠作孝〉，頁 9；〈旅菲僑領施性水先生事畧〉，《中國一周》712（1963 年 12 月 16 日），頁 28。

〔註42〕紀明中，〈菲律賓華僑突破產險禁令——施性水敲開產險大門〉，《財訊》48（1986 年 3 月），頁 130～133。張明暉也持類似說法，但部分內容有出入，包括：僅提到菲律賓僑界有派系之爭，但未明確指出中華商會及華商總會；籌設華僑銀行者係稱「以蔡紹華、蔡實鼎為首的蔡氏家族」；施性水決定要籌設產險業後才赴臺與邱漢平研商計畫。張明暉，〈產險史話（八）開放市場篇〉，

　　第二種則是相關人的現身說法。依據華僑產物常務董事兼首任副總經理蔡實鼎（1925～）〔註43〕回憶，施性水每次來臺謁見蔣中正時，蔣中正皆懇切叮囑施性水號召華僑來臺投資。施性水多次詢問蔡實鼎「總統要我回台投資，你看怎麼辦才好？」蔡實鼎建議投資必須選擇臺灣最需要，該有而沒有的，以金融業為首選。華僑銀行已奉核准，「保險業為少數公營獨占，大大不能滿足經濟起飛的需要。打破保險業的禁令，尤其重要迫切。」更進一步建議，「如果政府不同意解除禁令，只同意特准我們一家，我們必須堅持全面開放。我們的目的是為台灣經濟發展著想，而不是來和台灣同胞搶飯碗。」

　　1960 年的某天早上，施性水趁蔣中正召見的機會，將上述建議向其報告，蔣中正隨即批交副總統陳誠處理。幾天後，陳誠邀請施性水和蔡實鼎到官邸共進晚餐，進一步討論保險市場開放之事。陳誠說到：

　　　　總統對你很器重，很重視你的建議。總統把這件事交代給我辦，交
　　　　代說，要先讓華僑在國內開設保險公司。總統的意思，希望僑資在
　　　　臺灣成功。如果失敗了，對全球僑資就有負面影響。所以政府先核
　　　　准華僑保險公司，成立並站穩腳步後，再考慮全面開放。

施性水請蔡實鼎代為發言：「我們認為在台創辦保險公司，目的在有利國家發展，所以主張全面開放。新增一、二家保險公司無濟於事。」陳誠聽後非常感動，但仍擔心全面開放後，華僑資本無法與本地財團競爭。蔡實鼎回答，華僑很早就在海外開設保險公司，面對世界性的自由市場競爭，在保單設計、業務管理及資金運用等都有較先進的經驗，與本地財團彼此競爭應當不相上下。〔註44〕

　　《保險大道》（臺北：中華民國產物保險商業同業公會，2007 年 6 月），頁 77
　　～78；張明暉，《南山人壽半世紀風雲變幻——保險王國 AIG 的興衰與出路》
　　（臺北：秋雨文化，2009 年 10 月），頁 28～32。

〔註43〕 蔡實鼎，福建晉江人。1941 年福建德化示範學校畢業後出任國民學校校長，
　　　　並兼任福建新聞通訊社特約記者。1943 年任興泉抗日軍事指揮部情報室編審，
　　　　兼時代晚報主筆。1949 年來臺。1951 年任臺北民族文化出版社總編輯。1952
　　　　年起任菲律賓新聞日報駐臺灣特派員 20 餘年。1961 年任華僑產物副總經理，
　　　　後曾任華僑人壽副總經理、總經理、華洋開發公司副總經理、泰山電氣工業公
　　　　司總經理、僑馥建築經理公司董事長等職。1990 年創辦美國聯合太平洋旅館
　　　　集團。也曾擔任中華民國全國商業總會常務理事達 40 年之久。蔡實鼎述、劉
　　　　開平撰，《從新聞人到企業家：儒商：蔡實鼎——美國太平洋旅館集團創辦人
　　　　傳奇的一生》（臺北：臺灣中華書局，2014 年 10 月）。

〔註44〕 蔡實鼎述、劉開平撰，《從新聞人到企業家：儒商：蔡實鼎——美國太平洋旅
　　　　館集團創辦人傳奇的一生》，頁 193～197。

這段頗富戲劇性的發展，最終促成臺灣保險市場全面開放。〔註45〕

　　時至今日，兩種說法究竟何者更接近事實已難考證。不過，施性水身為關鍵人物這點應該是可以肯定的。1960 年 8 月 18 日第 678 次行政院會議的提案說明寫到：

> **旅居菲律賓華僑施性水君函呈，為擬召集僑資設立華僑產物保險股份有限公司**，請准依法登記一案，經由院發交財政部會商有關機關在案。……為適應目前環境需要，該項對保險業機構設立之限制，似可解除，一面藉以增強國內保險業之承保及接受分保能力，進而節省外匯支出，一面則經由保險業資金之運用，促進經濟發展，增加國民就業機會。……施性水君申請集資籌設華僑保險公司辦理產險業務乙節，一俟本項原則奉准後由本部按照通案核辦，不另專案處理。〔註46〕

證實政府確實是導因於施性水的個案申請，進而做出全面開放保險市場的決策。至於施性水的恢宏無私在「全面開放」政策形成過程中產生多少影響力，我們無從得知。總之，1960 年解除保險市場管制是臺灣保險史上無比重要的時刻，關鍵人物施性水，其事蹟值得留下濃墨重彩的一筆。

（三）保險市場再度管制

　　保險市場開放後，短短兩年多的時間，共有 10 家產險業、7 家壽險業經核准設立，並陸續在 1961 至 1963 年間開業。這是第三塊拼圖，加上第一、二塊拼圖，此時臺灣保險市場已有 25 家保險業。依業務性質分類，產險有 15 家、壽險有 10 家。不過，禁令很快又來到。1962 年 12 月 24 日，財政部通知暫停接受保險業設立申請，政府再度對保險市場進行管制。〔註47〕這次禁令長達20 餘年之久，要到 1987 年在美國的壓力之下才再度開放（僅對美商開放），

〔註45〕 蔡實鼎在更早之前接受媒體訪問時，說法略有出入。包括：只提到籌辦保險公司的計畫是在一次和陳誠的深夜談話中提出，並未提到蔣中正的角色；並沒有事先進行全面開放的沙盤推演，而是陳誠問道：「你是建議全面開放呢？還是先特准你一家設立經營？」施性水毫不遲疑地說：「要使國家工商業進步發達，就要全面開放！」並說：「我的用意不在與祖國同胞搶生意，我是要為國家真正做點事！」更強調施性水而非蔡實鼎的重要性。李宗雯，〈蔡實鼎造福同業〉，《經濟日報》，1974 年 9 月 4 日，第 12 版。

〔註46〕 「行政院第六七八次會議」，〈行政院會議議事錄臺第一七〇冊六七七至六七九〉，《行政院》，國史館藏，數位典藏號：014-000205-00197-002。

〔註47〕 《財政部公報》1：1（1963 年 1 月 25 日），頁 16。

隨後在 1993 年全面開放保險市場。〔註48〕

　　關於保險市場在短時間內從開放回到管制的原因，一般認為是政府擔心過多保險業將導致惡性競爭，造成市場動盪。不過，比較鮮為人知的是，財政部原本並未打算關閉進入保險市場的大門。依據行政院 1962 年 12 月 20 日第 794 次會議的提案內容，財政部只是建議提高保險業資本額的審查標準，〔註49〕惟最終決議卻成為「自即日起暫停接受保險公司設立之申請」。〔註50〕

　　另一件較少被人提起的事情是，華僑以外的外資保險業也有意趁這次市場開放插旗臺灣保險市場，惟最後並未獲准。依據財政部的提案，申請設立保險業僅設定最低資本額標準，對於資金來源並無限制，〔註51〕即並未排除外資。依據現有史料，至少有美商美國人壽意欲來臺設立分公司，並向財政部提交計畫。該部針對計畫中涉及外匯事項洽詢「行政院外匯貿易審議委員會」（下稱外貿審議委員會）意見。外貿審議委員會提報 1961 年 5 月 26 日第 314 次會議討論後，作出「人壽保險係一種國民長期儲蓄業務，不宜任由外國保險公司承辦」建議。該建議雖僅供財政部「參考」，〔註52〕但從事後看，應該發揮相當影響力。〔註53〕這導致外資保險業「正常」進入戰後臺灣保險市場的時間

〔註48〕瞿宛文，《台灣戰後經濟發展的源起：後進發展的為何與如何》，頁 387～390；秦賢次、吳瑞松，《臺灣保險史綱：1836～2007》，頁 311～313、328。

〔註49〕原為產、壽險業分別為新臺幣 3,000 萬、2000 萬元，但實收一半以後即可營業，財政部修正建議維持原資本額限制，但須全數收足後始可開始營業。

〔註50〕值得一提的是，會議紀錄原本的文字為「保險業開放設立後，既有過多組設現象，可即明令暫停接受申請」，後來被修改成「自即日起暫停接受保險公司設立之申請」，相當程度證明政府不欲市場過度競爭之說。「行政院第七九四次會議」，〈行政院會議議事錄臺第二〇二冊七九二至七九五〉，《行政院》，國史館藏，數位典藏：014-000205-00229-003。伍大中的文章提及財政部長嚴家淦 1963 年 7 月 10 日在監察院財政委員會報告時曾說到：「財政部因感於保險公司設立太多，曾於去年十二月間，呈請行政院提高設立標準，予以限制，經行政院會議討論後，認為光是提高標準，仍然不夠，乃決議停止接受申請。」伍大中，〈論臺灣保險事業〉，《中國經濟》154（1963 年 7 月），頁 5。

〔註51〕「行政院第六七八次會議」。

〔註52〕《行政院外匯貿易審議委員會》，〈行政院外匯貿易審議委員會第 314 次會議〉，「行政院外匯貿易審議委員會第 314 次會議決議案目錄」、「關於瑞士分保公司函以壽險分保事項暨財政部函請核復美國人壽保險公司來臺設立分公司計畫中有關投資，再保險及總公司費用一案經併案研究，提請核議」，中央研究院近代史研究所館藏，館藏號：50-314-000、50-314-047。

〔註53〕財政部長嚴家淦身兼外貿審議委員會委員（是次會議未出席，由主管金融事務的錢幣司長金克和代理），故財政部必然清楚此一觀點。

點往後遞延 20 餘年。〔註54〕保險相關研究指出外資保險業為市場帶來正面影響，〔註55〕從這角度來說，這段插曲毋寧對臺灣保險市場的發展是種損失。

第二節　戰後本國民間資本涉足全國性金融的開端

　　日治末期臺灣保險業的資本屬性從民族觀點而言，係由日資主導；從公私觀點而言，係由民間資本主導（除了簡易壽險）。由於戰後日資續存臺灣的可能性已被排除，〔註56〕故問題核心是日治保險業應交由民營或收歸公營？從事後看，日治保險業全數由省營企業臺灣產物、臺灣人壽接收。另一方面，政府在 1951 年禁止保險業設立，斷絕民間資本投資保險業的可能，直到 1960 年才解除禁令。以上轉變對業務發展及人才流動也都產生影響，這部分將於後續討論，本節擬將焦點置於另一個相當重要但鮮少被關注的議題，即 1960 年的保險市場開放，是戰後本國民間資本涉足全國性金融的開端，對臺灣金融版圖形構的影響延續至今。

一、金融自由化以前的金融版圖

　　1960 年臺灣保險市場開放，是臺灣保險史上無比重要的時刻，關於其影響與歷史意義，先行研究已有不少討論。包括：開放保險業設立具有威權時代的酬庸性質，直白地說，是以金融特權換取政治忠誠與支持；〔註57〕指標案件

〔註54〕之所以說「正常」，是因為 1970 年入主南山人壽的美國國際集團（American International Group, AIG）是透過集團旗下香港友邦人壽負責人朱孔嘉的華僑名義投資，繞過當時外資不得在臺經營保險業之規範。張明暉，《南山人壽半世紀風雲變幻——保險王國 AIG 的興衰與出路》，頁 65～71。

〔註55〕例如：郝充仁、周林毅，〈開放外商進入壽險市場對本國原有壽險公司經營效率之影響〉，《保險專刊》18：2（2002 年 12 月），頁 193～213；張宸睿，〈開放保險市場對我國產險業經營效率之影響〉（臺北：國立政治大學會計研究所碩士論文，2006 年）。

〔註56〕這個可能性並非不存在，日本外務省的檔案記載，1945 年 9 月中國政府尚未正式接收臺灣前，曾有部分日資企業提出欲與中國政府合資經辦各項事業的建議，以維繫他們在臺灣的投資。洪紹洋，〈戰後初期臺灣對外經濟關係之重整（1945～1950）〉，頁 112。

〔註57〕新設立的 17 家保險業的主要負責人都具有特殊的政商背景，參見：瞿宛文，《台灣戰後經濟發展的源起：後進發展的為何與如何》，頁 387～390；林寶安，《金融與社會：戰後臺灣金融體系與信用的演進》（臺北：巨流，2011 年 9 月），頁 35～41；蘇薰璇，〈市場、國家與社會：從制度論探討臺灣戰後壽險市場的

華僑產物對華僑資本來臺投資有示範性作用；促成市場競爭，提升產業水準；藉由保險同業間的國際交流，達成國民外交作用等。〔註58〕

不過，比較少被注意到的是，若排除基層金融不論，〔註59〕那麼，保險業是1990年代金融自由化前，本國民間資本涉足全國性金融的開端。

誠如賴英照所言，在1991年以前，原則上不允許新金融機構的設立，經核准設立者均有其特殊背景。〔註60〕表5-1為截至1991年底，依公民營區分的臺灣各類型金融業數量統計。乍看之下，民營業者似乎占多數，但若深入瞭解，即可發現這些民營金融業若非是政府具高度影響力的「隱藏性公營事業」，就是業務範圍受到限制。可以說，所有金融業中，只有保險業是真正全面開放（雖然開放時間只有短短兩年），以下依業別分別說明。

表5-1：臺灣各類型金融業數量統計（依公民營區分，截至1991年底）

金融機構類別	公 營	民 營		
		本國資本	華僑資本	外國資本
銀行	15	9	2	32
信託投資公司	1	4	3	0
信用合作社	0	74	0	0
農會信用部	0	285	0	0
漁會信用部	0	27	0	0
票券金融公司	0	3	0	0
證券金融公司	0	1	0	0
產險	3	10	2	7
壽險	3	5	1	8

資料來源：中央銀行金融業務檢查處編，《金融機構一覽》（臺北：編者，1992年9月）。

發展〉，頁83～86；林蘭芳，〈嚴家淦與戰後初期臺灣保險業（1945～1963）〉，頁185～187。

〔註58〕潘美智，〈1960年代菲律賓華僑來臺投資保險業之研究──以施性水及楊應琳為例〉，頁112～123。

〔註59〕此處的基層金融主要是以是否存在業務區域限制作為判斷標準，包括信用合作社、農會信用部、漁會信用部，及由「合會儲蓄公司」改制的「各區中小企業銀行」。中小企業銀行後來取消業務區域限制，轉型為一般商業銀行，自不再歸屬基層金融，此為後話。參見：賴英照，《台灣金融版圖之回顧與前瞻》，頁47（註130）。

〔註60〕賴英照，《台灣金融版圖之回顧與前瞻》，頁41。

（一）銀行

銀行部分，9 家本國資本民營銀行中，有 7 家是「合會儲蓄公司」改制的「各區中小企業銀行」。合會，或稱搖會、會仔，在臺灣歷史悠久，是重要的民間資金融通方式。日治時期，引進《無盡業法》，將合會行為轉變為企業組織。戰後，成立省營「臺灣無盡業股份有限公司」接收日治時期 4 家無盡會社，後二度改名為「臺灣省人民儲金互濟業股份有限公司」、「臺灣合會儲蓄股份有限公司」（下稱臺灣合會）。隨後，各地私營合會組織紛紛成立，數量達 140 餘家，省政府為避免該等未經核准組織擾亂基層金融，於 1948 年 1 月 27 日公布《臺灣省合會儲蓄管理規則》，規定除臺灣合會得經營全省業務外，將臺灣劃分為 6 區（1953 年增為 7 區），〔註 61〕每區得設置一家合會儲蓄公司。1977 年 1 月 13 日，訂頒《臺灣地區民營合會儲蓄公司改制注意事項》，開放合會儲蓄公司就「原營業區域範圍」申請改制為中小企業銀行。〔註 62〕要之，這 7 家民營銀行的業務區域受到高度限制。

另外 2 家本國資本民營銀行則是「中國國際商業銀行」（下稱中國國際商銀）及「上海商業儲蓄銀行」（下稱上海商銀）。中國國際商銀係由中國銀行改制，導因於 1971 年中華民國退出聯合國，為避免該行之海外分行為中華人民共和國所接收，遂將其「民營化」，更名為「中國國際商業銀行」，並配合將《中國銀行條例》修正為《中國國際商業銀行條例》，於 1971 年 12 月 15 日公布施行。〔註 63〕不過，民營化後的中國國際商銀有 60%股權由國民黨黨營事業中

〔註 61〕7 個區域分別為：（1）臺北區，包括臺北市、臺北縣、宜蘭縣、基隆市；（2）新竹區，包括新竹縣、桃園縣、苗栗縣；（3）臺中區，包括臺中市、臺中縣、彰化縣、南投縣；（4）臺南區，包括臺南市、臺南縣、雲林縣、嘉義縣；（5）高雄區，包括高雄市、高雄縣、屏東縣、澎湖縣；（6）花蓮區，即花蓮縣；（7）臺東區，即臺東縣。原先 6 區是花蓮縣、臺東縣合併歸臺東區。以上行政區域皆係當時之行政區域。

〔註 62〕杜量，〈臺灣之合會儲蓄〉，收入臺灣銀行經濟研究室編，《臺灣金融之研究（第 2 冊）》（臺北：臺灣銀行，1969 年 11 月），頁 339～340；袁穎生編纂，《重修臺灣省通志（卷四）：經濟志金融篇》，頁 662～665。

〔註 63〕「嚴家淦呈蔣中正為財政部及中央銀行會簽據日本政府建議將中國銀行改組為民營以拒絕中共接收」，〈經濟——我國金融外匯及對外貿易概況等〉，《蔣經國總統文物》，國史館藏，數位典藏號：005-010203-00012-017；「行政院第一二五〇次會議」，〈行政院會議議事錄臺第三七四冊一二五〇至一二五一〉，《行政院》，國史館藏，數位典藏號：014-000205-00401-001；「行政院第一二五一次會議」，〈行政院會議議事錄臺第三七四冊一二五〇至一二五一〉，《行政

央投資持有，〔註64〕可知實際上仍受政府掌控。〔註65〕

上海商銀於 1965 年 6 月 16 日在臺復業，其業務範圍未受到特殊限制，甚至比省營三商銀還早奉准辦理外匯業務，〔註66〕可說是金融自由化前，唯一業務未受限制，且真正屬於民營的本國資本銀行，惟其屬於大陸資本。

華僑銀行及世華聯合商業銀行（下稱世華銀行）則是由華僑資本投資，開放華僑資本設立銀行，除了經濟因素考量外，最主要是希望吸引華僑支持，具有凸顯中華民國正統性之政治考量。〔註67〕特別是籌辦世華銀行之倡議正值1971 年中華民國退出聯合國之際，〔註68〕更可見背後濃烈政治色彩。值得一提的是，僑資銀行雖屬民營，但政府仍透過公營金融機構持股具備相當影響力。〔註69〕

上述以外，政府開放最多的是外資銀行在臺分行，由日本勸業銀行拔得頭籌（1959.9.10）。截至 1991 年底，計有 32 家（不含辦事處），來自 13 個國家。〔註70〕開放外國銀行是當時出口導向經濟策略、吸引外資來臺投資及技術移

院》，國史館藏，數位典藏號：014-000205-00401-002；〈行政院函送中國銀行條例再修正草案請提請審議並將錢送修草案予以註銷案〉（總號 914、政府提案 1191-1）、〈本院財政預算兩委員會報告審查行政院函送中國銀行條例再修正草案請提前審議案案〉（總號 914、政府提案 1191-2），《第一屆立法院議案關係文書》（1971 年 12 月 10 日、12 月 14 日印發）。當然，政府對外另有一套說詞，稱是配合經濟發展及民營企業成長迅速所需。〈中國銀行開放民營〉，《中國時報》，1971 年 12 月 16 日，第 2 版。

〔註64〕 陳師孟等，《解構黨國資本主義》（臺北：自立晚報社，1992 年 1 月），頁 187～188。

〔註65〕 有關中國銀行改制為中國國際商銀的討論，另可參閱：莊明庭，〈轉變為中國國際商銀：中國銀行的遷臺、復業與改制及其政策意義〉（臺北：中國文化大學文學院史學系碩士論文，2021 年 6 月），頁 43～58。

〔註66〕 袁穎生編纂，《重修臺灣省通志（卷四）：經濟志金融篇》，頁 660。

〔註67〕 林寶安，《金融與社會：戰後臺灣金融體系與信用的演進》，頁 38。

〔註68〕 何宜武，〈奉命籌辦世華聯合商業銀行〉，收入何邦立、汪忠甲主編，《何宜武與華僑經濟》，頁 74。

〔註69〕 省屬六行庫皆有投資華僑銀行，惟筆者目前尚未找到持股比例。世華銀行則是當時 17 家「臺北市銀行公會」會員銀行皆有投資，其中公營銀行持股比例在 30%以上，若包括中國國際商銀及中華開發信託公司（下有介紹）2 家政府具高度影響力的「民營」金融機構，則持股比例超過 40%。袁穎生編纂，《重修臺灣省通志（卷四）：經濟志金融篇》，頁 661～662。

〔註70〕 包括：日本（1）、加拿大（3）、法國（5）、美國（9）、英國（3，含香港上海匯豐銀行）、泰國（1）、荷蘭（2）、南非（1）、菲律賓（1）、新加坡（2）、瑞士（1）、德國（1）、澳洲（2）。

轉等政策下的產物。〔註71〕不過，所謂開放其實充滿限制，依據《外國銀行設行原則及業務範圍》規定，外國銀行不得經營一般存款業務，主要係辦理外匯、生產外銷貸款及保證業務。〔註72〕此外，依據《臺灣地區金融機構設立分機構審核標準》規定，外國銀行在臺分行不得設立分機構，〔註73〕這對業務推展存在負面影響自不待言。

綜上所述，除了上海儲蓄商銀及經營區域受限的合會儲蓄公司（中小企業銀行）外，本國民間資本沒有涉足銀行業的機會。

（二）信託投資公司

信託投資公司部分，首先是中華開發信託公司（1959.5.1），設立宗旨為「吸收國內外資金，供國內生產事業長期資金需要」。該公司雖是民股占 70% 以上之民營企業，但其成立卻是由政府（美援會）一手主導，首任總經理霍寶樹（1895～1963）〔註74〕原係美援會駐美技術代表團團長，官方色彩可見一斑。

下一波開放要到 1970 年代。依照當時《銀行法》規定，「信託」屬於銀行之一種，在限制銀行設立之政策前提下，亦不允許信託業之設立，惟因國內外申請在臺設立信託公司者眾，財政部遂於 1966 年研訂「《申請設立信託投資公司審核原則》草案，經提報討論後，行政院決定基於獎勵僑資回國政策，於 1968 年 3 月 14 日核定《華僑投資設立信託公司審核原則》，定調信託業之開放「以華僑資本為限」。同年 3 月 21 日，中華證券投資股份有限公司（下稱中華證券）經證券管理委員會轉陳經濟部，擬依上開審核原則，申請變更所營事業並增加資本額。

中華證券並非華僑資本，並不適用上開審核原則，這次申請顯然是藉機挑戰政府政策，中華證券在 1968 年 6 月 25 日致財政部的公文內容清楚顯示這點：「倘如事實上尚有困難，亦乞審酌實際情形，另行制定辦法，或核可本公

〔註71〕林寶安，《金融與社會：戰後臺灣金融體系與信用的演進》，頁 36。

〔註72〕臺灣銀行經濟研究室，〈臺灣之金融機構〉，頁 15。

〔註73〕《財政部公報》6：238（1968 年 7 月 8 日），頁 2907。

〔註74〕霍寶樹，上海人。上海聖約翰書院肄業。先於漢口粵漢鐵路局服務，1913 年奉准留職停薪赴美國深造，先後於伊利諾州立大學、賓州大學、屯卜爾大學學習，獲碩士學位。1927 年返國，任廣東建設廳主任秘書、浙江建設廳主任秘書、浙江省農礦處處長、國民政府建設委員會業務處處長、中國銀行總管理處總稽核、代副總經理、行政院救濟總署署長。1949 年底任美援會駐美技術代表團團長。1959 年任中華開發總經理，直至逝世。〈民國人物小傳（28）〉，《傳記文學》27：4（1975 年 10 月），頁 95。

司為金融機構身分。」對此，財政部為避免個案核准中華證券後將導致其他業者援例申請之情形發生，遂另研訂《民間設立信託投資公司審核原則》，並於1969年5月24日經行政院核定。隨後，財政部以「配合經濟發展、樹立中長期信用體系為由」，提案將上開二審核原則合併為《信託投資公司設立申請審核原則》，併同《信託投資公司管理辦法》於1970年12月10日公告，自此確立信託業普遍開放之政策。〔註75〕

和保險業的經驗類似，政策開放後成立者眾，1971年5月至1972年7月間先後核准臺灣第一、中國、國泰、華僑、中聯、亞洲、榮華、僑聯等8家民營信託投資公司，及1家省營的臺灣土地開發信託投資公司，其中榮華及僑聯2家最後未設立。〔註76〕1972年1月，行政院以行政命令方式暫停信託投資公司設立之申請。〔註77〕

信託投資業是政府繼保險業後第2個全面開放的「全國性」金融業，不過由於信託投資業僅能吸收信託資金，不能吸收各種存款，〔註78〕且和外國銀行在臺分行相同，不得設立分機構，〔註79〕業務經營仍受高度限制。

（三）票券及證券金融公司

3家票券及1家證券金融公司皆在1970年代中後期以後才成立，雖皆屬民營，但該等公司的成立皆係由政府一手主導。中興票券、國際票券、中華票券，分別由臺灣銀行、中國國際商業銀行、交通銀行負責籌設，公營銀行對這3家公司的持股比例分別為29.44%、22.11%、23.8%。復華證券也類似，公營

〔註75〕「財政部呈擬民間設立信託投資公司審核原則草案一案之審查結論案」，〈行政院會議議事錄臺第三一四冊一一一九至一一二〇〉，《行政院》，國史館藏，數位典藏號：014-000205-00341-001，頁90～97；「財政部呈擬『信託投資公司設立申請審核原則修正草案』請核議案」，〈行政院會議議事錄臺第三二九冊一一五三至一一五四〉，《行政院》，國史館藏，數位典藏號：014-000205-00356-001，頁120～129；〈行政院會議議事錄臺第三三三冊一一六〇至一一六一〉，《行政院》，國史館藏，數位典藏號：014-000205-00360-001，頁50～61；《財政部公報》8：367（1970年12月28日），頁4744～4746。

〔註76〕賴英照，《台灣金融版圖之回顧與前瞻》，頁48。

〔註77〕于宗先、王金利，《台灣金融體制之演變》（臺北：聯經，2005年），頁34。

〔註78〕賴英照，《台灣金融版圖之回顧與前瞻》，頁102。

〔註79〕《財政部公報》9：412（1971年11月8日），頁5396。此限制在1976年放寬。《財政部公報》14：642（1976年4月5日），頁9192。這個限制對信託投資業經營造成的困難，及限制放寬後產生的影響，可參見：中國信託投資公司編，《中國信託廿年：中華民國五十五年～七十五年》（臺北：編者，1986年），頁19～20。

銀行持股比例高達 32%。〔註80〕此外，剩餘股份中，還包括各種公營事業及國民黨的轉投資，〔註81〕可知政府的實際影響力比帳面持股比例還高。

　　綜上所述，我們可以清楚發現政府對於設立民營金融機構的保守態度，位居要津的銀行業基本上緊守不放，除了允許上海商銀復業，並基於政治考量開放外資銀行分行及兩家華僑資本銀行外，本國民間資本完全不得其門而入，所能參與者唯有信用合作社、農漁會信用部及合會儲蓄公司等基層金融。1960 年保險市場開放提供本國民間資本進入全國性金融的機會。爾後，除了 1970 年代的信託投資公司，在金融自由化前，本國民間資本再無進入金融業的機會。那麼，接下我們想進一步問兩個問題。其一，何以政府選擇保險業作為首先開放對象？其二，這個結果對日後金融版圖的形構產生什麼影響？

二、選擇保險業作為首先開放對象的可能原因

　　關於這個問題，諾思的「政府理論」提供良好的思考方向。諾思結合「契約理論」及「剝削理論」這兩種看似不相容的政府理論，指出政府存在兩大目標，其一是使政府（統治者）收入極大化（剝削理論所強調），其二是透過建立有效率的制度，使社會產出極大化（契約理論所強調）。然而，兩種目標時常存在衝突，這導因於政府受到兩種限制，即競爭限制與交易成本。競爭限制，指政府存在一個取而代之的潛在競爭對手，因而，政府為了「避免得罪有勢力的國民……會同意一個有利於那些集團的財產權結構，而無視它對效率的影響。」交易成本，是指政府為了提高效率而付出的成本（例如監督、評量和課徵賦稅等），這可能使得政府的收入降低，因而「統治者往往發現為了利益，他應該准許壟斷，而非建立導致更激烈競爭條件的財產權。」〔註82〕

　　延續這個思路，從「效率」的角度而言，開放金融市場似乎是比較合理的選項，但這可能會從兩方面降低政府收入。首先，在新業者的競爭之下，原有公營金融事業利潤可能減少。其次，為了消彌市場競爭可能帶來的不穩定及負面影響（例如惡性競爭），政府必須投入更多的監理成本。那麼，對政府來說，當基於維持政權穩定而不得不有限度開放金融市場時，自然選擇成本最低者。

〔註80〕袁穎生編纂，《重修臺灣省通志（卷四）：經濟志金融篇》，頁 708～712。
〔註81〕陳師孟等，《解構黨國資本主義》，頁 63～86。
〔註82〕Douglass C. North 著，劉瑞華譯注，《經濟史的結構與變遷》，頁 47～63。

　　表 5-2 彙整 1954 至 1963 年間公營金融事業的損益情形，可發現公營保險業盈餘占整體公營金融事業盈餘的比例極低，1954 年為新臺幣（下同）161 萬元、占 1.5%；1957 年為 396 萬元，占 1.03%；1960 年為 974 萬元、占 2.38%；1963 年為 1,411 萬元、占 2.59%。即便加上中信局的保險業務盈餘及郵政儲金匯業局的簡易壽險業務盈餘，占比至多應該也只有 5%左右。〔註 83〕

表 5-2：臺灣公營金融事業損益情形表（1954～1963） 　單位：新臺幣萬元

事業名稱	國省營	1954		1957		1960		1963	
中央銀行	國營	796	7.41%	1,109	2.88%	1,512	3.69%	6,052	11.09%
中國銀行	國營	1,029	9.57%	2,478	6.43%	3,574	8.72%	8,017	14.69%
交通銀行	國營	580	5.39%	959	2.49%	1,776	4.34%	2,157	3.95%
中國農民銀行	國營	-14	-0.13%	32	0.08%	69	0.17%	3	0.01%
中央信託局	國營	5,043	46.90%	9,207	23.91%	4,604	11.24%	7,246	13.27%
郵政儲金匯業局	國營	N/a	N/a	115	0.30%	856	2.09%	757	1.39%
臺灣銀行	省營	351	3.26%	19,791	51.40%	20,493	50.03%	22,476	41.18%
土地銀行	省營	970	9.02%	465	1.21%	813	1.98%	991	1.82%
合作金庫	省營	105	0.98%	208	0.54%	402	0.98%	346	0.63%
第一銀行	省營	539	5.01%	1,138	2.96%	1,615	3.94%	1,402	2.57%
華南銀行	省營	565	5.25%	1,055	2.74%	1,525	3.72%	1,221	2.24%
彰化銀行	省營	445	4.14%	1,140	2.96%	1,673	4.08%	1,187	2.17%
臺灣合會儲蓄公司	省營	182	1.69%	413	1.07%	974	2.38%	1,131	2.07%
再保險基金	國營	N/a	N/a	N/a	N/a	103	0.25%	187	0.34%
中國產物	國營	99	0.92%	242	0.63%	372	0.91%	541	0.99%

〔註 83〕 筆者目前只能找到 1963 年的損益資料，該年度盈餘為分別為中信局產險處 1,509 萬 7,000 元、中信局壽險處虧損 104 萬 8,000 元、郵政儲金匯業局簡易壽險處 10 萬 6,000 元，不過在這份資料中，臺灣產物、中國產物、臺灣人壽的盈餘分別為 570 萬 6,000 元、292 萬 9,000 元、141 萬 5,000 元，和表 5-2 有所出入。中央銀行金融業務檢查處編，《各金融機構業務概況年報》（臺北：編者，1965 年 5 月），頁 315、338。

臺灣產物	省營	44	0.41%	108	0.28%	534	1.30%	693	1.27%
臺灣人壽	省營	18	0.17%	46	0.12%	68	0.17%	177	0.32%
保險業小計		**161**	**1.50%**	**396**	**1.03%**	**974**	**2.38%**	**1,411**	**2.59%**
合計		10,752	100%	38,505	100%	40,964	100%	54,586	100%

資料來源：

1. 省營金融機構：劉進慶著，王宏仁、林繼文、李明峻譯，《台灣戰後經濟分析（修訂版）》，頁 139（第 35 表）。

2. 國營金融機構：行政院主計總處編，《中華民國統計提要》（臺北：編者，1958年 10 月、1961 年 10 月、1964 年 10 月），頁 528～533（表 231）、468～475（表 180）、600～603（表 190）；財政部會計室編，《財政部主管國營事業概況》（臺北：編者，1957 年 12 月），頁 73～89。

　　另一方面，公營金融事業作為政府掌控經濟資源的頂點，〔註 84〕金融市場的開放等同權力的釋放，政府必然非常謹慎。事實上，民間對於金融市場開放的訴求，向來是以銀行業為中心，戰後以來，建議省營三商銀完全交由民營或允許新銀行設立的聲音未曾中斷，〔註 85〕但政府從未首肯。〔註 86〕反觀保險業，除了前述在戰後初期曾有過由大公企業接手保險業的意見外，幾乎未曾見過開放保險市場之倡議，顯示當時民間資本對於保險業興趣不若銀行業大，吳火獅的說詞當可相當程度呈現這種情況：

> 民國四九年……保險事業開放民營……當時謝東閔、陳愷、謝國城等先生看準了這是個投資保險業的好時機，……但他們本身資金不足，……最後才找到「新光實業」來支持，而那時候的申請期限已迫在眉睫了。……從加入保險業之後，我對保險業逐漸瞭解，並同

〔註84〕劉進慶著，王宏仁、林繼文、李明峻譯，《台灣戰後經濟分析（修訂版）》，頁122～127、292～333；吳若予，《戰後臺灣公營事業之政經分析》，頁107～125。

〔註85〕茲舉數例：「函送本會第一屆第三次駐會委員會議紀錄暨省預算審查聯席會議記錄各乙份」，〈三十五年會議紀錄〉，《臺灣省諮議會》，國家發展委員會檔案管理局藏，檔號：A386000000A/0035/4/3/1/031；〈社論：商業銀行民營與新銀行的開放〉，《聯合報》，1954 年 12 月 8 日，第 2 版；〈陳漢平昨答省議員質詢 商銀開放民營 目前還談不到〉，《聯合報》，1957 年 6 月 25 日，第 2 版；〈趙常恕建議 開放設立銀行 倡行票據貼現 提高存款利率 避免浪費資金〉，《聯合報》，1960 年 9 月 19 日，第 5 版。

〔註86〕附帶一提，前述中國銀行民營化之際，政府原本亦已選定將省營的彰化銀行民營化，以「表示中國銀行之開放民營確係為金融貿易上之需要，而非基于其他原因」（財政部長李國鼎語），惟最終仍不了了之，可見政府對開放銀行業之慎重（或抗拒）。「行政院第一二五一次會議」，數位典藏號：014-000205-00401-002。

時有了產物及人壽保險的執照。但我們從市場調查得知，……人壽保險的推展很不樂觀，**我當時想打消主意，放棄人壽保險不做，只做產物保險**……到四月，財政部長通令五十二年七月底如果人壽保險業還不展開的話，就要吊銷執照，而且人壽與產物保險**往後將停止發照，這時我們才感到放棄人壽的執照可惜**，……距截止日期還剩一個多月我們才匆忙決定以一仟萬元資本來投資。〔註87〕

綜上所述，保險市場開放固然是有菲律賓華僑施性水推了一把，但政府似乎不太可能只因為他一番「堅持全面開放」的慷慨陳詞就照單全收，更可能的是，在必須適度開放金融市場的壓力下，選擇成本最低的保險業作為開放對象。對民間資本來說，在高度金融管制的環境下，這或許算是「不滿意但可（勉強）接受」的結果。

三、保險業起家的金控位居領先地位

自 2001 年 11 月 1 日《金融控股公司法》實施以來，金融控股公司（下稱金控）就成為臺灣金融體系最具影響力的金融業。〔註88〕表 5-3 彙整目前 16 家金控 2020 年的資產規模及獲利情形。臺灣、合作金庫、兆豐、第一、華南等 5 家是以過去公營銀行為主體，其中臺灣金控目前仍由政府 100%持有，其餘 4 家雖已民營化，但政府仍是主要股東，具高度影響力，一般多以「官股金控」稱之。官股金控的資產總額占整體的 31.10%、淨利則占整體的 19.69%。

剩餘 11 家民營金控中，我們若以納入金控體系之最早事業成立時間作區分，則金融自由化前有國泰、富邦、中國信託、新光、中華開發、元大、國票等 7 家，資產總額占整體的 57.25%、淨利占整體的 67.97%；金融自由化以後則有玉山、台新、永豐、日盛等 4 家，資產總額占整體的 11.64%、淨利占整體的 12.34%。

〔註87〕黃進興，《半世紀的奮鬥——吳火獅先生口述傳記（13 版）》，頁 177～181。
〔註88〕以資產規模論，2020 年底全體金融機構資產總額為新臺幣 88 兆 5396 億元，其中金控資產占 65 兆 8489 億元，即 74.37%。中央銀行統計資料庫，網址：https://cpx.cbc.gov.tw/Tree/TreeSelect，下載日期：2021 年 8 月 22 日（路徑：金融統計月報→資產負債統計表→全體金融機構→全體金融機構合併報表→資產（年））；金融監督管理委員會銀行局統計資料庫動態查詢系統，網址：https://survey.banking.gov.tw/statis/stmain.jsp?sys=100，下載日期：2021 年 4 月 22 日（路徑：金融業務統計輯要（刊物別）→ 109 年 12 月（統計期）→ 11-1 金融控股公司合併報表財務資料）。

表 5-3：金控公司資產規模及獲利情形（2020） 單位：新臺幣百萬元

序號	金控名稱	最早事業	資產總額		淨 利	
1	國泰金控	國泰人壽（1962）	10,961,459	16.65%	74,424	19.29%
2	富邦金控	國泰產物（1961）	9,252,983	14.05%	90,857	23.54%
3	中國信託金控	中國信託（1971）	6,618,315	10.05%	42,853	11.10%
4	臺灣金控	臺灣銀行（1946）	5,819,942	8.84%	8,883	2.30%
5	新光金控	新光產物（1963）	4,360,479	6.62%	14,264	3.70%
6	合作金庫金控	合庫金庫（1946）	4,147,248	6.30%	16,585	4.30%
7	兆豐金控	交通銀行（1960）	3,858,373	5.86%	25,034	6.49%
8	第一金控	第一銀行（1947）	3,550,504	5.39%	16,808	4.36%
9	中華開發金控	中華開發信託(1959)	3,431,212	5.21%	12,548	3.25%
10	華南金控	華南銀行（1947）	3,101,538	4.71%	8,662	2.24%
11	玉山金控	玉山銀行（1992）	2,971,580	4.51%	18,016	4.67%
12	元大金控	復華證券（1980）	2,760,204	4.19%	24,107	6.25%
13	台新金控	台新銀行（1992）	2,196,055	3.33%	14,493	3.76%
14	永豐金控	華信銀行（1992）	2,143,985	3.26%	12,204	3.16%
15	日盛金控	日勝銀行（1992）	357,987	0.54%	2,910	0.75%
16	國票金控	國際票券（1977）	317,071	0.48%	3,245	0.84%
合計			65,848,935	100%	385,893	100%

說明：

1. 中國信託商業銀行官方網站稱該銀行成立於 1966 年，係往前追溯至中華證券投資股份有限公司時期，此處以經核准成立信託投資公司為準。

2. 省營六行庫以戰後改組日期為準、交通銀行以在臺復業時間為準。

資料來源：金融監督管理委員會銀行局統計資料庫動態查詢系統，網址：https://survey.banking.gov.tw/statis/stmain.jsp?sys=100，下載日期：2021 年 4 月 22 日。（路徑：金融業務統計輯要（刊物別）→ 109 年 12 月（統計期）→ 11-1 金融控股公司合併報表財務資料）。

進一步分析金融自由化前的 7 家，以保險業起家的國泰、富邦、新光等 3 家資產總額占整體的 37.32%，淨利占整體的 46.53%，或金融自由化前 7 家的 65.19%、68.46%。以信託投資公司起家的中信，資產總額占整體的 10.05%，淨利占整體的 11.10%，或金融自由化前 7 家的 17.55%、16.33%。剩下 3 家以隱藏性公營事業起家，資產總額占整體的 9.88%，淨利占整體的 10.34%，或金融自由化前 7 家的 17.26%、15.21%（表 5-4）。

表 5-4：7 家民營金控資產產規模及獲利情形（2020）單位：新臺幣百萬元

性　質	金控名稱	資產總額	占整體	占 7 家	淨　利	占整體	占 7 家
保險業	國泰金控	10,961,459	16.65%	29.07%	74,424	19.29%	28.37%
	富邦金控	9,252,983	14.05%	24.54%	90,857	23.54%	34.64%
	新光金控	4,360,479	6.62%	11.57%	14,264	3.70%	5.44%
小計		24,574,921	37.32%	65.18%	179,545	46.53%	68.45%
信託投資	中國信託金控	6,618,315	10.05%	17.55%	42,853	11.10%	16.34%
小計		6,618,315	10.05%	17.55%	42,853	11.10%	16.34%
隱藏性公營事業	中華開發金控	3,431,212	5.21%	9.10%	12,548	3.25%	4.78%
	元大金控	2,760,204	4.19%	7.32%	24,107	6.25%	9.19%
	國票金控	317,071	0.48%	0.84%	3,245	0.84%	1.24%
小計		6,508,487	9.88%	17.26%	39,900	10.34%	15.21%
合計		37,701,723	57.25%	100.00%	262,298	67.97%	100.00%

資料來源：同表 5-4。

　　如果再考慮到各金融事業間的相互關係，從掌握實質經營權角度觀之，則台新、中華開發可分別併入新光、中信計算。〔註89〕經由以上討論可知，金融自由化前政府僅開放少數機會讓本國民間資本涉足金融業，〔註90〕有幸

〔註89〕附帶一提，2021 年 11 月 5 日，富邦金控董事會召開股東臨時會，通過合併日盛金控案，若經主管機關核准，將成為國內首宗「金金併」。〈首宗「金金併」！富邦金今股臨會通過日盛金合併案〉，《自由時報》，網址：https://ec.ltn.com.tw/article/breakingnews/3726814，瀏覽日期：2021 年 11 月 11 日。

〔註90〕可能有讀者發現，元大金控旗下的元大證券、日盛金控旗下的日盛證券也都在 1961 年成立，為什麼都未加以討論。原因在於筆者認為它們的業務並不具備「資金融通」特性，而只是處理「仲介」事宜。戰後一直到 1954 年 1 月 29 日《臺灣省證券商管理辦法》實施前，證券商皆作為一般行業管理，無須主管機關許可即可成立。1961 年 6 月 21 日《證券商管理辦法》實施後，進一步將證券商管理的層級由省級提高至中央。元大證券、日盛證券（時名日盛隆證券）便是在該法通過後經核准成立。但必須強調的是，依當時的規定，無論是承銷、自營或是經銷商，都不能辦理信用交易（融資、融券），前述 1980 年成立的復華證券金融公司是唯一得以辦理信用交易的金融機構（復華證券成立前，由臺灣銀行、土地銀行、交通銀行辦理，惟限於融資而無融券），要到 1990 年以後，證券商方可在主管機關核准下辦理信用交易。張俊德，〈近代臺灣股票制度發展之研究（1899～1962）〉（臺中：國立中興大學歷史研究所博士論文，2018 年 12 月），頁 251～270；林崇英，〈我國證券借貸與信用交易制度概述〉，《證交資料》599（2012 年 3 月），頁 47。

搭上開放列車，且其營運表現較為突出者，迄今在臺灣金融業居領先地位。
瞿宛文指出「在得到〔保險〕執照的企業中，相對較有經營能力者得以勝出，
在市場進一步開放之前得藉此壯大集團的力量」〔註91〕，這個觀察不僅適用
於保險業，也可擴大至整個金融體系。也就是說，1960 年代就取得保險業執
照的國泰（後分家成國泰、富邦）、新光，1970 年代取得信託投資業執照的
中信，〔註92〕較其他 1990 年代金融自由化之後才取得執照的民營金融業者
早了 20 年以上涉足金融業，在這段不算短的時間裡所累積的經驗乃至於政
商人脈，應當是所謂「蔡蔡吳吳辜辜」三大金融家族得以在當前金融版圖占
據領先地位的重要原因之一。〔註93〕

　　當然，這並不是說較早涉足金融業是國泰等金控得以在當前金融版圖占
據領先地位的充分條件。領導人的思維、企業文化、經營策略、人才素質、產
業結構、整體經濟環境等，都是影響一個企業能否成功的重要因素。本文想強
調的是，由於臺灣金融市場並非公平地對所有人開放，因此我們在看待當前金
融版圖時，也不應該忽略這種歷史性因素所造成的影響。

第三節　三批保險人才匯聚

　　經由以上討論，我們對於戰後臺灣保險業版圖的變遷過程已有相當程度掌
握，並從資本角度探討 1960 年保險市場開放的歷史意義。接著，將焦點轉移到
企業經營最重要的因素之一「人才」，依據不同的經驗背景，區分為三類，分別
是具中國保險業經驗者、具日治保險業經驗者，及戰後培養的新生代保險人才。

一、第二波外省籍保險人才引進

　　先前提及戰後接收促成第一波外省籍保險人才引進。接著，隨著第二塊拼

〔註91〕瞿宛文，《台灣戰後經濟發展的源起：後進發展的為何與如何》，頁 161。

〔註92〕中信集團背後的主要股東辜氏家族在 1974 年又取得華僑人壽經營權，1981 年
　　　　改名為中國人壽，2017 年成為中華開發金控旗下一員。〈華僑人壽董事長　將
　　　　由辜振甫出任〉，《經濟日報》，1974 年 8 月 20 日，第 7 版；《中國人壽 109 年
　　　　度年報》。

〔註93〕附帶一提，永豐金控原名建華金控，旗下主要公司為華信銀行、建弘證券、金
　　　　華信證券，2005 年以換股方式將臺北國際商業銀行納入金控子公司，隔年建
　　　　華金控更名為永豐金控，華信銀行與臺北國際商業銀行合併改稱永豐銀行。
　　　　臺北國際商業銀行的前身即為「臺北區合會儲蓄公司」，也一定程度顯示先進
　　　　者的競爭優勢。

圖的出現及中華民國中央政府遷臺，有更多外省籍人才來到臺灣，以下依公司別對他們進行介紹。須說明的是，受限於史料及時間，我們只能就較具影響力的人物作介紹，惟所謂影響力只是筆者從文獻資料中得到的感受，掛一漏萬恐難避免，尚祈方家指正，留待日後增補。此外，筆者選定的人物以來臺前已具備保險業經驗為主，惟有部分來臺前雖無保險業經驗，但日後卻在臺灣保險業具高度影響力，這些人也會列入討論。前述黃秉心及下述孫洵侯、吳幼林、陽肇昌等人屬之。

（一）資保所系統

孫洵侯（1908～？），江蘇無錫人。中央大學义學院畢業、早稻田大學政經科研究院研究、中央訓練團黨政班 13 期畢業。[註94] 曾任貴州銀行大定辦事處主任、1943 年 4 月任資委會國外貿易事務所業務室專員（1943.4～1946.3.31）。[註95] 1946 年 9 月奉派任資保所臺灣分所經理，1950 年 1 月臺灣分所升格為總所後，改任所長。[註96] 國共易幟後，孫氏考量循往例於上海、香港辦理再保險多有不便，遂於同年 1950 年親赴美國（1950.2.25～3.29），與美國國際保險公司（American International Underwriters Coporation, AIU，或稱美亞保險公司）洽辦再保險事宜，有助於該所業務之延續與推展。[註97] 1962 年 5 月接任中信局產險處經理，[註98] 1965 年 7 月因健康關係請辭獲准。[註99] 1968 年 9 月孫氏作為代表團成員，參加在韓國舉行的東亞保險會議。[註100] 曾任財政部保險審議委員會委員，[註101] 並於各大學

〔註94〕 中華民國工商協進會編，《中華民國工商人物志（1963）》，頁 313。
〔註95〕 《資源委員會》，〈國外貿易事務所〉，「人事任用」，中央研究院近代史研究所檔案館藏，館藏號：24-10-18-001-02，頁 103～108；《資源委員會》，〈國外貿易事務所〉，「人事任用」，中央研究院近代史研究所檔案館藏，館藏號：24-10-18-001-01，頁 137～139。
〔註96〕 《資源委員會檔案》，〈保險事務所〉，「人事」，中央研究院近代史研究所檔案館藏，館藏號：24-10-22-002-01，頁 52～54、63～64。
〔註97〕 《資源委員會檔案》，〈保險事務所〉，「業務」，中央研究院近代史研究所檔案館藏，館藏號：24-10-22-003-01，頁 11～38；〈保險事務所〉，「人事」，館藏號：24-10-22-002-01，頁 123～125。
〔註98〕 〈簡訊〉，《聯合報》，1962 年 5 月 15 日，第 5 版。
〔註99〕 〈簡訊〉，《聯合報》，1965 年 7 月 20 日，第 2 版。
〔註100〕 〈東亞保險會議 下月在韓行〉，《聯合報》，1968 年 8 月 22 日，第 8 版。
〔註101〕 〈和外商做生意 怎樣辦理保險手續〉，《經濟日報》，1971 年 4 月 25 日，第 9 版。

任教，〔註102〕本文多次引用的游能淵學位論文〈台灣產物保險市場之研究〉就是由他指導。發表保險相關論文10餘篇。〔註103〕

孫堂福（1920～？），南京市人。1948年6月進入資保所服務，同年11月調任臺灣分所，任業務課主管員，1950年2月升任改組後資保所再保險課課長。〔註104〕此後歷任中信局再保處襄理、〔註105〕中央再保統計研究處長、〔註106〕財政部錢幣司保險科科長等職。〔註107〕孫氏著作等身，論文計50餘篇，所著《保險學》、《海上保險學》分別出版至第23、14版，〔註108〕影響力可見一斑。指導學位論文3篇。〔註109〕

（二）中信局系統

吳幼林（1910～2007），廣東香山人。國民黨元老吳鐵成（1888～1953）之子。上海聖約翰大學經濟系學士、美國賓州大學華頓商學院經濟碩士。畢業後留美從事外交工作。1948年返國後先任行政院全國經濟委員會參事，翌（1949）年10月來臺，改任中信局副局長，負責督導美援物資採購之進口保險、再保險等相關業務。1959年曾短暫兼任該局產險處經理，翌（1960）年兼任再保處經理，並負責中央再保之籌設事宜。1968年中央再保成立後任首任董事長，迄至1978年退休，轉任太平產物董事長。也曾任中國保險

〔註102〕〈陳年的保單條款　全文無標點符號　自然容易發生問題〉，《經濟日報》，1968年12月30日，第3版。

〔註103〕依據「國家圖書館期刊文獻資訊網」，輸入關鍵字「孫洵侯」檢索，網址：https://tpl.ncl.edu.tw/NclService/，檢索日期：2021年7月13日。以下同，不再加註。

〔註104〕〈保險事務所〉，「人事」，館藏號：24-10-22-002-01，頁126～134；《資源委員會檔案》，〈人事處〉，「本會臺灣辦事處時期申請出入境資料」，中央研究院近代史研究所檔案館藏，館藏號：24-03-108-04，頁58。

〔註105〕〈本報昨天座談　產物保險聯合經濟發展〉，《經濟日報》，1968年1月12日，第4版。

〔註106〕〈欲求發展保險業　有賴工商業發達〉，《經濟日報》，1968年12月30日，第3版。

〔註107〕〈修訂保險法與工業發展　本報昨舉行專題座談會〉，《經濟日報》，1969年10月31日，第6版。

〔註108〕孫堂福，《保險學（增訂23版）》（臺北：王光遠，1988年）；孫堂福，《海上保險學（增訂14版）》（臺北：王光遠，1984年）。

〔註109〕依據「臺灣博碩士論文知識加值系統」，指導教授欄輸入關鍵字「孫堂福」檢索，網址：https://ndltd.ncl.edu.tw/，檢索日期：2021年7月13日。以下同，不再加註。

學會理事長 20 餘年（1972.1～1993.2），長期領導保險同業參與各項保險會議。〔註110〕

相壽祖（1903～1959），江蘇寶應人。清華大學畢業、美國美亞美大學學士、哥倫比亞大學商學碩士。學成歸國後曾任中國人壽協理、中信局產險處副經理。1947 年產險處經理項馨吾（1899～1983）〔註111〕赴紐約主持產險分處後，接任經理。相壽祖除服務於保險業外，並於各大學教授保險課程，先後長達二十餘年。一生奉獻給保險，嘗言「過去也曾有人要我去做官，但是我卻沉迷在那些『要保書』、『保單』的業務裡，三十年如一日，從小職員到現在，平平淡淡的過去了。」〔註112〕

范廣大（1918～？），湖北宜昌人。華西工商專科學校畢業。1942 年 6 月畢業後任職於中信局產險處，自此與保險結下不解之緣。1947 年中信局來臺設立臺灣分局，范廣大任保險科主任，日後歷任中信局產險處經理、公保處經理、副局長、太平產物常務董事、第一人壽總經理（1976.11～）、中國航聯產物總經理等職。1991 年赴北京探親，經過去在大陸時的中信局同仁轉介，與中國保險業有所接觸，促成隔年的「臺灣保險學術訪問團」，是兩岸分治後首次保險業正式交流。〔註113〕著有《火險原理與實務》及保險相關論文 10 餘篇。

（三）太平產物系統

丁雪農（1896～1962），江蘇江都人。生於富商家庭。上海復旦公學校畢

〔註110〕 張哲郎、林建智訪談，秦賢次、吳瑞松編整，《臺灣地區保險事蹟口述歷史》，頁 1～34。

〔註111〕 項馨吾，上海人。澄衷學堂畢業後進入中國銀行服務，後外派英國倫敦。1931年，中國銀行董事長宋漢章籌設中國保險公司，選派項馨吾到英國倫敦太陽保險公司考察，結束後任該公司副經理。1936 年，甫成立不久的中信局禮聘他擔任保險部經理。1941 年，改任中信局產險處經理。1947 年，赴紐約主持產險分處。1950 年，紐約分處裁撤，轉往美亞保險公司服務，直至 1973 年退休。除保險領域的成就外，他也是崑曲專家，1920 年代末期曾錄製 5 張唱片，畢生致力於該項藝術的推廣。趙守兵，《仰望百年——中國保險先驅四十人》，頁 195～201。

〔註112〕 中國金融年鑑社編，《金融人物誌》（上海：沈雷春，1948 年 11 月），頁 27；中央信託局編，《中央信託局五十年》（臺北：編者，1985 年 10 月），頁 345～346；李耀生，〈記相壽祖教授〉，《中央日報》，1959 年 7 月 3 日，第 7 版。

〔註113〕 張哲郎、林建智訪談，秦賢次、吳瑞松編整，《臺灣地區保險事蹟口述歷史》，頁 35～100；〈一壽新任總經理 范廣大定今履新〉，《經濟日報》，1976 年 11 月 22 日，第 7 版。

業後，赴美國賓州大學留學，研修保險專業。學成歸國後任職於交通銀行，幾年後升任青島分行經理。1929 年，應金城銀行總經理周作民之邀，共同創辦太平保險，出任第一協理（周作民任董事長兼總經理），為太平保險實際經營者，有「謀事是周，成事在丁」之說。如前所述，太平保險在數年間成為中國最大的華商保險業之一，丁雪農也隨之成為中國保險業首屈一指的人物，《保聯》雜誌稱其是「保險界站在時代前頭的人物，開拓保險事業偉大規模的先鋒。」1951 年，丁雪農先赴香港，翌（1952）年再至臺灣，隨後出任改組後的太平產物總經理，至 1962 年 7 月 17 日病逝為止。丁雪農在臺灣保險業同樣發揮高度影響力，深受同業敬重。黃秉心、吳幼林認為「今日保險市場能有欣欣向榮的現象，多由於雪老當年呼籲團結和衷共濟之功」、范廣大譽其為「我國保險業最有領導才幹的保險專業人才。」〔註114〕

董漢槎（1898～1995），浙江餘姚人。大同大學畢業。初服務於法商保太保險，後入安平保險，1930 年調任該公司哈爾濱分公司經理，翌（1931）年回上海任總公司經理。1934 年太平、安平、豐恆三保險公司合併，任業務部長兼安平經理，旋調任天津太安豐分公司經理。1941 年創立大東、大南、中國平安保險公司。1942 年 9 月創立大上海保險公司及大上海分保集團。〔註115〕來臺後於 1950 年將太平產物臺灣分支機構重組升格為總公司，任董事長。1960年保險市場開放後，創立第一人壽，任董事長、總經理。

顧震伯（1913～？），上海人。滬江大學商學院畢業，英國皇家保險學院考試及格。曾任安平保險、浙江保險主管，戰後來臺任太平產物分公司經理。曾與卓東來協助臺灣產物上海分公司業務。後留任於改組後之太平產物，曾任副總經理。〔註116〕

〔註114〕林振榮，〈原太平保險實際掌門人丁雪農：太平「守望者」（一）（二）（三）〉；〈喪祭〉，《聯合報》，1962 年 7 月 18 日，第 3 版；張哲郎、林建智訪談，秦賢次、吳瑞松編整，《臺灣地區保險事蹟口述歷史》，頁 91。

〔註115〕李元信編，《環球中國名人傳略》（上海：上海環球出版公司，1944 年），頁 205～206；中華民國工商協進會編，《中華民國工商人物志（1963）》，頁 613；林學恆，〈董漢槎引領太平產險成長〉，《經濟日報》，1996 年 1 月 25 日，第 36 版。

〔註116〕中華民國工商協進會編，《中華民國工商人物志（1963）》，頁 775；上海金融志編纂委員會，《上海金融志》（上海：上海社會科學院，2003 年 7 月），網址：http://www.shtong.gov.cn/Newsite/node2/node2245/node75491/node75497/node75554/node75566/userobject1ai92382.html，瀏覽日期：2021 年 7 月 13 日。

（四）中國航聯產物系統

范德峯（1909～？），浙江鄞縣人。滬江大學畢業。曾任中國保險業務處副處長、華工保險副總經理。來臺後任中國航聯產物副總經理、總經理。〔註117〕

（五）中國產物系統

孫伯萸（1906～？），浙江餘姚人。滬江大學畢業（商學士）。1932 年中國產物成立時即進入該公司服務，自基層做起。1946 年底受臺灣產物籌備處之邀，與中信局、太平洋保險、寶豐保險等公司代表組織代表團來臺考察，任團長。臺灣分公司成立後，任經理。1950 年 1 月，英國政府承認中華人民共和國政權，中國產物駐香港總處隨之附共，命令撤銷臺灣分公司，人員著即調回香港。孫氏不從命令，簽奉中國銀行董事長徐柏園（1902～1980）批准後，於同年 4 月偷渡潛赴香港，在前任董事長宋漢章（1872～1967）〔註118〕協助下，將該公司 64 萬 6 千美元資金匯回臺灣。同月在臺灣召開股東會，重選董、監事，並設總管理處於臺灣，孫氏獲選董事並任業務室及臺灣分公司經理，旋即奉派前往菲律賓、越南、泰國，安撫各分公司員工，使馬尼拉、西貢、曼谷三分公司繼續納入臺灣總管理處管轄體系。1972 年 6 月於副總經理任內屆齡退休。〔註119〕

（六）官僚系統

上述以外，還有一位和黃秉心一樣出自官僚系統的重要人物，那就是陽肇昌（1920～2001）。廣西桂林人。1941 年考取中央政治學校（政大前身）大學部第 11 期經濟學系。1944 年底響應「十萬青年十萬軍」運動，投筆從戎。戰

〔註117〕 中華民國工商協進會編，《中華民國工商人物志（1963）》，頁 306；〈中國航聯產物 設高雄分公司〉，《經濟日報》，1971 年 3 月 29 日，第 8 版。

〔註118〕 宋漢章，浙江餘姚人。1897 年在甬成立的中國通商銀行服務。1906 年任大清銀行附設儲蓄銀行經理，後任大清銀行上海分行經理。民國成立後，與葉揆初、吳鼎昌發起組織大清銀行商股股東聯合會，呈請南京臨時政府批准成立中國銀行，任中國銀行上海分行首任經理。1935 年 4 月任總經理。1948 年 4 月任董事長。國共易幟後，仍選其為改組後中國銀行常務董事，惟未就。不久遷居巴西。1963 年返回香港定居。上海金融志編纂委員會，《上海金融志》，網址：http://www.shtong.gov.cn/Newsite/node2/node2245/node75491/node75505/node75522/n87872/u1ai134496.html，瀏覽日期：2021 年 8 月 15 日。

〔註119〕 中華民國工商協進會編，《中華民國工商人物志（1963）》，頁 311；財政部，《財政部史實紀要（第二冊）》（臺北：編者，1992 年 9 月），頁 863～864；中國產物保險股份有限公司，《中國產物保險股份有限公司五十周年紀念》，頁 19～23。

後返校撰寫畢業論文。畢業後入財政部錢幣司任科員，職司商業銀行管理。來臺後因員額精簡而加重工作，兼管保險與其他金融機構。1955 年赴美國紐約大學商學院進修保險理論與實務，獲碩士學位。1958 年返臺，任錢幣司專門委員，並於 1960 年兼任新設之保險科科長。〔註 120〕此後歷任中信局再保處副理（1960～1964）、臺灣產物總經理（1964～1969）、臺閩地區勞工保險監理委員會專任委員（1969～1978）、中央再保總經理（1978～1983）、董事長（1983～1990）。更為人稱道的是，1963 年在逢甲大學創設並主持銀行保險系，1971 年奉准增設保險研究所，為國內首創的保險學系所，為臺灣保險業培養許多重要人才。逢甲大學金融學院於陽肇昌百歲冥誕之際，成立「陽肇昌教授紀念講堂」，辦理紀念研討會並發行紀念專刊，並譽其為「臺灣保險學之父」，影響力可見一斑。〔註 121〕

　　以上外省籍保險人才皆在戰後臺灣保險業位居要職，更有幾位在保險教育有所建樹，對於戰後臺灣保險市場的影響力不言可喻，和先前介紹的黃秉心、俞慈民、卓東來等因接收來臺的第一波外省籍保險人才，共同成為戰後臺灣保險市場發展的主要領航者。那麼，日治時期培養的臺籍保險從業人員何去何從？接著對此討論。

二、戰後臺籍保險從業人員流向

（一）壽險業

　　由於接收之故，日治臺籍保險從業人員自然而然匯聚在臺灣產物、臺灣人

〔註 120〕〈陽肇昌生平事略〉載「……於四十七年初期滿返部，以專門委員名義兼任新設之保險科科長……」，惟陽肇昌本人所撰〈發展保險事業之追憶〉則稱「……我國對保險事業之監督管理自歸財政部負責，即由錢幣司內一業務科及稽核處兼辦，人手有限，迨至三十八年秒遷台後仍由一業務科兼辦，至檢查工作則借調國營金融保險機構人員，或偕同中央銀行稽核處辦理，嗣於四十九年初專設一業務科……」《財政部史實紀要》亦從其說，此處暫從當事人說法，以 1960 年為新設保險科之時間。陽前董事長肇昌先生治喪委員會，〈陽肇昌生平事略〉，《逢甲人》112（2002 年 1 月），網址：https://www.cdc.fcu.edu.tw/alupublication/html/112fm/112index.htm，瀏覽日期：2022 年 2 月 8 日；財政部編，《財政部史實紀要（第一冊）》，頁 123；陽肇昌，〈發展保險事業之追憶〉，收入財政部編，《財政部史實紀要（第二冊）》，頁 781。

〔註 121〕逢甲大學金融學院，〈肇昌講堂〉，網址：https://cof.fcu.edu.tw/ccyang_memorial-hall/，瀏覽日期：2022 年 2 月 8 日；陽前董事長肇昌先生治喪委員會，〈陽肇昌生平事略〉。

壽兩家公司。和先前討論日治保險業人事組成所遇到的困難一樣，受限於無法取得詳細的內部職員資料，只能儘可能從有限資料中進行分析。很幸運地，《臺灣省行政長官公署檔案》中留有一份 1947 年 4 月王紹興接任臺灣人壽籌備處主任時的移交資料，裡面有一份〈臺灣省人壽保險股份有限公司籌備處現有職員移交清冊〉（下稱〈職員移交清冊〉），〔註122〕內容相當詳細，除了基本的姓名、服務單位、職稱外，還包括性別、籍貫、學歷、經歷、年齡、薪俸額、到職日等。以下以這份資料為基礎，分析日治臺籍壽險從業人員在戰後臺灣人壽的流動情形。

截至 1947 年 4 月 24 口，臺灣人壽籌備處計有職員 174 位（不含籌備處主任王紹興），其中和保險業務無直接關聯的司機、工役、給仕（雜役）計 14 位，這部分不列入分析範圍。在 160 位職員中，外省籍占 25 位，他們薪俸額普遍較高，且有近半數擔任幹部。反觀臺籍職員，薪俸 100 元以上者僅占 25.19%，擔任幹部者僅占 28.89%（表 5-5）。在 135 位臺籍職員中，有 126 位具日治保險業經驗。〔註123〕經比對，只有 17 位出現在先前整理的《會社銀行商工業者名鑑》中。〔註124〕這個結果並不令人意外，因為大多數具有日治保險業經驗者，都擔任雇員一類的低階職務。值得留意的是，多數具有日治保險業經驗的臺籍壽險從業人員戰後並未續留臺灣人壽，特別是先前所介紹較具代表性的幾位，只有黃火定留下來，擔任契約課課長，並當選臺北市參議會第

〔註122〕 「臺灣省人壽保險公司籌備處業務部份移交清冊」。

〔註123〕 另有 1 位張麟祥比較特殊（不列入 126 位中），屬於外省籍，但畢業於楊梅公學校，且具有日治保險業經驗。

〔註124〕 分別是（括號內為薪俸額、日治時期最高職務）：醫務課課長楊協（300，日本生命診查醫）、展業課課長廖樹藤（240，千代田生命出張所所長）、契約課長黃火定（240，帝國生命出張所長）、福利社業務專員陳金英（240，明治生命事務所主任）、徵收課課長陳金生（220，千代田生命營業主任）、保全課課長范姜新淇（200，日華生命地方部長）、高雄辦事處主任李文鐘（200，帝國生命營業部長）、徵收課副課長周源龍（160，千代田生命事務員）、保全課副課長朱陳增丁（160，東洋生命社員）、契約課出單組長呂阿朋（130，帝國生命監督所長）、臺中辦事處業務專員林天發（125，帝國生命出張所長）、出納課副課長陳國利（120，大正生命內勤）、稽核課副課長游阿道（120，第百生命徵兵保險內勤）、保險金課辦事員陳炳南（85，第百生命徵兵保險內勤）、保全課登記組長周金揚（80，大正生命內）、徵收課雇員陳進財（40，前川生命未載職稱）、出納課練習生陳紅桃（40，千代田生命事務員）。日治時期最高職務依據《會社銀行商工業者名鑑》，與〈職員移交清冊〉略有出入。

一屆參議員，[註125] 不過〈職員移交清冊〉記載他在 1947 年 4 月 1 日起停職停薪，應該是和捲入二二八事件有關。[註126] 至於其他人未續留臺灣人壽，是因為他們個人的職涯規劃，或是臺灣人壽的用人政策所致，目前不得而知。

表 5-5：臺灣人壽籌備處職員職員統計（1947.4.24）

薪俸額（舊臺幣元）	外省籍		臺灣籍	
	總　計	幹　部	總　計	幹　部
400 以上	3	3	0	0
300～399	1	1	1	1
200～299	9	4	16	12
100～199	10	2	17	12
50～99	1	0	47	14
49 以下	0	0	54	0
不支薪	1	1	0	0
總計	25	11	135	39

說明：不支薪者為兼任。
資料來源：「臺灣省人壽保險公司籌備處業務部份移交清冊」。

接著我們分析上述 135 位臺籍職員的後續發展情況，根據的資料是《臺灣人壽保險公司四十年》的歷任主管名冊，資料截止日為 1987 年 12 月 1 日。[註127] 經比對，籌備處時期的 135 位臺籍職員中，在 1947 年 12 月 1 日臺灣人壽正式成立公司後，曾任幹部者計 9 位，他們全部具有日治保險業經驗。由表 5-6 可知，除了李駿川是延續籌備處時期的職位外，其他人都是在公司成立後獲得升遷機會。整體而言，雖然未有人升遷至副總經理乃至總經理高位，但他們對於臺灣人壽的發展亦應有不可磨滅的貢獻，其中范姜新淇、周源龍 2 位更發揮超越個別公司影響力，值得一提。

范姜新淇（1911～？），新屋范姜家族後代。京都帝國大學經濟系畢業。

〔註125〕臺北市議會，〈歷屆議員〉，瀏覽日期：2022 年 3 月 11 日，網址：https://www.tcc.gov.tw/Councilor_Content_All.aspx?n=13513&s=2021&d=990120&name=%E9%BB%83%E7%81%AB%E5%AE%9A&termsn=1。

〔註126〕「電送黃火定內亂案卷」，〈林宗賢等台灣二二八事變案〉，《國防部》，國家發展委員會檔案管理局藏，檔號：A305000000C/0036/1576.2/44993077/1/19；陳翠蓮撰稿，《續修臺北市志（卷九）人物志：政治與經濟篇》，頁 381。

〔註127〕臺灣人壽，《臺灣人壽保險公司四十年》，頁 103～112。

赴日留學之初原欲習醫，惟因色盲之故無法進入醫學校，遂改習經濟學。回臺後曾任職於日華生命，戰後續留臺灣人壽。1962 年，在蔡萬春力邀之下共同參與國泰人壽之籌設，並任該公司副總經理。〔註128〕國泰人壽自創辦以來即執臺灣壽險業之牛耳迄今，范姜新淇的貢獻不可磨滅，〔註129〕《國泰人壽十年史》有如下描述：

> 范姜新淇副總經理，為我國有數之壽險專家之一，早年東渡日本深造，盡得現代壽險經營之奧秘，曾在公營之臺灣人壽保險公司任職，備受推重，經本公司蔡董事長初以借用方式，禮聘擔任副總經理。其對壽險商品之設計、業務之規劃，諸多貢獻。〔註130〕

周源龍，自 1936 年就有在千代田生命任職的紀錄，戰後續留臺灣人壽。1967 年 10 月參與籌組「中華民國精算學會」，1971 年 11 月擔任第二屆理事長。〔註131〕

表 5-6：臺灣人壽籌備處時期臺籍職員升遷情形表（1987.12.1）

姓　　名	年齡	學　歷	籌備處職務	日治時期職務	日後職務	任職期間
李駿川	43	早稻田大學第二高等學院	會計室主任	富國徵兵保險臺北支社次長書記	會計室主任	1947.12.1～1953.4.14
顏富	41	澎湖白沙島國民學校高等科（1）	高雄辦事處業務員	帝國生命高雄事務所長	高雄分公司經理	1948.3.1～1948.9.28
范姜新淇	37	京都帝國大學經濟學士	保全課課長	日本生命契約課主任（5）	研究室代理主任	1955.2.1～1955.10.21
					研究室主任	1955.10.21～1962.8.31

〔註128〕 張秀琪，〈日治時期新屋范姜家族社會領導階層之探討〉（桃園：中央大學客家社會文化研究所碩士論文，2008 年 1 月），頁 116、121；彭蕙仙，《億兆傳奇：國泰人壽之路》（臺北：商周文化，1993 年 12 月），頁 23～24。

〔註129〕 吳家錄在比較國泰、新光兩大壽險公司時，也特別提到范姜新淇的重要性。張哲郎、林建智訪談，秦賢次、吳瑞松編整，《臺灣地區保險事蹟口述歷史》，頁 388。

〔註130〕 國泰人壽慶祝創立十週年籌備委員會，《國泰人壽十年史》（臺北：國泰人壽，1972 年 12 月），頁 39。

〔註131〕 中華民國精算學會，〈學會大事記〉，網址：http://www.airc.org.tw/page/102，瀏覽日期：2021 年 7 月 15 日。

周源龍	30	臺北商業學校（2）	徵收課副課長	千代年生命臺北支店營業系主任（6）	研究室主任	1962.9.1～1973.12.1
					業務部經理	1974.1.1～1975.2.25
					企劃部經理	1978.11.15～1980.2.7
陳萬松	43	私立成淵中學本科肄業（3）	保險金課課長	安田生命臺北支店代理支店長	財務室主任	1963.4.1～1969.2.1
陳慶遂	22	私立成淵中學	雇員	明治生命臺北支店書記	人事管理員	1964.1.1～1970.4.27
吳玉麟	33	私立臺灣商工學校商業科（4）	契約課暫代課長	住友生命臺北支店書記	業務部經理	1968.4.2～1972.7.26
游阿道	28	私立成淵中學別科	稽核課副課長	第百生命臺北支店事務主任（7）	財務室主任	1969.2.1～1972.6.2
陳水田	21	臺北商業學校	徵收課助理員	富國生命臺北支店雇員	會計室主任	1969.5.12～1976.6.1
					財務部經理	1984.3.1～1986.9.5

說明：
1. 年齡、籌備處職務係指〈職員移交清冊〉所載內容，即以 1947 年 4 月 24 日為基準日。
2. 下引資料原載李駿川任職日期為 1947 年 2 月 1 日至 1953 年 4 月 14 日，惟 2 月 1 日應為 12 月 1 日之誤植，因臺灣人壽成立公司之日期為 1947 年 12 月 1 日，其他部門主管亦未見有任職日期早於 1947 年 12 月 1 日者。
3. 其他補充說明：
（1）1909 年，大赤崁、通梁、港子等 3 所公學校合併，稱「白沙島公學校」，並設有通梁、港尾兩個分教場，1922 年，該二分教場分別獨立升格為後寮公學校、港尾公學校，原「白沙島公學校」改稱「赤崁公學校」。1936 年奉准設置二年制高等科。1941 年改稱「赤崁國民學校」。是現「澎湖縣白沙鄉赤崁國民小學」之前身。顏富之學歷既載為「高等科」，則應係「赤崁公學校」而非「白沙島公學校」。林文鎮編纂，《續修澎湖縣志・卷十一教育志》（澎湖：澎湖縣政府，2005 年 7 月），頁 64～66。
（2）創立於 1917 年，原名「臺灣總督府立商業學校」，1921 年由臺北州接辦，改稱「臺北州立商業學校」，翌（1922）年復改稱「州立臺北商業學校」，是現「國立臺北商業大學」的前身。國立臺北商業大學，《國立臺北商業大學簡介》（臺北：著者，2014 年 8 月），頁 4。

（3）創立於 1897 年 8 月，原為臺灣總督府財務局經理課職員古谷傳發起之研修會，翌（1898）年 8 月於臺北市內南門街新築小規模校舍，改稱南門學校，1906 年 7 月合併「私立台灣學習會」，改名「成淵學校」。1909 年 4 月 1 日，分設預科、本科、高等科，其中本科除供修畢預料升學外，亦招收小學高等科二年畢業者就讀，修業三年，畢業後同於舊制五年中學學制。1913 年增設「別科」，授以應考普通文官考試所需之法律、經濟、行政等專門科目，招收本科畢業之中學畢業生，修業一年，同於專科學制。是現「臺北市立成淵高中」之前身。臺北市立成淵高中，〈成淵簡介 > 認識成淵 > 校史〉，網址：https://www.cyhs.tp.edu.tw/files/11-1000-103.php，瀏覽日期：2022 年 1 月 27 日。

（4）創立於 1917 年，原名「東洋協會臺灣支部附屬私立臺灣商工學校」，為臺灣第一所商工並置的實業學校，是現「臺北市開南高級中等學校」之前身。陳相如主編，《開南百年：開南高級商工職業學校世紀典藏（1917～2017）》（臺北：臺北市私立開南高級商工職業學校，2017 年 4 月）。

（5）《會社銀行商工業者名鑑》作日華生命地方部長（1939～1940）。

（6）《會社銀行商工業者名鑑》作千代年生命事務員（1936～1942）。

（7）《會社銀行商工業者名鑑》作第百生命徵兵保險內勤（1942～1943）。

資料來源：「臺灣省人壽保險公司籌備處業務部份移交清冊」；臺灣人壽，《臺灣人壽保險公司四十年》，頁 103～112。

（二）產險業

由於缺少如同臺灣人壽一樣的詳細資料，產險業無法進行細緻的量化分析，但基於以下兩個理由，筆者認為產險業的情況和壽險業應該差異不大。首先，臺灣產物籌備處時期，計有職員 154 位，其中本省籍 111 位、外省籍 43 位，[註 132] 臺籍占比為 72.08%，相較臺灣人壽籌備處的 84.38%，落差並不大。其次，〈職員移交清冊〉反映的是籌備處主任交接前的情形，前主任是黃秉心，身兼臺灣產物籌備處主任。換言之，由於機關首長相同，人事政策亦應相去不遠。

在代表性人物方面，首推林景鏞。林景鏞（1914～？），桃園人。早稻田大學專門部法律科、明治大學政治經濟學部畢業。曾在東京海上總公司服務，回臺後任職於明治火災。[註 133] 臺灣產物成立後，任管理部經理，後升任協

[註 132] 臺灣產物保險公司，〈臺灣產物保險公司概況〉，頁 134。

[註 133] 《會社銀行商工業者名鑑》（1943）記載林景鏞任職於明治火災，《自由中國工商人物誌》（1955）則記載「曾任日本東京海上火災保險株式會社總公司職員，大成火災海上保險株式會社秘書兼業務課長」。陳繼堯的回憶則是說林景鏞日治時期在「日本的」明治火災服務，三種說法略有出入。《會社銀行商工業者名鑑》是第一手史料，應可採信，從時間點看，林景鏞 1938 年自早稻田大學畢業，再加上就讀明治大學的時間，是有可能留在日本任職一段時間。

理、副總經理（由協理改設），成為臺灣產物二把手，惜英年早逝。〔註 134〕陳繼堯評價林景鏻「在那時候，可說是業務上最權威的人，除了范廣大以外，若提到本省日治時期留下來的人當中，就屬他的學位最高與最權威」、「林副總的過世，不僅是臺產也是臺灣保險市場的一大損失。」雖說林景鏻在產險界地位重要，但他似乎無意追求高位。1960 年代初期民營保險業紛紛設立之際，許多臺灣產物的職員轉職到新保險業高就，東京海上常務董事安達晉一郎來臺時曾詢問林景鏻未何不去新公司，他回答「當老二就好。」黃秉心也曾說過「我推薦出去當總經理，胖子〔按：指林景鏻〕都不願。」林景鏻曾對陳繼堯說過「我們是從事保險的知識分子，正確地說，僅屬一個 Technician 而已。」〔註 135〕

除了林景鏻外，日治臺籍產險從業職員續留臺灣產物且擔任幹部者，還有黃村木、周炳燈、詹阿金、林金塗、林修貴、林春火。〔註 136〕

黃村木（1901～？），臺北人。日本社會大學畢業。至遲 1932 年起在大成火災服務，戰後歷任臺灣產物營業部經理、專門委員。1961 年國泰產物成立後，被借調至該公司服務。據陳繼堯回憶，國泰產物開業當天派出一輛全新的三輪車到臺灣產物接黃村木，並將該三輪車配予他專用，以表對他的重視。至國泰產物後，黃村木充分發揮火災保險業務的專長，因而國泰產物在火災保險勘查方面的表現頗為同業注目。〔註 137〕

至於是否任職於大成火災部分，應該是戰後監理時期的大成火災，接下來提到的周炳燈也有類似情況。附帶一提，東京海上、明治火災、三菱海上在 1944 年 3 月合併為一家，名稱為東京海上。東京海上，網址：https://www.tokiomarine-nichido.co.jp/company/about/history/kyu-kaijyou.html，瀏覽日期：2021 年 8 月 15 日；紀旭峰，〈戰前期早稻田大學の台湾人留学生〉，《早稲田大学史紀要》44（2013 年 2 月），頁 159；張哲郎、林建智訪談，秦賢次、吳瑞松編整，《臺灣地區保險事蹟口述歷史》，頁 257～258。

〔註 134〕逝世時間不太確定，介於 1964 至 1969 年間。

〔註 135〕中華民國工商協進會主辦工商徵信所，《自由中國工商人物誌（1955）》（臺北：中華民國工商協進會，1955 年 12 月），頁 112；臺灣省政府人事處編，《臺灣省各機關職員通訊錄》（歷年）；張哲郎、林建智訪談，秦賢次、吳瑞松編整，《臺灣地區保險事蹟口述歷史》，頁 252～253。

〔註 136〕周炳燈、詹阿金兩人未見載於《會社銀行商工業者名鑑》，惟因有接受訪談或撰寫回憶文章，因而得以知悉。類此案例恐不在少數，只是受限於資料未能知悉。由此可知，日治保險從業人員的戰後延續實際上應本文所述更為豐富。

〔註 137〕臺灣省政府人事處編，《臺灣省各機關職員通訊錄》（歷年）；中華民國工商協進會編，《中華民國工商人物志（1963）》，頁 560；張哲郎、林建智訪談，秦賢次、吳瑞松編整，《臺灣地區保險事蹟口述歷史》，頁 257～258。

　　周炳燈（1919～2009），臺北萬華人。臺北州立第二中學校畢業。1941 年 1 月進入大北火災服務。臺灣產物成立後，歷任業務部火險課課長、業務部襄理兼賠款課課長、管理部襄理兼管理課課長、營業部副經理兼火險課、水險課課長、研究室主任、營業部經理、意外險部經理等職。並曾任臺北市產物保險商業同業公會（下稱產險公會）於 1971 年 9 月 20 日首次舉辦的「業務人員訓練班」（訓期 4 個月）講師，及該公會火險小組召集人（1972.8.1～1974.7.4）、火險委員會主任委員（1974.7.5～1977.1.24）。〔註 138〕

　　詹阿金，日治時期曾任職於大倉火災，戰後續留臺灣產物。1961 年明台產物成立後，也向臺灣產物借將，詹阿金經主管推薦遂加入明台產物。原定借調期限為 6 個月，期滿後因「明台產物長官的期許及同仁的關懷」毅然決定放棄在臺灣產物 15 年年資，自此在明台產物服務 40 年至 2001 年 5 月 31 日退休為止，曾任協理、副總經理等職，退休後榮任最高顧問。〔註 139〕

　　剩餘 3 位受限於史料，他們的生平目前所知有限。林金塗、林修貴皆曾任職於大成火災，戰後分別曾任新竹分公司經理、高雄分公司業務課長。林春火曾任職於日產火災，戰後曾任基隆分公司業務課長。此外還有幾位到職日為 1946 年 6 月（臺灣產物籌備處成立時間）的臺籍幹部，從時間點來看，他們也很有可能是日治產險業職員續留臺灣產物，惟缺乏證據無法肯定，包括新竹分公司業務課長梁連興、業務課長張金地、嘉義分公司業務課長張吉雄、高雄分公司副經理林石鼓。〔註 140〕

三、新生代保險人才的形成

　　以上兩小節所介紹的人物多半在戰前就具備保險業經驗，接著要討論的

〔註 138〕 張哲郎、林建智訪談，秦賢次、吳瑞松編整，《臺灣地區保險事蹟口述歷史》，頁 101～151；〈天主教聖谷東區中文週訊〉（2019.5.5），https://catholicchinese.org/wp-content/uploads/2019/05/2019-05-05.pdf，下載日期：2021 年 7 月 16 日。

〔註 139〕 詹阿金，〈一生奉獻於產物保險業〉，收錄於秦賢次主編，《明台保險創業四十年記念特刊》（臺北：明台產物保險股份有限公司，2001 年 9 月），頁 131～132；〈產險公會昨大會 選出新任理監事〉，《經濟日報》，1980 年 1 月 18 日，第 9 版；〈保險業將可直接赴大陸設辦事處〉，《經濟日報》，1993 年 10 月 9 日，第 5 版。

〔註 140〕 另有一位曾任臺中分公司經理的張煥三（彰化銀行董事長張聘三胞弟），到職日同樣是 1946 年 6 月，但他曾任保險監理委員會專員，故應該不具備日治保險業經驗。張哲郎、林建智訪談，秦賢次、吳瑞松編整，《臺灣地區保險事蹟口述歷史》，頁 257。

這群人，他們原先和保險毫無瓜葛，因緣際會之下進入保險業，在前述兩組前輩的引領下，扮演承先啟後的角色。不同經驗的三批保險人才（中國經驗、日治臺灣經驗、戰後臺灣經驗）匯聚在一起，成為戰後臺灣保險市場重建過程的中堅力量。須補充的是，此處所指第三批人才僅指 1960 年保險市場開放前已進入保險業服務者，此後進入者為數眾多，對臺灣保險市場的貢獻也很大，惟已逾本文設定範圍。

就年齡而言，第一、二批大致出生於 1900 至 1920 年間（少數幾位 1890年代末期）。第三批則大致介於 1920 至 1930 年間，依時間先後又可分為兩類。第一類出生於 1920 年代初期，主要是外省籍，他們在戰後取得大學學位，隨後來臺進入保險業；第二類臺籍、外省籍都有，他們在臺灣取得大學學位，隨後經考試分發至公營保險事業服務。

黃克鏘、陳益茂、楊坊山可作為第一類代表。黃克鏘（1923～2021），福建龍溪人。1946 年 6 月自國立海疆學院教育行政組畢業。1947 年初，黃克鏘準備來臺灣旅遊兼謀職，適逢時任臺中女中校長的學姐邀請，〔註 141〕獲得到該校任教的機會。來臺後先在臺北落腳，在準備前往臺中赴職前，遇到過去曾教過他的臺灣人壽籌備處主任王紹興，邀請他到籌備處服務，自此與保險業結下一輩子緣分。黃克鏘自基層做起，歷任會計室帳務科長、會計室主任、業務部經理、副總經理等職，1987 年 1 月成為臺灣人壽史上首位內升總經理，翌（1988）年 2 月屆齡退休。〔註 142〕

〔註 141〕 就時間點來看，此人應為戰後臺中女中首任（1945.12.13～1949.8.9）校長余麗華（1917～ ？）。余麗華，福建龍溪人。廈門大學教育學士。畢業後曾在當時中國政府首都重慶的中央大學附設邊疆學院擔任講師兼註冊組長。戰後因諳閩南語，且係學習教育行政之故，奉派來臺接收臺中女中並擔任首任校長。接任校長之初，因師資缺乏，從大陸招聘許多師資。依據李思儀、詹書媛整理臺中女中留存檔案，1946 年 50 名（含校長）在職教師中，臺籍 12 位、外省籍 38 位，外省籍中福建籍占 30 位（龍溪人 6 位），地緣關係明顯可見。余如季主編，《台中女中 85 年》（臺中：台中女中、台中女中文教基金會，2004 年 12 月），頁 29、133～135；李思儀、詹書媛，〈台灣女子中等教育之研究——以台中女中（1919~1960）為例〉（臺中：國立臺中女子高級中學九十七學年度人文暨社會科學實驗班專題研究成果，2008 年），頁 26～28。

〔註 142〕 張哲郎、林建智訪談，秦賢次、吳瑞松編整，《臺灣地區保險事蹟口述歷史》，頁 307～354；李淑慧，〈保險界耆老黃克鏘辭世〉，《經濟日報》，2021 年 7 月 24 日，網址：https://money.udn.com/money/story/5613/5625100，瀏覽日期：2021 年 8 月 15 日。

　　陳益茂（1922～1990），福建漳浦人。他是黃克鏘在龍溪中學的同學，廈門大學商學院銀行系畢業。大學畢業後即入臺灣產物服務，曾任課長、主任、經理等職。曾在美國紐約保險學院研究。1961 年華僑產物成立後轉至該公司擔任副總經理，1970 年升任總經理，後升任副董事長、董事長。〔註 143〕除在業界服務外，也在學校兼課，淡江大學保險學系第三任系主任黃秀玲就是陳益茂的學生。陳茂益一直盼望黃秀玲能創辦國內第一份專業保險雜誌，生病之時仍念茲在茲。黃秀玲為報師恩，使命必達，目前國內最知名的保險雜誌《現代保險雜誌》終於在 1989 年誕生，蔚為佳話。〔註 144〕

　　楊坊山，廈門大學經濟系畢業。1948 年進入臺灣產物服務，曾任新竹分公司副經理、營業部經理、管理部經理等職。後轉任華僑人壽，1970 年升任總經理。1981 年 5 月轉任友聯產物總經理（1981.5～1985.8）。〔註 145〕同樣投身保險教育，指導學位論文 7 篇，著有保險相關論文 10 餘篇。

　　陳繼堯、王傳通、李家泉可作為第二類代表，前者為臺籍、後二者為外省籍。陳繼堯（1930～），宜蘭人。1953 年 6 月自臺灣大學外文系畢業。1954 年5 月退伍後經特考分發入臺灣產物服務。〔註 146〕1960 年 4 月升任管理部襄理，之後任管理部經理，迄至 1980 年 6 月自臺灣產物退休。同年 7 月應聘國泰產物董事，1989 年 2 月改任常務董事兼執行副總經理，迄 1991 年 12 月退休，隨後轉任高級顧問，至 1995 年 11 月止。在臺灣產物期間曾兩度奉派至日本東

〔註 143〕　中華民國工商協進會編，《中華民國工商人物志（1963）》，頁 482；張哲郎、林建智訪談，秦賢次、吳瑞松編整，《臺灣地區保險事蹟口述歷史》，頁 307；〈產險公會理事長陳益茂出任〉，《經濟日報》，1984 年 11 月 30 日，第 9 版；〈華僑產險調動人事　陳益茂任副董事長〉，1985 年 5 月 5 日，第 6 版。

〔註 144〕　〈宣導保險理念　賠錢也要撐〉，《經濟日報》，1997 年 2 月 23 日，第 5 版。

〔註 145〕　臺灣省政府人事處編，《臺灣省各機關職員通訊錄》（歷年）；〈華僑壽險總經理　楊坊山昨接任〉，《經濟日報》，1970 年 6 月 3 日，第 6 版；〈友聯產物保險總經理　楊坊山今履新〉，《經濟日報》，1981 年 5 月 1 日，第 9 版；〈友聯產物保險　王又曾任董事長〉，《經濟日報》，1985 年 8 月 28 日，第 2 版；〈楊坊山　汽車險委員會主委　費率自由化須階段性實施〉，《經濟日報》，1998 年 8 月 10 日，第 5 版。

〔註 146〕　該特考全名為「特種考試臺灣省專科以上學校及高級職業學校畢業生就業考試」，陳繼堯及下述王傳通、嚴文苑皆是 1954 年該特考及格的外文系學生。《臺灣省政府公報》43：秋：50（1954 年 8 月 27 日），頁 616。蒙連克先生提供資訊，特此致謝。

京海上研習（1958.8、1967.9，分別為期半年、3 個月），1976 年又赴美國賓州大學華頓商學院研修一學期。自 1968 年起便在學校兼課，1987 年 4 月升等為副教授。〔註 147〕著作等身，作育英才無數。〔註 148〕

　　王傳通（1930～），福建晉江人。1948 年 6 月高中畢業後，與同學李亦園（1931～2017）、李念萱（1928～2002）結伴南下，一邊旅遊，一邊投考大學，三人皆錄取臺灣大學。1952 年 6 月自外文系畢業。退伍後經特考分發入臺灣產物服務，歷任課長、襄理、副理等職。1968 年被借調參與中央再保的籌設工作。1969 年 1 月轉任中央再保業務稽核處副處長，不久後升任處長。1977 年轉任中國產物副總經理，1982 年升總經理。1985 年 7 月轉任保發中心首任總經理。1988 年轉任華僑產物總經理。在臺灣產物期間曾奉派赴瑞士保險訓練中心（Swiss Insurance Training Cente, SITC）研修（1963，為期半年），隨後又赴美國 AIG 總部、聖安東尼奧大學，以及當地一家保險公司實習，為期約1 年。〔註 149〕返臺後即在學校兼課，桃李滿天下。〔註 150〕

　　李家泉（1930～）〔註 151〕，福建林森人。1948 年來臺依附已在臺謀生的父親。1950 年 9 月考入「臺灣省立地方行政專科學校」〔註 152〕會計統計科，畢業後經特考分發至公部門任職，先後曾於臺灣省政府、基隆市政府、財政部等單位服務。1958 年 9 月，因中信局需要統計人才，遂轉調該局服務。在中信局歷任壽險處副主任、主任、副理、經理等職，主要從事壽險精算業務，1984 年 1 月升任副局長。1964 年 7 月曾奉派至日本協榮生命、第一生命、日本生

〔註 147〕張哲郎、林建智訪談，秦賢次、吳瑞松編整，《臺灣地區保險事蹟口述歷史》，頁 215～306。

〔註 148〕著有《汽車保險：理論與實務》、《火災保險：理論與實務》、《工程保險：理論與實務》、《再保險學：理論與實務》、《再保險論：當前趨勢與各型態研究》、《再保險實務研究》、《危險管理論》等專著，保險相關論文 20 餘篇，指導學位論文 9 篇。

〔註 149〕張哲郎、林建智訪談，秦賢次、吳瑞松編整，《臺灣地區保險事蹟口述歷史》，頁 153～214。

〔註 150〕指導學位論文 25 篇。

〔註 151〕據李家泉本人的說法，當時的所報出生日期並不準確，他實際上應該是 1926 年出生。

〔註 152〕該校成立於 1949 年。1955 年 7 月，與臺灣省行政專修班合併改制為臺灣省立法商學院。1961 年 7 月，與臺灣省立農學院合併為臺灣省立中興大學（1971 年 10 月改為國立）。2000 年 2 月，法商學院自中興大學獨立，改制為國立臺北大學。國立臺北大學，〈校史〉，網址：https://new.ntpu.edu.tw/about/history，瀏覽日期：2022 年 2 月 7 日。

命考察，學習精算技術，返臺不久後即於中信局設立「精算科」，任代主任。1965 年 10 月復奉派至 SITC 受訓，為期 4 個月。〔註153〕自 1960 年起在學校兼課，著作等身，作育英才無數。〔註154〕

　　與陳繼堯、王傳通差不多時期進入臺灣產物的臺灣大學畢業生為數不少，其中在日後位居保險業總經理者至少有陳槑春（經濟系，第一產物）、嚴文苑（外文系，泰安產物）、曾明仁（經濟系，中央產物）、廖史眼（政治系，富邦產物）。〔註155〕

第四節　組織與市場型態轉變對人員流動的影響

　　上一節從三個脈絡簡要介紹戰後臺灣保險業的代表性人物，接著我們想從結構性的角度進行綜合分析。依據這三批人的簡歷，我們發現兩個現象。首先，具日治保險業經驗的第二批相對第一、三批發展相對受限，無人升遷至總經理級別；其次，產險業人才從第一、二塊拼圖（主要是臺灣產物）擴散到第三塊拼圖的情況明顯高於壽險業。這兩個現象的背後原因為何？即是本節討論重點。

一、從分支機構轉變為總公司有利人才培養

　　關於第一個現象，洪紹洋一系列針對戰後接收的研究提供許多啟發。他以臺灣造船公司（下稱臺船）為例，指出日治時期的殖民政策和人事任用結果，使得戰後初期臺籍職員無法獲得較多的管理和技術經驗，未能填補日人離開後所遺留的缺口，另一方面，資委會以學歷作為用人指標，相對來臺任職的外

〔註153〕張哲郎、林建智訪談，秦賢次、吳瑞松編整，《臺灣地區保險事蹟口述歷史》，頁 419～467。

〔註154〕著有《壽險數學》、《實用壽險數學》、《壽險經營》、《健康保險各種經驗率之建立、編表及各種費率調整之探討》等專著，保險相關論文 30 餘篇，指導學位論文 49 篇。

〔註155〕張哲郎、林建智訪談，秦賢次、吳瑞松編整，《臺灣地區保險事蹟口述歷史》，頁 220～221、255～256。就省籍區分，陳槑春和陳繼堯同鄉，皆為宜蘭人。廖史眼為雲林西螺人，其父廖溫仁為廖溫義（文毅）的大哥。嚴文苑、曾明仁兩人筆者尚未找到相關資料。蒙洪燦楠先生告知廖史眼和廖文毅的關係，特此致謝。另可參閱陳慶立繪製的〈廖文毅家族關係表〉。陳慶立，〈廖文毅的理想國：台灣共和國臨時政府的成立與瓦解〉（臺北：國立政治大學臺灣史研究所博士論文，2013 年 7 月），頁 180。

省籍人士多具有大學學歷，學歷較低的臺籍職員難以獲得升遷機會。〔註156〕不過，在臺灣機械公司（下稱臺機）的案例中，洪紹洋特別指出技術人員有相當比例由臺灣人擔任，與臺船以外省人為主的人事布局迥然不同。原因或許是臺機以糖業機械為主，此項產品在大陸較不發達。〔註157〕臺灣金庫的案例又呈現不同樣貌，以1949年為例，高階主管中僅會計室主任為外省籍，其餘皆為臺籍。洪紹洋認為這可能是因為政府欠缺經營、管理臺灣基層金融團體的能力，故僅控制資金部門，從旁監督。此外，也引用朱昭陽（1903～2002）的說法，指出戰後臺灣銀行、土地銀行從董事長到總經理皆由外省籍擔任，但戰前與臺灣人較有業務往來的彰化、第一、華南銀行則由「半山」或臺籍擔任。〔註158〕歸納而言，影響戰後公營事業人事布局的主要因素包括學歷、技術、產業性質，以及大陸是否有相同產業經驗等。

　　就保險業的情況而言，第二批戰後發展整體並不算差，最終無法位居高位的主因應該是學歷。就前述提到的人物觀之，第一、三批擔任總經理者，除了范廣大是專科外，其餘都具有大學學歷。第二批中，最接近總經理位置者是曾任副總經理的林景鎤、范姜新淇、詹阿金。除了詹阿金的學歷不太清楚外，林景鎤、范姜新淇皆畢業自日本知名學府。〔註159〕另一方面，後進的第三批，他們進入保險業前幾乎毫無相關經驗，但最後發展卻勝過第二批，除了學歷因素外，〔註160〕「核心知識」的學習應該也是一個關鍵。

　　一般來說，職場上所需的知識或技術可從兩處習得，其一是學校教育，其二是職場教育（包括企業提供的教育訓練、實務經驗累積、同事間的傳承等）。學校教育當然比較有系統，但學非所用的情形並不罕見。陳繼堯、王傳通都是

〔註156〕洪紹洋，《近代造船業的技術移轉與學習》（臺北：遠流，2011年3月），頁75～86；洪紹洋，〈戰後初期臺灣造船公司的接收與經營（1945～1950）〉，頁148～153。

〔註157〕洪紹洋，〈戰後臺灣機械公司的接收與早期發展（1945～1953）〉，頁158～163。

〔註158〕洪紹洋，〈臺灣基層金融體制的型構：從臺灣產業組合聯合會到合作金庫（1942～1949）〉，頁118～120。

〔註159〕依據上述〈職員移交清冊〉，126位具有日治壽險業的臺籍職員中，除了范姜新淇，只有李駿川具大學學歷。

〔註160〕從一般經驗來看，學歷通常只是初出社會的敲門磚，或是還不清楚某個人的能力時的一種評斷標準，經過多年職場歷練後，能力的重要性還是大於學歷。洪紹洋就指出，臺機總經理高禩瑾曾向資委會建議，針對學歷較低但具備能力的臺籍職員應予「破格晉級」，這項提案獲得資委會同意。洪紹洋，〈戰後臺灣機械公司的接收與早期發展（1945～1953）〉，頁164～165。

外文系畢業，他們也都自承進入保險業前對保險幾乎毫無所悉，〔註161〕但這不妨礙他們最終成為保險領域專家，可見進入職場後的學習更為重要。本文認為，日治時期臺灣保險業的組織型態，相當程度限制第二批職場學習的成長空間。

　　不同於造船、機械等製造業，金融業核心業務未必要在本地辦理。就保險業來說，這些核心業務包含商品設計、費率釐訂、核保及理賠審核、再保險（或分保）、資金運用等。如前所述，日治臺灣保險業以分支機構為主，核心業務主要是由日本總公司辦理。除了先前提到資金匯回日本總公司的問題（涉及資金運用）外，保險監理委員會的報告中，針對壽險業部分也提到「臺灣僅設支店，支店之一切行政措施均係遵奉本店命令辦理。〔註162〕」產險業部分，周炳燈的說法可作一例證：

> 大北保險會社在台主要的火險業務，係統由日本通運代辦，而由台
> 北的駐在員負責接洽業務後然後出單，沒有經手保險費；日本運通
> 系統則負責收保險費與日後的理賠業務，若有欠繳保險費情況，則
> 由駐在員負責催繳。日本運通他們所收繳的保險費都統籌直接交給
> 上頭的保險公司當局。〔註163〕

另一個例子是，孫伯英率領的臺灣考察團所作《臺灣省調查報告書》序言中提到：

> 臺省保險業務之發達在日治時代曾有輝煌紀錄，臺胞從業人員不在
> 少數，惟以日人一貫實施殖民地政策，所有臺籍從業人員僅習於低
> 層工作，有關保險技術類由日員主管，致臺胞從業保險多年尚不知
> 分保為何事，……深覺該公司（按：指臺灣產物籌備處）對保險事
> 業之真諦未盡了然……〔註164〕

也就是說，受限於日治時期臺灣保險業組織型態以分支機構為主，核心業務並不在臺灣辦理，連帶的分支機構職員也就缺乏接觸「核心業務」的機會，使得

〔註161〕 張哲郎、林建智訪談，秦賢次、吳瑞松編整，《臺灣地區保險事蹟口述歷史》，頁155、221。
〔註162〕〈臺灣省各保險會社檢查報告書及相關文件（1946年2月）〉，頁57。
〔註163〕 張哲郎、林建智訪談，秦賢次、吳瑞松編整，《臺灣地區保險事蹟口述歷史》，頁104。
〔註164〕「序言」，〈臺灣省調查報告書（1947年2月）〉，收入陳雲林總主編，《館藏民國臺灣檔案匯編》第193冊，頁131～133。

「核心知識」的學習受到限制。在此情況下，縱使有少數臺籍職員位居高位（分支機構次長、首長），仍不易從職場上習得「核心知識」。

　　戰後，新成立的臺灣產物、臺灣人壽將總公司設在臺灣自不待言，跨海來臺的中國保險業分支機構也因為國共易幟之故全數升格為總公司，至於 1960 年代設立的保險業總機構當然也是都設在臺灣。這使得戰後臺灣保險業組織型態全數轉變為總公司，核心業務必須留在臺灣。這個結果一方面使得保險從業人員（不分省籍）因而得以接觸、學習「核心技術」，另方面因為「存在需求」，保險業更重視人才培養，甚至派往保險先進國家學習最新技術與觀念，這在無須辦理核心業務（因而不存在需求）的日治時期恐怕不容易發生。

　　接著，讓我們設身處地想像是當時的保險業負責人。在教育訓練資源有限的情況下，會選擇優先培訓學歷佳又年輕的職場新血，或是學歷相對差且較年長的職員呢？答案應該非常明顯。換言之，第二批受限於日治時期分支機構型態，缺乏接觸、學習核心技術的機會，相較在中國具有辦理保險核心業務經驗的第一批，處於劣勢地位。戰後組織型態的限制雖然消失，但因為在年齡、學歷上吃虧，所能獲得的教育訓練資源也較第三批有限，最終在發展上也落後給這群後起之秀。

　　我們還可以從保險教育的角度觀察，可以發現第一批、第三批當中，有許多人或著書立說，或在學校授課，或兼而有之，系統性地傳授保險專業知識。這種情況在第二批中卻幾乎未見，某種程度說明他們缺乏系統性的養成與訓練，故雖具備實務經驗，但涉及理論層面的核心知識可能較為薄弱。

二、市場競爭有利人才培養

　　從第三節的介紹可知，1960 年代初期成立的保險業向臺灣產物借將或挖角的情形非常普遍，堪稱孕育保險業人才的搖籃，反觀壽險業卻非常少見。在探求造成這個現象發生的原因之前，我們可以先思考一個問題，為什麼新設立的保險業要向臺灣產物借將或挖角？無非是認為這些人對於業務推動有所助益。那麼，不向臺灣人壽或中信局壽險處借將或挖角，是認為他們對業務推展的助益有限嗎？這種可能性確實存在。如後所述，1950 年代的臺灣人壽及中信局人壽保險處最主要的業務其實是協助政府推動「社會保險」，成立社會保險專責機關後，兩家壽險業的部份職員也隨之移轉。加上缺乏產險業般的市場競爭，本業商業保險的業績著實乏善可陳。多數人都同意，企業

競爭力和職員競爭力有密切關係。表 5-7、表 5-8 列出所有保險業第一個完整
營業年度（1964）的保費收入情形，發現一個相當有趣的現象。產險業的 5
家舊業者（第一、二塊拼圖）保費收入占比達 63.74%，大幅領先 10 家新業
者（第三塊拼圖）的 36.26%。特別是最早在臺拓展業務的臺灣產物、中信局
產險處（此時已合併資保所），更占據明顯優勢地位。10 年後新舊業者的占
比雖已翻轉，但就個別業者來看，舊業者普遍仍居領先地位。這顯示面對新
業者的挑戰，舊業者仍保持相當競爭力。這個結果並不意外，畢竟它們多累
積了將近 20 年的臺灣市場經驗。反倒是壽險業的情況比較令人感到訝異。

　　壽險業的新業者在第一個完整營業度，就以近九成的保費收入占比遠遠
領先舊業者，差距之大令人乍舌。這顯示舊業者較新業者多出來的近 20 年
市場經驗似乎不符合市場需求。那麼，似乎也就很難期待長期任職於舊業者
的職員的職場經驗，對於新業者拓展業務能帶來多大的幫助。或者說，三家
舊壽險業在缺乏市場競爭的情況下，對於人才培養的用心程度恐怕不及產險
業。

表 5-7：各產險業保費收入情形表（1964、1975） 　單位：新臺幣千元

類　　別	業者名稱	保費收入（1964）	占比（1964）	占比（1975）
舊業者	臺灣產物	100,144	25.24%	16.4%
	中信局產物保險處	70,900	17.87%	-
	太平產物	29,850	7.52%	9%
	中國產物	28,558	7.20%	14.4%
	中國航聯產物	23,403	5.90%	4.1%
	舊業者小計	252,855	63.74%	43.9%
新業者	國泰產物	30,065	7.58%	11.7%
	泰安產物	23,024	5.80%	5.1%
	明台產物	17,135	4.32%	7.6%
	新光產物	14,762	3.72%	4.3%
	國華產物	12,499	3.15%	5.4%
	華僑產物	12,219	3.08%	5.7%
	第一產物	11,163	2.81%	4.8%
	友聯產物	9,987	2.52%	3.4%
	中央產物	6,624	1.67%	4.4%

華南產物	6,359	1.60%	3.8%
新業者小計	143,837	36.26%	56.2%
總計	396,692	100.00%	100%

說明：1975 年個別占比加總不等於 100%係四捨五入之故；1975 年時中信局產物保險　　　處已併入中國產物。

資料來源：中央銀行金融業務檢查處編，《各金融機構業務概況年報》，頁 267～268；　　　　　瞿宛文，《臺灣戰後經濟發展的源起：後進發展的為何與如何》，頁 389。

表 5-8：各壽險業保費收入情形表（1964）　　　單位：新臺幣千元

類　別	業者名稱	保費收入	占　比
舊業者	臺灣人壽	33,867	7.18%
	中信局人壽保險處	8,105	1.72%
	郵政儲金匯業局	6,642	1.41%
	舊業者小計	48,614	10.31%
新業者	國泰人壽	184,819	39.21%
	國光人壽	89,318	18.95%
	新光人壽	42,955	9.11%
	第一人壽	35,729	7.58%
	國華人壽	30,671	6.51%
	華僑人壽	25,852	5.48%
	南山人壽	13,453	2.85%
	新業者小計	422,797	89.69%
總計		471,411	100%

資料來源：中央銀行金融業務檢查處編，《各金融機構業務概況年報》，頁 337～338。

　　以上討論衍生出另一個問題，即新壽險業的人才從何而來？當然，新壽險業並非全然未向舊壽險業挖角，但為數不多，筆者目前所知只有三例半，第一例是前已介紹的國泰人壽挖角范姜新淇；第二例是第一人壽挖角勞工保險局（下稱勞保局）經理俞慈民；第三例是國光人壽挖角勞保局副經理李文鐘；半例則是李家泉提到當初有新壽險業者看中其精算專業想要挖角，但他因感念長官知遇之恩，並未跳槽。〔註165〕表 5-9 初步梳理七家新壽險業自創業以來

〔註165〕張哲郎、林建智訪談，秦賢次、吳瑞松編整，《臺灣地區保險事蹟口述歷史》，　　　　　頁 440。

至 1990 年左右的歷任總經理及其背景，大致而言，這些總經理若非從其他金融業或相關企業挖角，就是自身培養出的人才，唯三向舊保險業挖角的只有第一人壽的俞慈民、范廣大，華僑人壽的楊坊山，後二者都是產險業出身。值得一提的是，不少新壽險業在業務經營及培養人才方面倚重日本方面的協助，例如國泰人壽早在籌備時期就派員到日本生命實習，〔註 166〕成立後也不時派員到日本壽險業研習和考察；〔註 167〕南山人壽前期有日本協榮生命給予技術支援；〔註 168〕國光人壽聘有許多日本人顧問；〔註 169〕新光人壽同樣在成立不久後就派員到日本壽險業考察、學習。〔註 170〕這些例子一定程度顯示出，即便新壽險業的創辦人過去未曾有過保險業經驗，但仍間接受益於戰前日本人脈的積累。〔註 171〕

表 5-9：新壽險業歷任總經理背景

公司	歷任總經理（任期）	背　景	備　註
第一人壽	董漢槎（1962.5.26～1962.8.30）	太平產物董事長，董事長兼	
	俞慈民（1962.9.1～1975.5）	臺灣人壽協理、勞保局經理	
	郭宜奎（1975.5～1976.11）	財政部科長、臺北市銀行經理	
	范廣大（1976.11～？）	中信局產險處經理、公保處經理、副局長	

〔註 166〕張哲郎、林建智訪談，秦賢次、吳瑞松編整，《臺灣地區保險事蹟口述歷史》，頁 388。

〔註 167〕國泰人壽慶祝創立十週年籌備委員會，《國泰人壽十年史》，頁 66、197～215。

〔註 168〕王文靜，《南山人壽蛻變之路》（臺北：商周文化，1993 年 12 月），36；張哲郎、林建智訪談，秦賢次、吳瑞松編整，《臺灣地區保險事蹟口述歷史》，頁 377。

〔註 169〕張哲郎、林建智訪談，秦賢次、吳瑞松編整，《臺灣地區保險事蹟口述歷史》，頁 442。

〔註 170〕新光人壽廿年史編輯委員會編，《新光人壽廿年史》（臺北：新光人壽，1983 年 7 月），頁 41；新光人壽三十年史編輯委員會編，《新光人壽三十年史》，頁 74、84～85；黃進興，《半世紀的奮鬥──吳火獅先生口述傳記（13 版）》，頁 189～190。

〔註 171〕關於這方面的討論，可參閱：林滿紅，〈政權移轉與精英絕續──台灣對日貿易中的政商合作（1950～1961）〉，收入李培德編，《大過渡──時代變局中的中國商人》（香港：商務印書館，2013 年 11 月），頁 100～139。

國光人壽	劉金約（1962.6.1～？）	？	1963 年 2 月 1 日，勞保局副經理李文鐘受邀任協理。
	柯文寶（？～1972.1.11）	合作金庫經理	
國泰人壽	蔡萬春（1962.10.5～1965.2.28）	臺北第十信用合作社理事長，董事長兼	
	林維吾（1965.3.1～1966.4.1）	華南銀行副總經理	
	唐松章（1966.4.2～1977.3.16）	臺北市第十信用合作社職員	
	邱登夫（1973.3.17～1983.1.31）	臺大經濟系畢業、國泰信託副總經理、第一銀行經理	
	劉家霖（1983.2.1～1987.2.6）	臺大經濟系畢業、曾任職彰化銀行	
	杜逢榮（1987.2.7～1993.2.1）	臺大經濟畢業、曾任職第一銀行、華南銀行	
	范光煌（1993.2.2～1998.12.31）	大同工學院工商管理科系畢業，創業 23 位元老之一	
華僑人壽	邱漢平（1963.4.27～1970.6.1）	副董事長、董事長兼、立法委員	1974 年鹿港辜家掌握華僑人壽經營權，1981 年改名中國人壽
	楊坊山（1970.6.2～194.9.1）	臺灣產物出身（見頁 198）	
	辜濂松（1974.9.2～）	鹿港辜家、中國信託投資公司總經理	
	劉敏誠（1981～195）	經合會投資業務處處長、中國信託投資公司副總經理	
	顏和永（1985～1988）	彰化銀行、中國信託投資公司	
	辜啟允（1988～2001）	鹿港辜家	
南山人壽	郭雨新（1963.7.3～1965）	省議員	
	黃祥致（1965～？）	台北區合會公司協理	
	林快青（？～1971.10）	省政府民政廳主任秘書	
	葛令樓（R. A. Klingler）（1971.10～1975.4）	美籍人士	
	謝仕榮（1975.4～1983.4）	AIG 調派來臺	
	蘇洪熹（1983.4～1986.11）	？	
	郭文德（1986.11～1992.6）	AIG 調派來臺	

國華人壽	林鶴年（1963.7.5～1963.9）	霧峰林家、臺中縣長，董事長兼	
	林有福（1963.9～1963.11）	彰化銀行板橋、萬華分行經理、農林公司常務董事，常務董事兼	
	楊塘海（1963.11～1964.5）	副董事長兼	
	魏永德（1964.5～1965.3.31）	代理	
	涂芳輝（1965.4.1～1970.3.29）	會計師	
	陳吉祥（1970.3.30～1971.10.29）	建築業出身	
	王吳明（1971.10.30～1978.12.19）	副董事長兼、紡織業出身	
	張貞松（1978.12.20～1982.6.30）	證管會主秘、亞洲信託副總經理	
	翁一銘（1982.7.1～1991.5.13）	義新企業集團創辦人翁明昌次子	
新光人壽	吳煥堂（1963.7.30～1969.8.31）	彰化銀行任職 37 年，曾任臺北分行經理	
	吳家錄（1969.9.1～1990.4.30）	新光實業財務經理	
	藍昭輝（1990.5.1～）	京都大學法律系畢業，創業元老	

資料來源：〈第一壽險公司明天開業〉，《聯合報》，1962 年 5 月 25 日，第 5 版；〈省議會不知情　陳重光提指責〉，《聯合報》，1962 年 6 月 1 日，第 2 版；〈俞慈民張國幹　九月一日交接〉，《聯合報》，1962 年 8 月 31 日，第 2 版；〈第一壽險公司　總經理易新人〉；〈一壽新任總經理　范廣大定今履新〉；〈國光壽險公司開幕〉，《聯合報》，1962 年 6 月 1 日，第 5 版；〈國光壽險公司　李文鐘任協理〉，《聯合報》，1963 年 2 月 2 日，第 5 版；〈省合作金庫人事更動〉，《聯合報》，1954 年 9 月 19 日，第 5 版；國泰人壽慶祝創立十週年籌備委員會，《國泰人壽十年史》，頁 39～40；〈國泰人壽　新任副董事長及總經理　蔡辰男與邱登鈇今就職〉，《經濟日報》，1977 年 3 月 17 日，第 9 版；〈國泰人壽總經理　劉家霖就職〉，《經濟日報》，1983 年 2 月 2 日，第 9 版；〈國泰人壽人事異動　杜逢榮升任總經理〉，《經濟日報》，1987 年 1 月 24 日，第 9 版；〈范光煌昨就任國壽總經理〉，《經濟日報》，1993 年 2 月 3 日，第 9 版；〈范國壽劉秋德升任總經理〉，《經濟日報》，1998 年 12 月 31 日，第 4 版；彭蕙仙，《億兆傳奇：國泰人壽之路》，頁 232～239；〈華僑保險公司　訂明日開幕〉，《聯合報》，1963 年 4 月 26 日，第 5 版；〈華僑壽險總經理　楊坊山昨接任〉；〈劉敏誠將出任　中國信託投資副總經理〉，《經濟日報》，1973 年 7 月 31 日，第 6 版；〈華僑人壽總經理　辜濂松昨天到職〉，《經濟日報》，1974 年 9 月 3 日，第 7 版；〈中國人壽保險公司　專營人身保險〉，《經濟日報》，1981 年 10 月 8 日，第 9 版；〈中國人壽保險公司　顏和永接長總經理〉，《經濟日報》，1985 年 1 月 18 日，第 9 版；〈辜啟

允領航中國人壽〉,《經濟日報》,1988 年 1 月 13 日,第 11 版;〈辜振甫辭中壽董事長 辜仲立接任〉,《經濟日報》,2001 年 12 月 6 日,第 1 版;〈南山壽險公司今天揭幕〉,《聯合報》,1963 年 7 月 3 日,第 5 版;〈南山壽險公司 總經理等易人〉,《聯合報》,1965 年 5 月 13 日,第 5 版;〈南山人壽保險公司 葛令樓升任總經理〉,《經濟日報》,1971 年 11 月 25 日,第 6 版;王文靜,《南山人壽蛻變之路》(臺北:商周文化,1993 年 12 月),頁 220～227;國華人壽三十年史編輯委員會,《國華人壽三十年》(臺北:國華人壽,1993 年 12 月),頁 278～287;〈國華人壽保險公司 陳吉祥接任總經理〉,《經濟日報》,1970 年 4 月 8 日,第 6 版;〈國華人壽開股東會 改選董事及監察人〉,《經濟日報》,1971 年 8 月 5 日,第 6 版;〈「皮帶人物」張貞松〉,《經濟日報》,1979 年 2 月 12 日,第 2 版;中華民國工商協進會編,《中華民國工商人物志(1963)》,頁 215;〈彰銀人事 調整一批〉,《聯合報》,1962 年 2 月 1 日,第 5 版;〈新光壽險公司 股東大會成立〉,《聯合報》,1963 年 7 月 19 日,第 5 版;〈藍昭輝接掌新光人壽〉,《經濟日報》,1990 年 4 月 27 日,第 4 版;新光人壽三十年史編輯委員會編,《新光人壽三十年史》,頁 294～301。

小　結

　　本章首先探討構成戰後臺灣保險業版圖的三塊拼圖中,第二、三塊拼圖是在何種歷史脈絡下進入臺灣保險市場,即中國保險業跨海來臺及 1960 年保險市場開放後成立的新保險業。針對 1960 年保險市場開放這個重大議題,除了闡述過往為人忽略的菲律賓華僑施性水的關鍵地位外,也指出保險市場開放是戰後本國民間資本涉足全國性金融的開端,這種先進者優勢一定程度促使保險業起家的業者至今在臺灣金融業居於領先地位。接著分析戰後臺灣保險業的人才流動,分別指出具中國經驗者及戰後培養者的發展較具日治經驗者為佳,及產險業人才從第一、二塊拼圖擴散到第三塊拼圖的情況明顯高於壽險業這兩個現象。進而申論保險業組織型態由戰前的分支機構轉變為戰後的總公司,及戰後臺灣產險市場相對壽險市場競爭的形態,是造成這兩個現象的可能原因。

第六章　新體制的確立與影響：
　　　　業務發展

　　本章以業務發展為核心，在內容呈現上緊扣「產、壽險業發展的分歧」這個戰後臺灣保險業務發展過程中一個頗為特殊的現象。除探尋造成這個現象的可能原因外，也一併對業務發展情況作說明。概括而言，產險業在經歷1949年以前的混亂期後，穩健地復甦與成長，業務規模在1950年代末期便已跨越日治高峰；反觀壽險業，業務成長近乎停滯，1960年時仍不到日治高峰的5%。那麼，何以處於相同經濟環境的產、壽險業，其發展會產生如此巨大歧異，即是本章所欲探討的課題。

第一節　產、壽險業發展的分歧

一、實質保費收入分析

（一）分析方法說明

　　衡量保險業務發展的指標有很多種，在數量方面有契約件數、保險金額（下稱保額）、保費收入等；在品質方面有損失率、繼續率等。本章之討論以數量為主，並選擇保費收入作為主要衡量指標，理由在於相較於契約件數及保額，保費收入能較佳地呈現本章所關注的「業務規模（business scale）」。〔註1〕

〔註1〕舉例而言，A、B保險公司同樣賣出100件保險契約（假設商品內容完全相同），但A保險公司的平均保額是B保險公司的10倍，若說A、B保險公司業務規模相當似乎不太洽當；又如C保險公司賣出1件保額100萬的一年期壽險，D保險公司賣出1件相同保額的終身壽險，因為兩種商品費率相差懸殊，通常我

　　過往針對 1945 至 1963 年間的保費收入進行深入分析者並不多見，特別是與日治時期的跨政權比較更屬罕有，〔註2〕這主要是受限於兩個困難。其一，統計資料闕漏。臺灣有系統的保費統計資料始於 1914 年，載於臺灣總督府財務局金融課所編《臺灣金融年報》（1935 年前名為《臺灣の金融》）。〔註3〕受到戰爭影響，這份官方編製的統計資料只到 1942 年為止。戰後要到 1951 年才再度出現比較有系統的保費統計資料。〔註4〕1943 至 1950 年這段時間，資料或闕漏，或散見於各處。

　　第二個困難是，戰後初期物價極不穩定，再加上 1949 年 6 月 15 日的幣制改革，使得各年度的名目（nominal）保費收入缺乏可比較性。舉例而言，臺灣產物 1948 年的保費收入是舊臺幣 10 億 8,150 萬 577.68 元，但 1942 年時只有 519 萬 8,836 圓，我們能說 1948 年的業務規模是 1942 年的 200 餘倍嗎？這顯然有悖常理。又如 1960 年產險業保費收入為新臺幣 2 億 1,892 萬 8,000 元，相較日治時期水準其規模如何，由於幣制已然不同，亦難直接比較。

　　為解決上述困難，本文一方面盡可能蒐集散見於各處的統計資料，另方面將「名目保費」轉化為「實質保費」，並以 1937 年的幣值作為一致的比較基準。實質（real），是經濟學裡經常被使用的概念，例如：實質 GDP、實質利率等，相對於名目 GDP、名目利率，它們排除了物價的影響，使得時間數列的比較分析更具意義。舉例來說，去年保費收入是 100 元，今年則是 120 元，但

<hr>

　　們也不會說兩家保險公司的業務規模相同。不過，這並不是說保費收入一定是比較好的指標，這端視我們重視的主題而定，如果是想瞭解商業保險為社會所提供的保障程度與涵蓋範圍，那麼保額及契約件數就是比較好的指標。

〔註2〕曾耀鋒曾以投保率（有效契約件數／人口數）進行比較，指出戰後臺灣壽險投保率要到 1979 年才回到日治末期的水準；董漢槎以日治時期投保率與有效契約平均保額為基準，推估 1962 年的臺灣若能恢復日治時期水準，當有壽險有效契約 64 萬件，合計總保額新臺幣 358 億元之鉅。以上是目前筆者僅見針對戰前、戰後進行比較分析的研究成果。曾耀鋒，〈日本統治時代の台湾における生命保険市場に関する史的研究：競争の時代から統制の時代へ〉，頁 9～10；董漢槎，〈經營壽險事業之先決條件〉，《保險季刊》2：3（1962 年 9 月），頁 2。

〔註3〕臺灣總督府殖產局所編《臺灣商工統計》（1943 年以後改為《臺灣商業統計》）亦有保險業相關統計資料，惟保費收入僅收錄 1927 年以後的數據。《臺灣金融年報》和《臺灣商工統計》部分年度的保費收入有所出入，其中以 1927 至 1929 年的差異較大。

〔註4〕這是一個蠻普遍的現象，行政院主計總處所發布的國民所得資料同樣只涵蓋 1951 年以後期間。

同時物價也上漲了 20%。此時單看名目保費收入有高達 20%的成長率，但若從購買力的角度來看，今年的 120 元在考慮物價後其實和去年的 100 元相同，所以若以去年的幣值作為基準的話，實質保費收入其實是零成長。此一方法得以實現主要仰賴吳聰敏、高櫻芬的臺灣長期物價估計。不過，必須強調的是，凡是估計必有侷限，本文既係奠基於前揭估計成果，自然不能例外。〔註5〕相關統計資料整理如附錄 4，以下先就 1914 至 1970 年間的實質保費收入趨勢進行說明。〔註6〕另若討論內容不受物價影響時（例如：相同時間的不同業務比較），名目保費依然是良好的衡量指標，故若無特別說明，仍以名目保費收入為主。

（二）產、壽險業實質保費收入情況（1914～1970）

　　圖 6-1 描繪 1914 至 1970 年間的實質保費收入趨勢，其中產險部分因 1946 至 1950 年僅有臺灣產物一家業者的資料，無法體現產險業的整體樣貌，故估計三種情境，再以虛線呈現。e1 使用臺灣產物的保費收入代替整體保費收入、e2 以 1951 年臺灣產物保費收入占產險業整體保費收入的比率（40.68%）回推 1946 至 1950 間的整體保費收入、e3 假設 1946 至 1950 年間中信局產險處、資保所的保費收入和臺灣產物相同（太平產物、中國航聯產物、中國產物等較晚進入臺灣保險市場者不計）；壽險部分，筆者目前仍未找到 1945、1946 兩年的資料，故假設該二年度的保費收入與 1944 年相同，同樣以虛線呈現（e4）；簡易壽險則只繪製至 1948 年為止，1949 年後併入壽險統計。以上估計的詳細說明，請參閱附錄 4。

　　由圖 6-1 可知，無論產險、壽險或簡易壽險，在日治時期都呈現穩定成長，實質保費收入高峰分別出現在 1944、1943、1944 年，若以 1937 年的實質保費為 100，則該三年度的指數分別為 286.27、164.32、298.79。戰後，大致可區分為三個階段觀察，在 1945 至 1949 年間，不論險別，業務規模都大幅下降，但

〔註 5〕吳聰敏、高櫻芬，〈臺灣貨幣與物價長期關係之研究──1907 年至 1986 年〉，頁 23～71。主要的侷限仍在於資料的不齊全，詳見引文頁 29～34。此外，吳聰敏、高櫻芬所估計的物價指數是躉售物價指數，但針對保險業的特性，或許應使用其他物價指數較為適當（例如消費者物價指數），然此已非筆者目前能力所及。

〔註 6〕本文之時間斷限為 1963 年，主要是考量前述「新制度建立」，但制度建立後的影響需要一定時間發酵，故將觀察時間延長至 1970 年，大約 10 年的時間，可與 1950 年代進行比較。

值得注意的是，產、壽險的下降幅度產生分歧，相對於壽險近乎「斷崖式」下降，產險顯得緩和許多。〔註7〕1950 至 1960 年間，產、壽險的分歧更為明顯，壽險自 1914 年有官方統計數據以來，業務規模向來大於產險，此時竟被遠遠超前，成長近乎停滯。反觀產險，呈現快速成長趨勢，在 1958 年時便已接近日治高峰（指數為 274.27）。1961 年以後，最引人注目的就是壽險終於一反過去的停滯，呈現爆發性成長，業務規模在 1968 年時重回日治高峰水準（指數為 164.10）。〔註8〕

圖 6-1：臺灣保險業務實質保費收入統計（1914～1970）

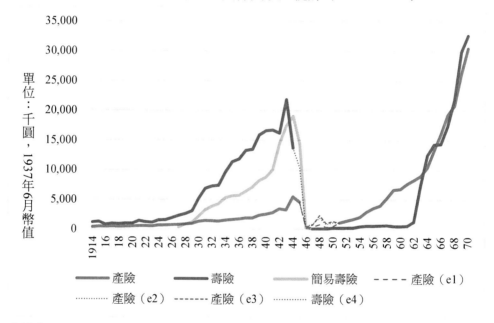

資料來源：見附錄 4。

〔註 7〕壽險、簡易壽險 1949 年的實質保費收入分別只有 1937 年的 0.64%、0.07%。與之相對，產險業 1949 年的實質保費收入尚有 1937 年的 17.41%～52.24%(不同估計)。

〔註 8〕這是僅和日治時期一般壽險保費收入相比，如果將日治時期壽險、簡易壽險保費加總，則日治時期實質保費高峰是 1943 年的 3,920 萬 3,826 圓（指數 199.63），戰後超越日治高峰的時間點將延後到 1971 年。當年度名目保費收入新臺幣 16.06 億元，平減指數 3919.81，實質保費收入 4,097 萬 1,374 圓，指數 208.63。拙稿〈何以分歧？戰後臺灣保險業務發展之研究（1945～1963）〉（頁 215）稱壽險實質保費收入在 1968 年超越日治高峰，並稱若和日治時期壽險、簡易壽險保費加總相比，超越日治高峰的時間點將遞延到 1975 年。經重新驗算，當初應有計算錯誤，在此更正。

二、總體經濟因素的影響

（一）經濟規模與保費收入

> 在經濟成長過程中，隨工業的擴充，勞務業（Services）（包括貿易、
> 金融、交通、郵電、保險等）亦迅速發展，而且在國民生產額中的
> 比重，有凌駕工業之勢。因此，**近年來臺灣保險業的繁榮，一方面**
> **固由於從業人士的共同努力，一方面亦可說是成長過程中必然的現**
> **象。**〔註9〕

這段話是尹仲容（1903～1963）〔註10〕在1961年對臺灣保險業務發展所提出的
感想。確實，保險業務發展與經濟發展息息相關，日治時期就可看出這個現象。
圖6-2描繪1914至1942年間實質GDP（橫軸）和實質保費收入（縱軸）間的
分布關係，可發現無論產、壽險都呈現正相關，即GDP越高，保費收入越高。

圖6-2：實質保費收入與實質GDP關係圖（1914～1912）

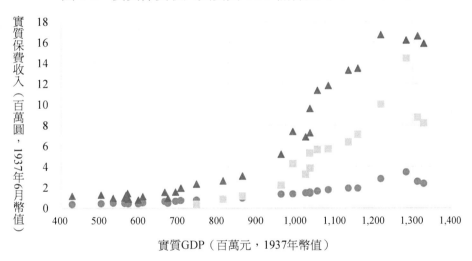

資料來源：實質保費收入同附錄4；實質GDP為吳聰敏，〈1910年至1950年臺灣地
　　　　　區國內生產毛額之估計〉，頁164～171。

〔註9〕尹仲容，〈我對臺灣保險業的看法〉，《保險季刊》1：3（1961年9月），頁1。
〔註10〕尹仲容，湖南邵陽人。交通大學畢業。1949年來臺後歷任生產事業管理委員
　　　　會副主任委員、中央信託局局長、經濟部長、經濟安定委員會秘書長、行政院
　　　　外匯貿易審議委員會主任委員、行政院美援運用委員會副主任委員、臺灣銀
　　　　行董事長等職，是臺灣戰後初期最重要的財經官員之一。許雪姬總策畫，《臺
　　　　灣歷史辭典》，頁154～155。

　　臺灣經濟規模在二戰末期急遽下降，1945 年實質 GDP 僅剩日治高峰（1939）的 23.70%，要到 1955 年才重回相同水準。〔註 11〕對照圖 6-1，產險實質保費收入在 1958 年接近日治高峰（1944），發展趨勢大致相符。〔註 12〕反觀壽險，戰後業務規模幾乎歸零，進入 1950 年代後，亦未能搭上經濟成長的列車，到 1960 年時（指數為 3.83），仍只有日治高峰（1943，指數為 164.32）的 2.33%。〔註 13〕因此，經濟規模用來解釋戰後產險業務的發展趨勢似乎恰如其分，但要理解壽險截然不同的發展情況，則力有未逮，必須尋求其他可能。

（二）惡性物價膨脹的影響

　　一般認為戰後臺灣的接收充滿缺失，在壽險業的討論中，經常可以看到一個大致符合這個歷史解釋的論述，前述吳火獅的言論即是代表（頁 114）。若然，戰後接收不當似乎可以解釋戰後壽險業務發展何以斷崖式地下降。不過，戰後產、壽險業接收政策並無二致，類似的說法卻幾乎未見於產險業的相關討論。

　　關於這點，我們已在第四章充分說明。就結果論，產險舊契約清理尚稱順利，然而壽險（含簡易壽險）卻是近乎以失敗告終，使得日治時期累積的成果近乎付之一炬。不過，我們也強調，壽險舊契約清理未盡人意的結果，主要是當時的惡性物價膨脹所造成，而這是接收機關難以控制的外部條件。換言之，惡性物價膨脹是戰後臺灣產、壽險業務發展產生巨大分歧的主因，這又導因於產、壽險契約的本質差異。由於產險多為一年期短期契約，受物價的影響較小（簽訂新約時即可反映最新物價水準），而多屬長年期的壽險契約則不然。

　　首先，舊契約的應繳保費金額是事先約定好的，並不會因為日後物價變動而調整，那麼，即使所有舊契約保戶都繼續繳納保費（名目保費相同），在考

〔註 11〕吳聰敏也提到，他對日治時期實質 GDP 的估計相對戰後主計處的估計平均而言偏低 12%，若以此例調高日治時期實質 GDP 之估計數字，則戰後重回日治高峰的時間將遞延至 1957 年。吳聰敏，〈1910 年至 1950 年臺灣地區國內生產毛額之估計〉，頁 153、166～167。

〔註 12〕如果以 GDP 高峰的 1939 年作為比較基準，則戰後產險實質保費收入在 1954 年達到 1939 年的水準。

〔註 13〕和註腳 8 相同，這也是僅和日治時期壽險保費收入相比，若納入日治時期簡易壽險，則 1960 年（指數為 2.59）是日治高峰 1943 年（指數為 199.63）的 1.30%。

慮戰後遽升的物價水準後，「實質保費」必然驟降。更有甚者，實際狀況是，許多舊契約保戶不願繼續繳納保費，新業務也同樣因物價因素推展不力，因此即便是「名目保費」也有所下降。其次，從心理層面來說，惡性物價膨脹的經驗恐怕使得許多保戶對壽險留下負面印象，進而影響日後新業務的拓展。心理層面影響之說相當普及，例如嚴家淦曾多次提及一般民眾對於貨幣幣值缺乏信心導致壽險業務推展受阻。〔註14〕但是，如果我們進一步考慮到 1960 年代以後的快速成長，不免會產生一個疑問，那就是何以心理層面的負面影響在1950 年代如此巨大，但一跨入 60 年代後就不成問題呢？因此，心理層面影響雖具有相當解釋力，但必然仍存在其它影響因子。本文認為「公營事業體制」及「市場型態」是兩個主要影響因子，下一節對此進行探討。

第二節　公營事業體制與市場型態對壽險業務的影響

一、公營事業體制的形成

　　先前提及，就資本屬性的角度，戰後臺灣保險業的核心問題是應交由民營或收歸公營？不過，從執政當局的立場來說，這似乎不足以成為被討論的議題，因為行政長官陳儀早在戰爭結束前就已定調「公營事業體制」的施政方針，他在 1945 年 6 月 27 日臺調會黨政軍聯席會第 1 次會議便提到：

> 到臺灣的施政方針，希望能整個一致，黨政軍澈底實行三民主義。……總理在經濟上認為個人資本主義在現代是不行的，故提倡民生主義……臺灣在日人統治下已是資本主義化，但**我們收復後，對於一切產業必須國有或公營**。……**本人確信事業國營有利**，這種信仰，希望各機關多方贊助去實行，並且在臺灣全島實現全部的總理遺教。〔註15〕

日後當公營事業體制遭受質疑時，陳儀也親上火線召開記者會澄清，他開門見山指出，中國最大的問題是經濟的貧困，而要解決貧困的問題，除了「實行民

〔註14〕嚴家淦，〈寄望於保險業〉，《保險季刊》1：1（1961 年 3 月），頁 2；嚴家淦，〈發展人壽保險促進經濟建設〉，《保險季刊》2：2（1962 年 6 月），頁 1。

〔註15〕〈臺灣調查委員會黨政軍聯席會第一次會議紀錄——民國三十四年六月二十七日〉，收入張瑞成編，《中國現代史史料叢編第四集：光復臺灣之籌劃與受降接收》，頁 139。

生主義的經濟建設……沒有旁的道路可走。」〔註16〕在在顯示出陳儀對公營事業體制的信仰與決心。

當然，我們知道公營事業體制後來遭到強烈抨擊，甚至成為導致「二二八事件」爆發的重要原因之一。〔註17〕關於當時臺灣公營事業體制的流弊，已有許多相關研究，不擬贅述，茲引用一段戰後初期即來臺協助金融接收工作的中央銀行職員周彭年親身觀察，即可略知梗概：

> 更好的經濟政策最好把各種大小企業完全開放民營，因公家辦事迂緩，專在公文上兜圈子，以致貨物霉爛、機器生銹，人未盡其用、地未盡其利，公家所發表生產數字不免有渲染點綴、誇大粉飾之處。**從前日人經營各種企業，均係由私人辦理，成效卓著，乃自接收以來，一切改由公營，成績未著流弊叢生，貽人口實。**〔註18〕

二二八事件後，陳儀下臺，長官公署改組為省政府，首任省主席由魏道明（1901～1978）〔註19〕接任。魏道明接任臺灣省主席後，即著手進行一連串改革，以回應民意需求，在公營事業體制部分，他在1947年5月31日作出以下宣示：

> 余在本月十六日所發表之談話中，對於經濟方面，主張在不妨害經濟安定原則下，推行經濟自由政策，……**酌將省營事業開放民營，以提倡經濟自由。**……將屬專賣範圍內之火柴公司開放民營外，其他省營企業，隨著可開放者當有印刷紙業、化學製品業，及官商合營工礦企業，官股部份，一律改為民營，各縣市經營之工礦企業，除少數外，亦一律標售，歸與人民經營，……希望此後民營能配合本省經濟政策，共謀生產之發達。〔註20〕

〔註16〕〈官僚資本問題（上）—七月三十一日—陳長官與記者談話〉，《民報》，1946年8月2日，第348號，第2版。

〔註17〕不過，須補充的是，對於公營事業的不滿或許並非來自體制本身，而是體制的實際運作過程中，排除了他們的廣泛參與，在利益分配上亦未能雨露均霑，事實上，輿論一開始其實支持公營事業。吳若予撰文，檔案管理局編，《二二八事件與公營事業：二二八事件檔案專題選輯》，頁81～103。

〔註18〕〈周彭年向中央銀行經濟研究處陳報考察臺灣經濟財政金融等狀況（1947年12月）〉，收入陳雲林總主編，《館藏民國臺灣檔案匯編》第236冊，頁114～115。

〔註19〕魏道明，江西九江人。巴黎大學法學博士。歷任國民政府司法部秘書長、司法行政部部長、駐法大使、駐美大使、立法院副院長、臺灣省政府主席、駐日大使、外交部長、總統府資政等職。許雪姬總策畫，《臺灣歷史辭典》，頁1326。

〔註20〕《臺灣省政府公報》36：夏：54（1947年6月2日），頁122～123。

由上可知，「縮小公營事業範疇」的政策方針已然確立，雖說實務執行上仍存在部分批評，諸如：僅賠本的事業才考慮開放民營、標售價格過高等，〔註21〕但此政策方針仍為後續繼任省主席者繼承。1953 年，伴隨「耕者有其田」政策的推動，政府以水泥、紙業、工礦、農林等四大省營事業股票作為給付地主的部分價款，〔註22〕進一步縮小公營事業範疇，再加上民營企業的努力，兩者對臺灣經濟的貢獻度開始翻轉。圖 6-3 描繪 1951 至 1965 年間，公民營事業工業生產值的變化，清楚呈現這個趨勢。1951 年時，民營事業生產值為新臺幣（下同）14.22 億元，約為公營事業生產值 27.01 億元的 0.53 倍；1955 年時，民營事業生產值 51.61 億元，首度超越公營事業的 51.12 億元；1965 年時，民營事業生產值較 1951 年大幅成長近 30 倍達到 413.94 億元，已是公營事業生產值 202.17 億元的 2.05 倍。

圖 6-3：公民營事業工業生產值（1951～1965）

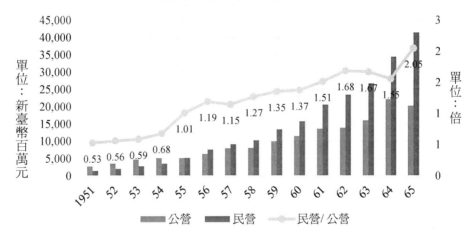

資料來源：劉進慶著，王宏仁、林繼文、李明峻譯，《台灣戰後經濟分析（修訂版）》，頁 211（第 62 表）。

〔註21〕夏良業，〈魏道明與臺灣省政改革（1947～1948）〉（臺北：國立臺灣師範大學臺灣史學研究所碩士論文，2009 年），頁 84。

〔註22〕劉進慶著，王宏仁、林繼文、李明峻譯，《臺灣戰後經濟分析（修訂版）》，頁 81～100。晚近關於土地改革與工業化、民營化的討論，較具代表性的著作有：莊濠賓，〈世變下台灣地主層的沒落—以四大公司民營化為例（1949～1957）〉（南投：國立暨南國際大學歷史學系博士論文，2018 年 8 月）；洪紹洋，《商人、企業與外資：戰後臺灣經濟史考察》，頁 83～108；瞿宛文，《農村土地改革與工業化：重探台灣戰後四大公司民營化的前因後果》（新北：聯經，2022 年 2 月）。

　　不過，雖然民營事業的產值已超越公營事業，但政府並無意全面放棄對事業單位的掌控，仍保留為數眾多的公營事業，保險業便是其中之一。公營事業是政府介入市場的一種手段，〔註23〕有其理論基礎，一般而言是為了矯正市場失靈所造成的不效率，但更多時候是基於「效率」以外的考慮而介入市場，例如自給自足、物價穩定、所得分配、國計民生平衡發展等。〔註24〕就保險業在內的金融業而言，堅守公營體制的背後原因政府雖未曾明確闡明，但大體不外乎兩方面考量。其一是以公營金融業作為政府掌握經濟的制高點；〔註25〕其二是國民黨政府記取大陸時期金融政策失敗之教訓，以金融穩定為首要目標。〔註26〕另一點要注意的是，在許多產業中，雖存在公營事業，但未禁止民營事業設立。〔註27〕金融業則不然，如前所述，在1990年金融自由化前，除了少數例外情況，金融業基本上皆屬公營，保險業亦然。〔註28〕

二、作為政府政策工具的壽險業

　　經濟學者對於公營事業的優缺點已有諸多討論，其中一項普遍被認同的主要缺點是，必須肩負政策責任，無法純然以「營利」的立場經營事業。〔註29〕1950年代的臺灣壽險業幾乎就是作為政府政策工具而存在。

（一）1949年以前的臺灣壽險業務

　　如前所述，早在監理階段，財政處便委託千代田生命、第一生命兩家日治壽險業者受理新保險契約。不過，此時仍是延續日治時期壽險商品的過渡階段，要到1947年1月1日臺灣人壽籌備處推出養老保險、終身保險、傷害意

〔註23〕須強調的是，公營事業既然只是政府介入市場的一種手段，那麼代表也有其他手段，不必然要透過公營事業的方式解決。

〔註24〕陳師孟等，《解構黨國資本主義：論臺灣官營事業之民營化》，頁118～123。

〔註25〕劉進慶著，王宏仁、林繼文、李明峻譯，《臺灣戰後經濟分析（修訂版）》，頁122。

〔註26〕于宗先、王金利，《台灣金融體制之演變》，頁209～210；顏維婷，〈沒有變革的改革──全球化與台灣金融監理改革〉（臺北：國立臺灣大學政治學研究所碩士論文，2010年7月），頁33～34、41。

〔註27〕劉進慶著，王宏仁、林繼文、李明峻譯，《臺灣戰後經濟分析（修訂版）》，頁232；高淑媛，《臺灣工業史》（臺北：五南，2016年9月），頁194～195。

〔註28〕唯二的例外是太平產物、中國航聯產物，它們在市場管制前進入臺灣保險市場，算是帶點運氣成分。

〔註29〕張清溪、許嘉棟、劉鶯釧、吳聰敏，《經濟學：理論與實務（五版）（上冊）》（臺北：著者，2004年8月），頁325～326。

外保險、航海旅行人身意外保險、危險職業團體保險等五項業務，才可稱得上是戰後壽險業務的新開端。〔註30〕

圖6-4：臺灣人壽籌備處推動新業務廣告

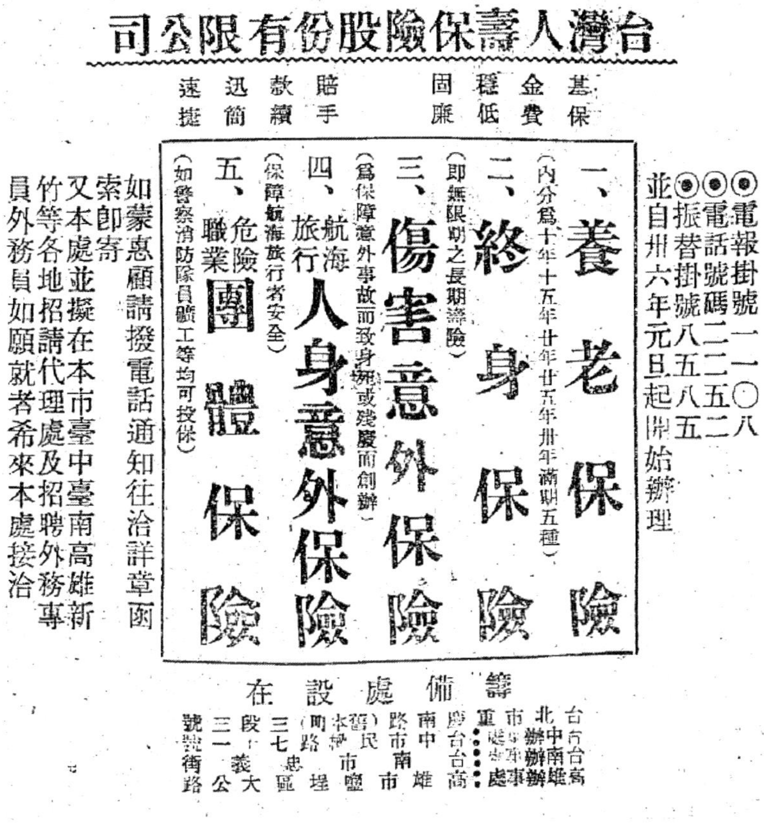

臺灣人壽保險股份有限公司

基　保
金費　穩　固
低費　廉

賠款　手續　簡
迅速　捷

並自卅六年元旦起開始辦理

電報掛號　二一〇八
電話號碼　二五八二
振替掛號　八五五

一、養老保險
（內分為十年十五年廿年廿五年卅年滿期五種）

二、終身保險
（即無限期之長期壽險）

三、傷害意外保險
（為保障意外事故而致身婇或殘廢而創辦）

四、航海旅行人身意外保險
（保障航海旅行者安全）

五、危險職業團體保險
（如警察消防隊員礦工等均可投保）

如蒙惠顧請撥電話通知往洽詳章函索即寄又本處擬在本市臺中臺南高雄新竹等各地招請代理處及招聘外務專員外務員如願就者希來本處接洽

籌備處設在
台北市中山北路二段二十三號辦事處
台中市自由路三段三一號辦事處
高雄市鹽埕區大公路七三號（即永和橋旁）

　　1948 年 9 月 1 日，臺灣人壽復開辦「一年期福利壽險」、「乘客旅行意外傷害保險」等二項業務。〔註31〕1948 年 12 月 1 日，配合臺灣省鐵路管理局推出「火車乘客保險」。〔註32〕雖然臺灣人壽（籌備處）積極拓展新業務，並推出頗具創意的行銷策略，〔註33〕但一方面當時仍投入大量心力在舊契約清理

〔註30〕臺灣人壽保險公司籌備處，〈臺灣人壽保險公司概況〉，頁 138。

〔註31〕〈臺灣人壽保險公司創辦一年期福利壽險〉，《公論報》，1948 年 9 月 1 日，第 3 版。

〔註32〕〈鐵路旅客免費保險　本省鐵路局今日開始辦理〉，《公論報》，1948 年 12 月 1 日，第 3 版；〈搭乘火車旅客　鐵管局代為保險〉，《民聲日報》，1948 年 12 月 11 日，第 4 版。

〔註33〕「一年期福利壽險」訂有抽籤分紅辦法，規定契約達一定數量時，每半年計算

事宜，另方面總體經濟環境不佳（總體經濟仍屬復甦階段、惡性物價膨脹），整體業務表現並不理想，1947 至 1949 年間的實質保費收入皆不到 10 萬圓，而且這包括舊契約保費收入，可知新契約保費收入必然更少。不過，1950 年實質保費收入大幅躍升 1 倍，主因是 1949 年 8 月「公教員工團體壽險」的開辦，是項業務占臺灣人壽 1950 年保費收入總額的 48.37%，開啟往後 10 年以（類）社會保險為主要業務的經營型態。〔註34〕關於這部分，下文另論，接著說明其它壽險業者的情況。

　　如前所述，中信局 1948 年 12 月始在臺拓展壽險業務。1949 年 6 月，開辦「物價指數人壽保險」，〔註35〕惟同年 9 月即奉令暫停對外營業，至翌（1950）年 6 月始恢復，可知該局 1949 年以前在臺壽險業務基本乏善可陳。簡易壽險方面，雖亦曾積極開拓新業務，惟受惡性物價膨脹之累，成效有限，這部分先前已有說明，不贅。

　　接著介紹資保所「團體壽險」業務。由於資保所在 1954 年併入中信局，加上該團體壽險性質特殊，故常為人所忽略。和產險業務相同，壽險業務也是以服務內部為宗旨，以收支平衡不計盈虧為原則，僅限資委會各機關員工投保。是項業務於 1947 年 1 月 1 日開辦，〔註36〕截至 1949 年 12 月，計有 65 單位 3 萬 9 千餘人參加。1950 年 3 月「勞工保險」實施後，符合資格者奉令改

　　　　盈虧一次，若有盈餘則提出一定比例作為保戶分紅，採抽籤方式，分發現金。1949 年 3 月 1 日辦理第一次抽籤，頭獎舊臺幣（下同）300 萬元 1 名、二獎 100 萬元 2 名、三獎 10 萬元 9 名。王紹興，〈一年來的臺灣人壽保險業務〉，《中國經濟》16（1952 年 1 月），頁 190；〈一年人壽福利保險 保戶抽籤分配盈利〉，《公論報》，1948 年 3 月 2 日，第 3 版。

〔註34〕黃麗敏，〈臺灣人壽保險公司對臺灣壽險之推展（民國 34～49 年）〉，頁 57～62。

〔註35〕所謂物價指數壽險，其特色在於保險金額與應繳保費會跟隨物價調整，是物價波動劇烈大環境下的產物，中信局於 1946 年在大陸地區推出。另據報載，行政長官陳儀曾指示臺灣人壽籌備處效仿推出類似商品，惟最終並無結果。中央信託局，《中央信託局簡介》，頁 34～35；〈生活指數團體壽險 中信局在全國推行〉，《中央日報》，1946 年 9 月 8 日，第 4 版；〈物價指數團體壽險〉，《民報》，1946 年 8 月 25 日，第 391 號，第 3 版；〈中央信託局將舉辦物價指數人壽保險〉，《中央日報》，1949 年 6 月 5 日，第 3 版。

〔註36〕臺電 1947 年 6 月的一份公文中寫道：「查本公司所有員工（未經正式任用者除外為臨時、實習、試用員工者）應自本年一月份起參加大會〔按：指資委會〕壽險……」可知資保所團體壽險的開辦日期應是 1947 年 1 月 1 日。〈職員保險〉，《臺灣電力股份有限公司》，國家發展委員會檔案管理局藏，檔號：A313310000K/0036/48/1。

參加勞工保險，〔註37〕繼續投保「團體壽險」者約 1 萬餘人。〔註38〕1954 年 8 月，資保所併入中信局，該業務改由該局人壽保險處續辦，改稱「互助團體壽險」。〔註39〕

圖 6-5：資保所團體壽險保單

資料來源：《資源委員會檔案》，〈保險事務所〉，「保險辦法、收據、申請書」，中央研究院近代史研究所館藏，館藏號：24-10-22-003-02，頁 101。

業務規模方面，筆者目前僅找到 1952 年 1 至 6 月的保費收入，計新臺幣（下同）64 萬 3,978.39 元。〔註40〕假設下半年保費收入與上半年相同，那麼

〔註37〕勞工保險實施之初，資委會內部對於是否參與勞工保險存在爭議，據資保所的評估，「團體壽險」的條件似乎較勞工保險為佳，但勞工保險是政府重要政策，資委會所屬事業勞工人數眾多，最終基於響應政策仍加入勞工保險。〈保險事務所〉，「業務」，館藏號： 24-10-22-003-01，頁 39～52。

〔註38〕〈保險事務所〉，「工作報告等」，館藏號：24-10-22-004-01，頁 3～5、13。

〔註39〕沈元鼎，〈中央信託局人壽保險處業務概況〉，《保險季刊》2：2（1962 年 6 月），頁 8。

〔註40〕1952 年 1 月份的保費收入是新臺幣 9 萬 6,299.8 元；2 月 9 萬 9,004.13 元；3 月 10 萬 7,937.53 元；4 月 11 萬 2,023.57 元；5 月 11 萬 3,406.13 元；6 月 11 萬 5,307.23 元。〈保險事務所〉，「工作報告等」，館藏號：24-10-22-004-01，頁 145、152、159、166、173、180。

1952 年度的保費收入將達 128 萬 7,956.78 元，約是同年度臺灣人壽保費收入 281 萬 2,884.82 元的 45.79%。〔註41〕進一步考慮到勞工保險實施前的投保人數是 1952 年的 3 至 4 倍，那麼此前保費收入規模將更可觀，甚至可能凌駕在臺灣人壽之上。

　　不過，在筆者所能找到的壽險業保費統計資料中，資保所「團體壽險」皆未納入統計，原因或許在於資委會並未認定這是一項「業務」。1951 年，財政部檢查人員指出資保所「兼做壽險業務，核與戰時保險業管理辦法第二條第一項前段規定不合，應即將上項壽險業務清理結束，或洽由中央信託局壽險處接辦。」〔註42〕對此，資委會表示：

> 查本會團體互助壽險早于抗戰初期舉辦，嗣以保險事務所成立，乃由該所辦理，並訂明會計獨立，以收支相抵為原則，辦理以來一向不計盈虧，若有餘則減低收費或增加給付，若有不數則仍由各被保險人分攤負擔，**完全係互助性質之福利事項，確與該所業務無關。**
> 〔註43〕

資保所併入中信局後，兼營產、壽險業務的問題不復存在，故自 1955 年起，壽險業保費收入統計已包括「互助團體壽險」。〔註44〕

　　最後補充一點，若考慮到資保所「團體壽險」未納入壽險業保費統計的問題，那麼第一節討論的壽險保費收入顯然有所低估。不過，即使我們採取最寬鬆的估算，1954 年以前的實質保費收入至多也只有 1937 年的 4%左右（估算方法及過程請見表 6-1），並不影響關於戰後臺灣「壽險業務規模大幅下降」及「產、壽險業發展的分歧」的觀察。

〔註41〕臺灣人壽，《臺灣人壽保險公司四十年》，頁 58。

〔註42〕〈保險事務所〉，「業務」，館藏號：24-10-22-003-01，頁 146。

〔註43〕〈保險事務所〉，「業務」，館藏號：24-10-22-003-01，頁 143；〈保險事務所〉，「工作報告等」，館藏號：24-10-22-004-01，頁 34。

〔註44〕有關資保所「團體壽險」或中信局人壽保險處「互助團體壽險」保費收入是否納入壽險業保費統計中，係筆者之推論，理由在於 1955 年壽險業保費收入新臺幣（下同）1,157 萬 3,000 元，較 1954 年的 891 萬 4,000 元大幅增加 265 萬 9,000 元，其中中信局壽險處貢獻了絕大部分的 218 萬 8,000 元。綜觀 1950 至 1960 年間，中信局壽險處從未有過如此大幅的保費成長，最可能的原因就是 1955 年起計入原屬資保所「團體壽險」（但未計入壽險業保費收入統計）的「互助團體壽險」保費收入。

表 6-1：資保所團體壽險保費收入之估算

單位：千元（圓）

（名目保費 1946~1948 年為舊臺幣、1949 年以後為新臺幣；實質保費為 1937 年 6 月之目圓）

年度	平減指數（以1937為100）A	平減指數（以1952為100）*100 B=(A/1,574.88)*100	團體壽險保費收入估計（名目）C=1,288*（B/100）1946~1949年再乘以4	壽險原載保費收入（名目）D	總保費收入（名目）E=C+D	總保費收入（實質）F=(E/A)*100	指數（以1937為100）G=(F/13,274)*100
1946	11,888.21	754.86	38,889	24,509	63,398	533	4.02
1947	38,015.17	2,413.85	124,357	23,760	148,117	390	2.94
1948	138,180.67	8,774.04	452,024	133,273	585,297	424	3.19
1949	350.92	22.28	1,148	296	1,444	411	3.10
1950	821.33	52.15	672	1,729	2,401	292	2.20
1951	1,286.99	81.72	1,053	2,808	3,861	300	2.26
1952	1,574.88	100.00	1,288	3,596	4,884	310	2.34
1953	1,862.57	118.27	1,523	4,397	5,920	318	2.39
1954	1,936.90	122.99	1,584	8,914	10,498	542	4.08

說明：

1. 估算方法說明：以前述 1952 年的「團體壽險」預估保費收入新臺幣 128 萬 7,956.78 元為基準，按物價水準估算 1946~1951 年、1953~1954 年的名目保費收入，其中 1946~1949 因尚未實施勞工保險，故再乘以 4 倍。以上估算所得之保費加計附錄 4 原載名目保費收入後重新計算實質保費收入。

2. 1937 年的實質保費收入為 13,274 千圓。

資料來源：同本章註腳 40、附錄 4。

（二）臺灣人壽與勞工保險、漁民保險、蔗農保險

經由以上討論可知，1949 年以前，中信局壽險處、簡易壽險業務基本上乏善可陳，臺灣人壽及資保所的主要業務則帶有社會保險性質，這個現象在 1950 年代進一步放大。

表 6-2 整理臺灣人壽 1950 至 1960 年間的業務情形，可發現保費收入來源主要仰賴「公教員工團體壽險」及「優利團體壽險」兩項業務，11 年間共占總保費收入的 72.30%。這兩項保險業務都帶有社會保險性質。「公教員工團體壽險」創辦於 1949 年 8 月，顧名思義，主要是為公教人員所設計，省政府強制該府暨所屬機關學校員工應投保，並給予保費補貼，可謂是 1958 年「公務人員保險」開辦前的替代措施。

「優利團體壽險」創辦於 1957 年 3 月，主要是以民間團體及企業為承保對象，但省政府要求不符合投保公務人員保險資格者應投保該項保險，並同樣給予保費補貼，促使該項業務保費收入在 1959 年大幅躍昇。〔註45〕

以上兩項業務雖帶有社會保險色彩，但終究是以臺灣人壽作為保險人，保費收入亦歸該公司所有，因此在形式上仍屬商業保險，從這個角度來說，臺灣人壽其實從中獲利，只不過該公司所承擔的政策責任卻遠不僅於此。

表 6-2：臺灣人壽各項業務保費收入統計表（1950～1960）

單位：新臺幣百萬元

年度	保費合計	長年期壽險		一年期福利壽險		公教員工團體壽險		優利團體壽險		意外險	
		保費	占比	保費	占比	保費	占比	保費	占比	保費	占比
1950	1.54	0.79	51.08%	0.01	0.55%	0.74	48.37%				
1951	2.11	0.66	31.20%	0.03	1.30%	1.42	67.50%				
1952	2.81	0.56	19.99%	0.06	2.03%	2.19	77.97%				
1953	3.83	0.56	14.75%	0.13	3.52%	3.13	81.73%				
1954	7.21	0.60	8.32%	0.18	2.49%	6.43	89.19%				
1955	7.48	0.83	11.15%	0.12	1.63%	6.52	87.21%				
1956	8.45	1.11	13.14%	0.41	4.85%	6.93	82.01%				

〔註45〕 王紹興，〈台灣人壽保險公司十四年〉，《保險季刊》2：2（1962 年 6 月），頁 2～3；黃麗敏，〈臺灣人壽保險公司對臺灣壽險之推展（民國 34～49 年）〉，頁 67～80。

1957	10.48	1.52	14.49%	1.07	10.21%	7.17	68.42%	0.72	6.88%		
1958	11.95	1.72	14.42%	1.30	10.87%	5.83	48.78%	3.10	25.93%		
1959	9.66	2.31	23.90%	1.91	19.75%			5.44	56.35%		
1960	11.11	2.74	24.69%	2.51	22.58%			5.77	51.92%	0.09	0.81%
合計	76.63	13.41	17.50%	7.72	10.08%	40.38	52.69%	15.03	19.61%	0.09	0.12%

資料來源：王紹興，〈台灣人壽保險公司十四年〉，頁 5。

　　國民黨政府吸取國共內戰失敗的教訓，在臺灣展開一系列改革，在社會政策方面，莫過於社會保險體系的建立，首先推出的是 1950 年 3 月 1 日實施的「勞工保險」。〔註46〕

　　1950 年 2 月 28 日，省政府頒布《臺灣省勞工保險辦法》，明定勞工保險行政由省政府社會處主管，業務則由省政府組織「勞工保險管理委員會」管理，並委託臺灣人壽專設「勞工保險部」承辦（第 2、3 條），〔註47〕開啟商業保險公司代辦社會保險之先例。〔註48〕不過，這個特殊作法並非毫無爭議，1950 年 2 月 15 日，內政部邀請交通、經濟兩部及省政府社會處召開「會商臺灣省勞工保險辦法」會議，其中一項決議為「該項保險業務規定委託以營利為目的之臺灣省人壽保險公司承辦，與中央規定應專設機構辦理之原則不符，似仍應以專設機構獨立辦理為宜。」〔註49〕不過，省政府並未參照該意見修改，內政部雖仍有意見，但在行政院同意下，維持臺灣人壽代辦的原方案，〔註50〕直到 1960

〔註46〕 瞿宛文提出「國共競爭說」解釋何以國民黨政府在撤退來臺後奮力進行土地改革，此說似亦適用於社會保險，此二者皆係國民黨政府擬於大陸推行但未能順利推行的政策。瞿宛文，《台灣戰後經濟發展的源起：後進發展的為何與如何》，頁 99～106。

〔註47〕 《臺灣省政府公報》，39 年：春：49，頁 691。

〔註48〕 臺灣人壽勞工保險部先於《臺灣省勞工保險辦法》頒布前的 1950 年 2 月 21 日即已成立。「臺灣人壽保險公司成立勞工保險部應准備查案」（1950-02-18），〈台灣省勞工保險各種機構組織規程（0039/012.1/9/1）〉，《臺灣省級機關》，國史館臺灣文獻館（原件：國家發展委員會檔案管理局），典藏號：0040121008717011。

〔註49〕 「公布本省勞工保險辦法及其實施細則由」（1950-04-08），〈勞工保險辦法及其施行細則（0039/073.6/5/1）〉，《臺灣省級機關》，國史館臺灣文獻館（原件：國家發展委員會檔案管理局），典藏號：0040736011759003。

〔註50〕 「行政院第一二五次會議」，〈行政院會議議事錄臺第三冊一二五至一二八〉，《行政院》，國史館藏，數位典藏號：014-000205-00030-001；「臺灣省勞工保險章則書表等電送案」（1950-04-17），〈台灣省勞工保險各種機構組織規程（0039/012.1/9/1）〉，《臺灣省級機關》，國史館臺灣文獻館（原件：國家發展委員會檔案管理局），典藏號：0040121008717013。

年臺灣省勞工保險局成立後，該公司才卸下代辦社會保險的責任。〔註51〕

　　繼勞工保險之後，1953年開辦「漁民保險」、1956年開辦「蔗農保險」，也都是循勞工保險模式，委託臺灣人壽勞工保險部代辦。〔註52〕1950至1960年間，臺灣人壽代辦的三項社會保險總保費收入達到新臺幣4億6,460萬3,088元，是該公司一般商業保險業務規模的6倍之多（表6-3）。《臺灣人壽四十周年》提及「公司人力大部份投注於上述兩項政策性保險〔按：指公教員工團體壽險、勞工保險〕，致一般壽險業務績效未臻理想」，〔註53〕誠非虛言。

表6-3：臺灣人壽代辦之社會保險保費收入統計（1950～1960）

單位：新臺幣元

年　　度	勞工保險	漁民保險	蔗農保險	合　　計
1950	3,609,017			3,609,017
1951	7,227,173			7,227,173
1952	11,761,539			11,761,539
1953	16,294,862	1,700,550		17,995,412
1954	17,449,156	2,747,297		20,196,453
1955	26,944,364	5,015,970		31,960,334
1956	41,586,157	6,827,919	406,579	48,820,655
1957	59,574,382	7,602,985	3,719,003	70,896,369
1958	55,294,212	9,302,971	2,799,306	67,396,489
1959	69,985,200	9,926,451	2,910,543	82,822,194
1960	79,617,773	19,098,031	3,201,648	101,917,452
合計	389,343,836	62,222,174	13,037,079	464,603,088

說明：本表之保費收入為「應收保費」，故與實際保費收入可能不完全相同，但差異應該有限。

資料來源：臺灣省政府社會處編，《台灣省社會事業統計（第十六期）》（臺北：編者，1962年6月），頁114、130、142。

〔註51〕行政院勞工委員會勞工保險局編，《甲子紀事勞工保險60年》（臺北：編者，2010年7月），頁35。

〔註52〕有關漁民保險、蔗農保險這兩項業務的介紹，可參閱：黃麗敏，〈臺灣人壽保險公司對臺灣壽險之推展（民國34～49年）〉，頁117～134；曾妙慧，〈臺灣「蔗農保險」之研究：1956～1986年〉，《國立政治大學歷史學報》23（2005年5月），頁211～249。

〔註53〕臺灣人壽，《臺灣人壽保險公司四十年》，頁31。

（三）中信局壽險處與軍人保險、公務人員保險

中信局壽險處的情況和臺灣人壽相去無多。1960 年以前，中信局壽險處在臺開辦的商業保險業務僅臺幣物價指數壽險、互助團體壽險、公教人員團體壽險三項，後兩項皆帶有社會保險性質。〔註 54〕保費收入方面，筆者目前未找到相關資料，不過從附錄 4 之壽險總保費扣除臺灣人壽、簡易壽險保費估算，可得 1950 至 1960 年間的總保費收入為新臺幣（下同）3,039 萬 6,098 元。

中信局壽險處的主要工作也是代辦社會保險。首先是 1950 年 6 月 1 日開辦的「軍人保險」，是項業務由聯勤總部主管，下設「軍人保險管理委員會」，並委託中信局壽險處承辦。〔註 55〕其後是 1958 年 9 月開辦的「公務人員保險」，由銓敘部主管，並委託中信局壽險處承辦，至 1961 年 6 月 1 日獨立設置公保處專司其事，〔註 56〕壽險處始卸下代辦公務人員保險業務之責。〔註 57〕

保費收入方面，公務人員保險自 1958 至 1960 年（1958 年僅 9 至 12 月）的保費收入分別為 685 萬元、5,373 萬元、8,685 萬元，〔註 58〕遠超過上述自營商業保險業務。軍人保險部分，因相關統計資料被列為機密，〔註 59〕筆者目前未能找到相關數據。

簡易壽險方面，臺灣郵政管理局雖無須像臺灣人壽、中信局壽險處負擔政策責任，也有推出新種業務，〔註 60〕但或許是督導簡易壽險業務的郵政儲金匯業局在 1962 年才在臺復業的關係，〔註 61〕1950 年代的業務表現基本延續 1949 年以前的疲弱。

〔註 54〕沈元鼎，〈中央信託局人壽保險處業務概況〉，頁 7～9；中央信託局編，《中央信託局五十年》，頁 160～163。

〔註 55〕中央信託局編，《中央信託局五十年》，頁 172～173。

〔註 56〕中央信託局編，《中央信託局五十年》，頁 188。

〔註 57〕但軍人保險業務仍由中信局人壽保險處代辦，迄至 2007 年 7 月 1 日，中信局與臺灣銀行合併，中信局人壽保險處改稱臺灣銀行保險部，2008 年 1 月 2 日再改制為臺銀人壽，接續承辦軍人保險業務。《臺銀人壽保險股份有限公司中華民國一〇八年度年報》，頁 3～4。

〔註 58〕中央信託局公務人員保險處編，《公務人員保險統計（1966）》（臺北：編者，1966 年），頁 36。

〔註 59〕沈元鼎，〈中央信託局人壽保險處業務概況〉，頁 9。

〔註 60〕1949 年 11 月 1 日開辦受物價波動影響較小的「一年期定期保險」，1953 年復開辦「儲蓄保險」、「終身保險」。交通部郵政總局，《郵政七十周年紀念專輯（下冊）》，頁 365～366。

〔註 61〕交通部郵政總局編，《郵政白皮書》（臺北：編者，1993 年 1 月），頁 4。

綜上所述，戰後臺灣唯有的三家壽險業者中，最主要的兩家業者肩負代辦社會保險的沉重責任，這應當是戰後臺灣壽險業務長期停滯的重要原因之一。那麼，我們不免想問，如果當時存在無須負擔政策責任的民營壽險業者，情況是否會有所改觀？如果從 1962 年新壽險業者設立後壽險業務爆炸性成長來看，答案似乎是肯定，以下對此進行探討。

三、產、壽險業的市場競爭

（一）壽險業的市場競爭

公營事業另一常為人詬病的問題是缺乏進取心。〔註 62〕前已提及，保險市場開放後，壽險業務巨幅成長。以所有壽險業的第一個完整營業年度 1964 年為例，總保費收入為新臺幣（下同）4 億 7,141 萬元，是 1961 年（新壽險業自 1962 年起陸續設立）1,878 萬的 25 倍，其中新業者貢獻了近九成保費收入，可知官方向來所稱「臺灣市場不大」之說禁不起考驗。比較適當的說法應該是舊有三家壽險業並未積極開拓業務，之所以如此固然和它們肩負政策責任有關，但缺乏市場競爭恐怕亦是重要原因，這從它們在市場開放後的反應可略窺端倪。

臺灣人壽在其紀念刊物中自承「民國五十一、二年民營壽險公司相繼成立，市場競爭趨於劇烈，本公司雖限於預算及編制員額，難如民營公司之靈活運用，但歷經多年之努力**逐漸擴充強化展業組織以及不斷推出新種壽險商品**，故業績逐年均有成長。」〔註 63〕黃克鏘也認為，保險市場開放前壽險業務無法有效推展，除了當時的政經環境的侷限外，主要還是缺乏市場競爭所致，他說：

> （壽險業務無法有效推展）我們台灣人壽也是要負責任，那時候有兩家壽險公司，……都是公營事業。……我們的公營事業人員不能擴充，廣告費也好，各種佣金制度也好，都不能逾越預算，在這種情形之下，**我們的公營事業很難推展保險。後來為什麼會有那麼蓬勃的成長呢？因為開放民營。……我們當時都認為台灣人壽保險業真正開始轉變，是從民營公司於 1962 年政府同意新設後開始。……**

〔註 62〕 于宗先、王金利，《一隻看得見的手：政府在經濟發展過程中的角色》（臺北：聯經，2003 年 11 月），頁 222～223。

〔註 63〕 臺灣人壽保險公司，《臺灣人壽保險公司四十年》，頁 31。

> 開放初期的台灣經濟還不是很好，但一經開放之後大家**競爭就大了**，但初期大家虧了很多，因為大家都把佣金提高了，**公司利潤就相對減少**；但另一方面來說，壽險外務員因為賺得多，當然就會拼命做，如此**業務量也相對提高了**。〔註64〕

中信局提到由於同業間競爭激烈，該局壽險處隨之採取積極開辦業務、健全行銷組織及作法、設計開發新產品、修訂保單條款提高服務品質等因應措施。〔註65〕郵政總局認為簡易壽險業務自 1966 年起突飛猛進，除可歸因於政府提供良好經濟發展條件外，業務推展政策有術是主要原因，這些政策包括：降低保費、調整保險金額、實施人員訓練、訂定壽險業務專辦人手及組織標準、實施電腦化作業。〔註66〕

檢視上述相關措施內容，除了電腦化作業存在技術限制外，幾乎所有措施都不須要等到新壽險業設立後才推出。缺乏市場競爭確實弱化它們推動業務發展的積極度。與之相對，如同接著將會說明，產險業自戰後以來向來不缺乏競爭，僅是在不同時間點程度有別而已。

最後補充一點，保險市場開放後，壽險業務開始快速發展，是不是代表民眾已經找回對壽險失去的信心了呢？答案恐怕不盡然。我們先前的討論都聚焦在業務規模，但未提及的是商品型態的轉變。壽險業者為因應當時臺灣民眾對於壽險的不信任，主推短年期儲蓄型商品，但這類商品其實未能充分體現保險損害填補的精神，對於業者的財務健全亦有負面影響，財政部遂分別於 1964 年 2 月 1 日、1967 年 1 月 1 日起，禁止壽險業簽發三年期、五年期以下生存保險（俗稱儲蓄險）保單。〔註67〕時至今日，臺灣保戶仍偏好高儲蓄性質的壽險商品，〔註68〕或許在一定程度上是受到前述歷史經驗的影響。

〔註64〕張哲郎、林建智訪談，秦賢次、吳瑞松編整，《臺灣地區保險事蹟口述歷史》，頁 335。

〔註65〕中央信託局編，《中央信託局五十年》，頁 155～159。

〔註66〕交通部郵政總局編，《郵政白皮書》，頁 55～56。

〔註67〕蘇薰璇，〈市場、國家與社會：從制度論探討臺灣戰後壽險市場的發展〉，頁 110～111；〈財政部 55 年 7 月 1 日（55）臺財錢發第 06063 號令〉，《保險法及相關法規》（新北：金融監督管理委員會保險局編印，2016 年 10 月），頁 1135。

〔註68〕不過主管機關並不樂見這種偏離保險保障本質的現象。可參閱：彭禎伶，〈類定存保單　金管會下重手〉，《中時電子報》，2016 年 10 月 19 日，網址：https://www.chinatimes.com/newspapers/20161019000927-260202?chdtv，下載日期：

（二）產險業的市場競爭

戰後產險業的市場競爭可區分為三個階段，第一階段在太平、中國航聯及中國產物來臺拓展業務以前，此時市場上僅有臺灣產物、資保所臺灣分所及中信局臺灣分局三家業者。依據黃秉心的說法，「我們合作無間，在業務範圍，各有各人的自己基本對象，……我們並不事爭攬……以各有自己業務來源，尚未見有競爭情事。」〔註69〕此語道出當時產險業同業間的和諧狀況，不過須稍加補充的是，它們之間並非毫無競爭，比較精確的說法應該是，在三家業者皆屬公營事業的情況下，競爭很快就在政治力的介入下消彌，以下茲舉二例。

1946年9月21日，臺灣產物籌備處針對資保所臺灣分所以低廉費率對外承攬保險業務一事，電請長官公署轉咨資委會飭令該所應遵照成立意旨，僅承攬該會所屬機構之保險，如遇合資企業，則以該會出資比例為承保比例上限。〔註70〕或許是因為這個緣故，資保所所長蔡致通（1907～1997）〔註71〕曾來臺與臺省當局及臺灣產物商洽雙方合作辦法，合作辦法草案經資委會第11次理事會決議通過，隨後約於1947年2月間與臺灣產物簽約。〔註72〕受限於史料目前不清楚合作辦法之具體內容，但想來應係配合臺灣產物之意見劃定各自業務範圍。

另據范廣大的回憶，中信局臺灣分局開拓之臺灣銀行抵押品保險、臺灣省

2020年2月19日；葉憶如，〈平安夜拋震撼彈 高利短期儲蓄險明年恐買不到了〉，《聯合新聞網》，2019年12月24日，網址：https://udn.com/news/story/7239/4246586，下載日期：2020年2月19日。

〔註69〕黃秉心，〈保險事業在臺灣（上）〉，頁9；黃秉心，〈保險事業在臺灣（下）〉，頁10。

〔註70〕「資委會保險事務所與產物保險公司承保產物劃分案」（1946年09月21日），〈保險辦法〉，《臺灣省行政長官公署檔案》，國史館臺灣文獻館，典藏號00312600001002。

〔註71〕蔡致通，上海人。南京中央大學經濟系畢業。曾在上海郵政儲金匯業局、中國銀行總管理處、中信局保險處服務。1943轉任資委會，同年7月任資保所首任所長。1945年12月，以資委會「臺灣工礦事業考察團」成員身分訪臺。中華人民共和國成立後，擔任中國人民保險公司設計委員，惟發展並不順遂，1953年時被降為17級科員。改革開放後任中國保險學會第一屆理事會理事。著有《人身保險》。高星，《族譜的墨跡》，頁218～233；鄭琳春，〈一個舊知識分子的十年心路歷程——蔡致通「交心材料」剖析〉，《江淮文史》（2015年2期），頁77～85。

〔註72〕〈保險事務所〉，「業務」，館藏號：24-10-22-003-01，頁2～7。

菸酒公賣局所屬廠房火災保險等業務，最後皆因政治力介入而將大部分業務移撥臺灣產物辦理，范廣大提到，臺灣產物總經理黃秉心曾半開玩笑地對他說：「范先生，你招攬業務的時候，希望你注意，凡是招牌上有『臺灣』兩字的，請你不要去。」〔註73〕

　　隨著太平產物等三家業者來臺拓展業務後，產險業競爭進入第二階段，競爭之激烈被當時產險業界稱之為「黑暗時代」，黃秉心、范廣大的說詞當可作為代表：

> 在民國三十七年以至四十三年一段時間，以同業增加，各為求其生存與發展，掀起競爭高潮，而大陸上經營保險的競爭作風，亦隨公司之遷移注入臺灣，保險市場彼此競爭的工具，不外以「錯價」、「放佣」、「回扣」、「延收保費」四大法寶，凡能使用到的，全部出籠，只求目的，不擇手段，但**競爭的結果，業務上雖在帳面上看到是增加**，而事實上恐怕是走進侵蝕血本的邊緣（黃秉心）。〔註74〕

> 同業間業務競爭在所難免，不久即進入白熱化境地，可是也因之而開發了許多新的業務來源。火險是各公司的主要業務，因**相互競爭的結果，業務雖有增加**，但是有一個共同的缺點，就是「紙上富貴」。每一公司都做了許多生意，然所得到的盈餘極為有限。因為彼此競爭的工具，對外「錯價」、「放佣」、「回扣」、「延收保費」四大法寶，競爭的後果，可以說是外強中乾，有名無實，真是一滴滴的苦汁往肚裡流（范廣大）。〔註75〕

必須注意的是，雖黃、范兩人雖強調「惡性競爭」對於業者的損害（盈餘減少），但他們兩人也不約而同承認競爭能帶來業務的提升，而從另一個角度來說，業者盈餘的減少某種程度也代表保戶利益的提升，這從產險業如何「從黑暗走向光明」可以得到印證。

　　1954年，產險業者認為競爭已使市場達混亂局面之際，決定透過「業者自律」的方式尋求解決。解決方案重點大致可歸納為「釐訂規章費率」與「共

〔註73〕張哲郎、林建智訪談，秦賢次、吳瑞松編整，《臺灣地區保險事蹟口述歷史》，頁55～58。

〔註74〕黃秉心，〈保險事業在臺灣（下）〉，頁11。

〔註75〕范廣大，〈台灣火險市場的回顧與展望〉，《保險季刊》1：4（1961年12月），頁8。

保」兩點，前者主要是為解決「四大法寶」問題，釐訂合理費率要求業者一律遵守，若不遵守將受處罰。因之，自 1955 年 1 月 17 日起連續 3 年調降火災保險費率，整體降幅估計約有三到四成之譜。〔註76〕調降保險費率無疑有利於保戶，在調降費率之前，產險業的火災保險費率普遍是按日治時期費率三倍計收，〔註77〕企業界不乏有保險費率過高之抱怨，〔註78〕費率得以調降，是市場競爭帶來的結果。後者是透過將自身招攬的保險業務與同業分享，減緩相互間的競爭，直白地說，就是「有飯大家吃」。事實上，早在 1951 年間，針對臺糖的砂糖出口保險業務，當時所有的產險業便經協商而有共保之舉措，〔註79〕前述自律規範實施後，臺灣產物、中信局產險處、中國產物亦分別先後將原有業務提出與同業共保。〔註80〕

第三階段的業務競爭則是 1961 年新產險業設立之後，黃秉心稱之為「再從光明走向黑暗」，〔註81〕財政部錢幣司司長金克和（1916～2000）〔註82〕亦稱「本省的保險業務已到了飽和點，且惡性競爭之風特熾，若在任其繼續下去，則必定造成不良的後果」〔註83〕，競爭之劇烈可想而知。作為因應，除財政部

〔註76〕 第一次全面調降 20%、第二次調降 10%～30%不等、第三次調降 4%～50%不等，但主要是 16%～25%間。若採保守估算（皆取最低，惟第三次取 16%），則減幅為 39.52%（即 1-0.8*0.9*0.84）。黃秉心，〈保險事業在臺灣（下）〉，頁 5～6。

〔註77〕 黃秉心、范廣大皆稱照日治時期的費率「增加」3 倍計算，但核對檔案資料，應是「增為」3 倍，除非後來有再提高。「大成會社承受新舊損害保險契約辦法等送核案」；黃秉心，〈保險事業在臺灣（上）〉，頁 9；范廣大，〈台灣火險市場的回顧與展望〉，頁 7。

〔註78〕 林希美在 1952 年間便曾投書指出：「省內保險業所訂費率不論水火險均高於國外公司，致使出口商者國際市場上競爭常感不利」，或許可代表保戶之心聲。林美希，〈保險與遠洋貿易〉，《聯合報》，1952 年 4 月 25 日，第 3 版。

〔註79〕 〈保險事務所〉，「業務」，館藏號：24-10-22-003-01，頁 118～137。

〔註80〕 黃秉心，〈保險事業在臺灣（下）〉，頁 12。

〔註81〕 黃秉心，〈保險事業在臺灣（下）〉，頁 12。

〔註82〕 金克和，安徽全椒人。中央政治學校大學部行政系畢業。曾任財政部參事、錢幣司司長、行政院外匯貿易審議委員會副主任委員、臺北市銀行董事長、中國農民銀行董事長、國際票券金融公司董事長、中國國際商業銀行董事等職。《中華民國財金名人錄（1988）》、《中華民國企業名人錄》，檢索自：漢珍數位圖書館，《臺灣當代人物誌資料庫》。

〔註83〕 〈本省保險業惡性競爭 漏洞太大〉，《民聲日報》，1962 年 12 月 28 日，第 3 版。

在 1962 年 2 月 3 日頒布《管理保險業補充規定》對市場加強管理外，〔註84〕新產險業者業也被納進共保範圍，〔註85〕火災保險規章費率也於 1962 年、1967 年二度調降費率，平均降幅皆在 20% 以上。〔註86〕

　　綜上所述，戰後臺灣產險業雖面臨相當程度的市場競爭，但業務卻仍然能伴隨經濟發展快速成長，特別是這段時間保險費率不時調降，更顯示出成長力道之強勁，結合壽險業的情況一併觀察，我們應可獲致以下結論：「市場競爭的有無，特別是民營業者的競爭，是戰後臺灣產、壽險業發展條件的另一個重要差異。」誠如尹仲容所言：

> 保險業既見增加，今後同業間競爭之趨於激烈，勢所必然。但以為任
> 何經濟上的競爭，如果不逾越合理的法律及制度結構（Framwork），
> 則此種競爭是必須的，因為它將促進此一產業部門的進步與繁榮。
> 〔註87〕

　　最後針對戰後臺灣壽險業為何缺乏市場競爭的原因稍作補充，這源於自於 1951 年保險市場管制前跨海來臺的中國保險業（第二塊拼圖）中，除了中信局外，清一色都是產險業，且中信局也是以產險業務為主力。此外，除了成功來臺開業的保險業外，據悉當時尚有泰安產物、太平洋產物、永興產物及保安產物等中國保險業擬在臺設立分支機構，最終並未成功，這幾家業者也都是產險業。事實上，戰後中國保險業就是以產險業為主，截至 1946 年底，全中國開業之壽險業僅有 7 家，反觀產險業則有百餘家以上，此一結構在 1950 年代移植到臺灣。〔註88〕

第三節　伴隨經濟發展的產險業務

　　藉由以上討論，我們對於造成戰後產、壽險業務發展分歧的原因已有相當

〔註84〕陳效綏，〈臺灣火災保險之回顧與前瞻〉，《保險季刊》2：3（1962 年 9 月），頁 26；《財政部公報》1：9（1963 年 4 月 15 日），頁 126～127；〈管理保險業訂補充規定〉，《聯合報》，1964 年 2 月 14 日，第 5 版。
〔註85〕游能淵，〈台灣產物保險市場之研究〉，頁 64～65。
〔註86〕1961 年 1 月 17 日也調降一次，降幅介於 5%～10%，但此時新產險業尚未設立。黃秉心，〈保險事業在臺灣（下）〉，頁 6。
〔註87〕尹仲容，〈我對臺灣保險業的看法〉，頁 1。
〔註88〕財政部財政年鑑編纂處編，《財政年鑑三編》，第 10 篇（金融），頁 160～161。

程度瞭解，討論過程中也一併對戰後壽險業務發展進行說明。不過，產險業務部分，我們僅宏觀地指出其發展大致伴隨戰後臺灣經濟復甦與成長，但並未就細節加以闡述，本節對此進行探討。

一、戰後對外貿易復甦與海上保險業務

（一）對外貿易復甦

如前所述，日治產險業務結構呈現海上保險、火災保險雙支柱，戰後初期仍然沿襲此一結構，只不過更往火災保險傾斜。以臺灣產物為例，該公司 1946 至 1949 年火災保險保費收入分別是海上保險的 7.41、2.74、7.03、32.46 倍，相較 1930 至 1940 年大致都在 2 至 3 倍，[註89]可發現戰後初期海上保險占比有降低趨勢，這反映的是戰後臺灣對外貿易的疲弱，特別是 1949 年因國共易幟之故，戰後取代對日貿易的對中貿易也大幅萎縮，使得海上保險業務同樣銳減。

戰後臺灣對外貿易疲弱是多重因素造成的結果。首先，如前所述，臺灣在二戰期間遭受盟軍轟炸，生產力嚴重受損，米、糖等主要商品產出低落，幾無出口餘地。其次，臺灣脫離日本統治後，與其經濟聯繫隨之中斷，此地位由中國取而代之，惟中國歷經多年對日抗戰，戰後又旋即爆發內戰，生產同樣低落，鮮有物資可供輸往臺灣。此外，臺灣物價水準較高，出口商品缺乏國際競爭力、缺乏船隻與定期航線、實施外匯管制、支援貿易之金融機構不足等因素，都使得戰後初期臺灣對外貿易表現不佳。[註90]

1950 年是戰後臺灣對外貿易復甦的關鍵時刻。1949 年臺灣的貿易總值為新臺幣（下同）4 億 2,775 萬元，翌（1950）年大幅成長達到 15 億 7,353 萬元，爾後持續穩健成長，到 1960 年時為 167 億 6,253 萬元（圖 6-6）。與此同時，海上保險保費收入也急速成長，由 1951 年的 946 萬元，成長至 1960 年的 7,063 萬 1,000 元，年均成長率為 25.03%。[註91]

〔註89〕除 1931 年為 3.28 倍、1940 年 3.36 倍。1941 年以後有較大變化，分別為 4.38、
　　　　1.95、4.29、5.33、15.76 倍。
〔註90〕薛化元等著，《臺灣貿易史》，頁 199～209；袁穎生，《光復前後的臺灣經濟》
　　　　（臺北：聯經，1998 年 7 月），頁 128～131。
〔註91〕海上保險保費收入資料來源同附錄四。同時期貿易總額年均成長率為
　　　　22.14%。

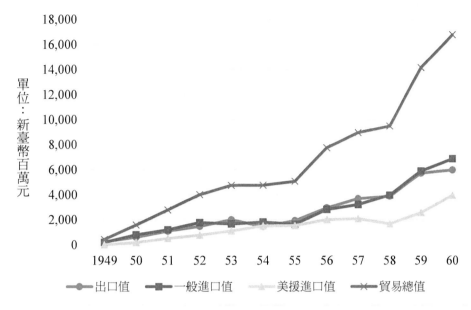

圖 6-6：臺灣貿易額統計（1949～1960）

資料來源：1949～1952：袁穎生，《光復前後的臺灣經濟》，頁 133；1953～1960：海
　　　　　關總稅務司署統計科編，《中國進出口貿易統計年刊（臺灣區）（42～49 年
　　　　　度）》（出版地不詳：編者，1954～1961 年）。

　　標示戰後臺灣貿易規模復甦的指標事件是 1950 年 9 月簽訂的《中日貿易
協定》，〔註92〕戰後臺日間具規模的正式貿易往來自此重啟，日本再度成為臺
灣最重要的貿易對象。〔註93〕此外，從圖 6-6 可發現，「美援進口」在貿易結
構中占有重要地位，以 1960 年為例，美援進口金額為 39 億 4,812 萬 7,472 元，
是一般進口金額 68 億 4,874 萬 305 元的 57.65%。在此契機下，產險業開啟兩
項新業務，分別是「外幣水險」及「美援物資器材保險」。

〔註92〕補充說明的是，當時日本仍由盟總佔領，故簽訂協定者係盟總代表而非日本
　　　　政府代表。此外，《中日貿易協定》簽訂前仍存在小規模臺日貿易，區分為正
　　　　式與非正式兩個途徑，前者由中信局掌控，後者則是走私行為。〈羅萬俥自日
　　　　返台　中日貿易協定可能下週簽字〉，《公論報》，1950 年 8 月 26 日，第 7 版；
　　　　〈行政院會議議事錄　臺第八冊一四五至一四九〉，《行政院》，國史館藏，數位
　　　　典藏號：014-000205-00035-004，頁 51～64；洪紹洋，《商人、企業與外資：
　　　　戰後臺灣經濟史考察》，頁 29。
〔註93〕1948 年時，臺灣對日本進、出口金額分別占整體 0.1%、8%（1949 年查無對
　　　　各地區之貿易資料），《中日貿易協定》簽訂的 1950 年便大幅上升至 31.89%、
　　　　36.14%，成為臺灣最大的貿易對象，往後 20 年間（至 1970 年），一直是臺灣
　　　　最大進口國，占比最高曾達到 56.90%（1956），最大出口國則在 1967 年起由
　　　　美國取代（1962 年美國也超過日本，但隔年被追回）。

（二）外幣水險〔註94〕

早在「外幣水險」開辦之前，貿易商便有投保外幣保險之需求，但當時產險業受限於法令規定，僅能承作新臺幣保險，故貿易商多向外國保險業投保。〔註95〕這個情況在《中日貿易協定》簽訂後有所改變。在該協定中，臺灣輸出日本的契約形式為 CIF（Cost, Insurance, Freight），意指由賣方（臺灣）負擔貨物之成本、保險費及運送至買方（日本）港口之航運費用；而日本輸出臺灣則為 FOB（Free On Board），意指賣方（日本）將貨物裝船後，相關風險及成本（含保費）即由買方（臺灣）負擔。〔註96〕換言之，無論對日本出口或進口，保險皆屬臺灣業者（出口商、進口商）的義務，此對臺灣保險業來說無疑是種利多。〔註97〕出口部分即一般海上保險，保費以新臺幣計價，進口部分保費則以美元計價，故謂之「外幣水險」。

1950 年 9 月 29 日，保險公會舉行中日貿易聯營籌備會議，組織「臺灣省保險同業對日貿易聯營處（Sino-Japan Trade Joint Underwriting Office of Taiwan）」（下稱聯營處），由各保險業共同承保日本運臺物資之海上保險，自 1950 年 12 月開始營運，並議定每船自留額上限為 3 萬美元。〔註98〕值得一提的是，屬於壽險業的臺灣人壽、中信局壽險處也加入聯營。不過，這個極為特殊的現象並未持續很久，在 1951 年 12 月 31 日聯營處結束後即行終止。

聯營處的結束和政府將外幣水險業務納入體制內管理有關。1951 年 7 月

〔註94〕 本小節內容除非另有註明，否則主要是參考：黃秉心，〈保險事業在臺灣（上）〉，頁 15～17；蕭志前，〈近十年來之貨物海上保險〉，《保險季刊》3：1（1963 年 3 月），頁 19～27。

〔註95〕 尹仲容，〈一年來中央信託局的業務〉，《中國經濟》16（1952 年 1 月），頁 143；黃秉心，〈一年來的臺灣產物保險業務〉，《中國經濟》16（1952 年 1 月），頁 188。

〔註96〕 有關 CIF、FOB 等貿易術語和海上保險之關係，可參閱：王惟芷，〈銷貨契約與水險保單之關係〉，《保險季刊》1：2（1961 年 6 月），頁 20～25。

〔註97〕 除了保險業外，航運業更是此一規定的最大受益者。由於此一規定完全對臺灣有利，日本方面當然不滿，故在 1952 年盟總的角色淡出後，日本便基於平等互惠原則提出修正建議，中日兩方各有堅持，最終決議以自由契約為原則（即由貿易雙方自行決定），不明定應採 CIF 或 FOB。廖鴻綺，《貿易與政治：台日間的貿易外交（1950～1961）》（臺北縣：稻鄉，2005 年 10 月），頁 31～33。

〔註98〕 各業者的分配比例為中信局產險處 6,500 美元、臺灣產物 6,500 美元、資保所 5,500 美元、中國產物 3,000 美元、中國航聯產物 2,500 美元、太平產物 1,000 美元、臺灣人壽 1,000 美元、中信局壽險處 1,000 美元。

30 日，財政部頒布《保險業承保外幣水險辦法》，作為規範是項業務的準繩。該辦法開宗明義限定僅產險業得承作外幣水險業務，終止上述壽險業聯營產險業務的奇特現象；其次規範外幣水險的幣別為美元、英鎊、港幣，且無國別之限制。〔註99〕換言之，外幣水險業務範疇由原先的「日本」、「美元」向外擴展。配合該辦法的實施，聯營處改組為「全國外幣水險聯合處理委員會」（下稱外幣水險委員會），自 1952 年 1 月 1 日開始運作。

無論是聯營處或是外幣水險委員會，它們皆肩負的一個重要任務，即是自留額的分配，而這個任務在 1956 年 1 月 1 日起由新成立的「再保險基金」負責，外幣水險委員會完成其階段性任務。再保險基金的成立是臺灣保險史另一個重要時刻，容後再述。

業務規模方面，聯營處時期（1950.12～1951.12）保費收入計 13 萬 2,387.22 美元；外幣水險委員會時期（1952～1955），1952 至 1954 年的保費收入分別為 23 萬、20 萬、26 萬美元（1955 年尚未找到）；再保險基金時期筆者目前尚未找到相關資料。若以 1951 年 5 月 21 日至 1955 年 2 月 28 日間之「匯入匯款匯率（民間）」15.55 換算，〔註100〕則 1951 至 1954 年間之外幣水險保費收入皆占海上保險保費收入的兩成以上（表 6-4），顯見其重要性。

表 6-4：外幣水險保費收入占海上保險保費收入比例（1951～1954）

單位：美元、新臺幣元

年度	外幣水險保費收入（美元）（A）	匯率（B）	保費收入（新臺幣）（C＝A*B）	海上保險保費收入（新臺幣）（D）	占比（E＝C／D）
1951	132,387		2,058,621	9,460,000	21.76%
1952	230,000	15.55	3,576,500	10,634,000	33.63%
1953	200,000		3,110,000	11,912,000	26.11%
1954	260,000		4,043,000	18,869,000	21.43%

〔註99〕《保險業承保外幣水險辦法》全文可參閱《保險季刊》1：2（1961 年 6 月），頁 77。

〔註100〕當時的統計資料是以何種匯率作為換算基準目前不太清楚，筆者選擇「匯入匯款匯率（民間）」作為基準是參考：《行政院外匯貿易審議委員會》，〈行政院外匯貿易審議委員會第 65 次會議〉，「匯款組，為臺灣銀行函以：全國外幣水險處理委員會外幣存款，應按何種匯率折付一案，特再提請核議」，中央研究院近代史研究所檔案館藏，館藏號：50-065-011。

說明：1951 年之 13 萬 2,387 美元包括 1950 年 12 月之保費收入，若按比例剔除，則
　　　保費收入（美元、新臺幣）分別降為 12 萬 2,204 美元、新臺幣 190 萬 266 元，
　　　占比降為 20.09%。

資料來源：
1. 外幣水險保費收入：蕭志前，〈近十年來之貨物海上保險〉，頁 22、25。
2. 海上保險保費收入：同附錄 4。
3. 匯率：行政院主計總處，《中華民國統計提要（57 年）》（出版地不詳：編者，
1968 年 10 月），頁 454～457。

（三）美援物資器材保險

美援物資器材保險，顧名思義，是「美援」時期的特殊產物，頗具時代意義，可惜目前關於這項業務的介紹並不多見。就筆者所知，僅見於范廣大的回憶性文章，惟篇幅不多。據范廣大的說法，戰後接受美援的國家，針對受援物資器材皆未保險，臺灣是唯一的例外。這項業務得以開辦，是中信局與美援會長期溝通的成果，並訂有《美援物資器材保險辦法》，規定所有受援單位，對其由美運臺之機器設備或棉花、小麥、黃豆等大宗物資，以及在臺設立之整體工廠等，均應向中信局產險處投保海上保險或火災保險。〔註101〕以下利用檔案資料與上述說法相互印證，並對細節進行補充。

如同范廣大所言，美援會原先無意就美援物資辦理保險。1951 年 2 月 22 日，中信局局長尹仲容致函美援會秘書長王崇植（1897～1958）〔註102〕，表達該局承保美援物資保險的意願。3 月 13 日，王崇植回復尹仲容略謂，美援會除了少數商品（例如棉花）外，對於美援物資以不保險為原則，理由主要有二；其一，保費支出會產生排擠效果，減少美援物資的數量；其次，辦理是項保險業務的利潤未必能由本國保險業者獨享。〔註103〕

〔註101〕 中央信託局編，《中央信託局五十年》，頁 342～343；張哲郎、林建智訪談，
秦賢次、吳瑞松編整，《臺灣地區保險事蹟口述歷史》，頁 82。

〔註102〕 王崇植，江蘇常熟人。上海交通大學畢業、美國麻省理工學院電機碩士。
畢業後先於美國奇異（GE）電器公司服務。1924 年返國後先任教職，後
曾任中國建設委員會無線電管理處處長、電器標準局局長、青島市工務局
長、南京市社會局長、天津開灤礦物總局經理。1949 年舉家遷臺，同年 6
月任臺灣區生產事業管理委員會委員。1950 年任行政院美援運用委員會
委員兼秘書長。〈民國人物小傳（21）〉，《傳記文學》26：1（1975 年 1 月），
頁 99。

〔註103〕 《行政院國際經濟合作發展委員會》，〈總卷—美援物資保險政策、規則與程
序—酬金、佣金〉，中央研究院近代史研究所檔案館藏，館藏號：36-04-007-
001，頁 650～652。

　　中信局並未因美援會的反面立場而放棄，仍持續與美援會溝通，且可能是考慮到美國的態度對這項提案能否成功具關鍵影響力，也透過該局產險處紐約分處負責人項馨吾，及知名保險經紀人 Johnson & Higgins 居中協調。〔註104〕

　　1953 年初，美援會委託臺灣銀行辦理商業採購美援物資有關手續，規定受配人申請採購之美援物資器材，除其價款於開立信用狀時一次付清者得自行決定是否投保海上保險外，其餘分期付款之採購案件均應由臺灣銀行以美援會為受益人，按「臺幣價值」向中信局產險處投保海上保險，可謂是美援物資保險的開端。此規定旨在確保政府履行存繳「相對基金」之義務，〔註105〕亦即尚未向受配人收清價款之美援物資器材在運輸過程受損時，得以保險公司所賠付保險金存繳相對基金。雖然筆者目前尚未找到載有美援會同意保險的明確函件，但這應當是中信局持續溝通的成果。

　　1953 年 8 月 24 日，復由臺灣銀行公布《美援商業採購分次結匯物資器材保險辦法》，將上述規定法令化，並進一步規定屬民營廠商受配之物資及器材，若於到貨時尚未付清價款，應就已到達部分之物資器材價值向中信局產險處投保火災保險。

　　1955 年 10 月 25 日，美國國際合作總署修正該總署規章第一號關於援外物資海上保險之規定，「凡自美國所採購之美援物資器材受援國家，**政府應准由進口商自由選擇保險辦法**，如欲投保美金者，應由受援國家准許在援款內支撥保費。」為符合該總署規定，美援會於 1955 年 11 月 28 日公告放寬受配人得自行決定投保新臺幣或美元保險，惟以在美國採購之物資器材為限，在美國以外地區採購者，仍以投保新臺幣保險為限。〔註106〕

〔註104〕相關函件散見於：〈總卷—美援物資保險政策、規則與程序—酬金、佣金〉，
　　　　　館藏號：36-04-007-001，頁 601～652。
〔註105〕依據美國與我國的協議，美國對我國的經濟援助，不論是物資器材或勞務技
　　　　　術，除少數可免繳或緩繳價款外，其餘須由我國政府或受援單位在規定期限
　　　　　內繳納等值新臺幣價款，並存入各種專設之特別帳戶。所存入之資金統稱「美
　　　　　援相對基金」，依規定分別作為贈與、貸款、償還到期美援借款之本息，或其
　　　　　他特別核准之用途。趙既昌，《美援的運用》（臺北：聯經，1985 年 6 月），
　　　　　頁 39～64。
〔註106〕〈總卷—美援物資保險政策、規則與程序—酬金、佣金〉，館藏號：36-04-007-
　　　　　001，頁 391～393。

關於海上保險以新臺幣或美元投保的差異與影響，可從行政院外匯貿易審議委員會對前揭規定修正的因應瞭解。該委員會針對規定修正後之核配公營事業及政府機關美援商業採購案件，其海運保險是否仍規定向中信局投保並以新臺幣支付一事進行討論，認為「以新臺幣向中央信託局投保**既可減少政府外匯支出，又可增加美援物資進口**，且增加本國保險業務，對外匯立場較為有利」，故經該會第 61 次會議決議仍向中信局投保並以新臺幣支付。〔註 107〕惟因該決議與上述美國國際合作總署規定，及行政院指示各政府機關及公營事業可自行決定向公民營保險業投保之規定不符，遂將決議修正為「……得由**受援人自行選擇投保美金，或新台幣海險**，其投保新台幣海險者，仍向中央信託局投保**為原則**……。」〔註 108〕

《美援商業採購分次結匯物資器材保險辦法》實施幾年後，美援會內部於1957 年有如下檢討意見：

> 原辦法規定物資到岸受配人須續保火險，惟對於受配人不遵規定續保火險應如何處分尚付闕如，執行為難。兼以匯率變動等因素，原辦法實有修訂之必要。再該項保險辦法既未及於全部美援物資，究竟何者需要保險，何者不需保險，其不需保險者，如遇保險事故損失如何取償？〔註 109〕

〔註 107〕 《行政院外匯貿易審議委員會》，〈行政院外匯貿易審議委員會第 61 次會議決議案目錄〉，中央研究院近代史研究所檔案館藏，館藏號：50-061-000，頁 4；《行政院外匯貿易審議委員會》，〈「美援商業採購受配人，或其指定進口商主要遵守事項」第 7 條，有關海運保險條文，業經修訂，本會核配公營事業，及政府機關美援商業採購外匯，可否仍規定向中信局投保，以新臺幣支付之處，提請核議〉，中央研究院近代史研究所檔案館藏，館藏號：50-061-009，頁 36-38；《臺灣省政府公報》45：夏 49（1956 年 5 月 28 日），頁 606。

〔註 108〕 《行政院外匯貿易審議委員會》，〈行政院外匯貿易審議委員會第 70 次會議決議案目錄〉，中央研究院近代史研究所檔案館藏，館藏號：50-070-000，頁 4；《行政院外匯貿易審議委員會》，〈美援會，函請修正本會對公營事業，及政府機關美援商業採購投保海運之決議條文一案，業經匯款組邀集有關機關代表，商得結論，報請公鑒〉，中央研究院近代史研究所檔案館藏，館藏號：50-070-005，頁 12～14；《臺灣省政府公報》45：秋 33（1956 年 8 月 8 日），頁 429。

〔註 109〕 〈總卷—美援物資保險政策、規則與程序—酬金、佣金〉，館藏號：36-04-007-001，頁 371。附帶說明，《美援商業採購分次結匯物資器材保險辦法》顧名思義以「商業採購」為限，但實施後亦推廣至商業採購以外物資。

為此，美援會於 1957 年 5 月 7 日向行政院函報「美援物資保險原則」4 點：

一、**本會自行掌握之物資**如原棉小麥等，**除原棉易於燃燒必須保險外，其餘概以不保險為原則**，如遇損失，即以售價盈餘統籌彌補。

二、由**政府機關加工轉售之物資**如黃豆、大麥、煙草等，**本會不予保險**，所有物資自購運起迄出售時止之損失危險，由承辦機關自行承擔。

三、**政府機構及公營事業機關受配之美援物資器材**，不論其價款已否付清，概**由各該受配機構自行決定是否需要保險**，並自行承擔自物資購運時起迄價款繳清時止之一切損失危險。

四、**民營廠商受配之美援物資器材**，除於開發信用狀時業**已付清全部價款者**，受配人得**自由決定是否辦理保險**。其未保險者由受配人自行承擔損失危險外，其餘凡屬**分期繳付價款者**，受配人於物資購運時**必須投保海運險**，並以本會為受益人，俾保障美援相對基金之來源。至於**物資抵台以後價款繳清以前，其主權屬於本會**，受配人應對本會負有保險人之責任，業於供應合約內予以規定，該項物資應否投保火險，可由受配人自行決定。〔註110〕

以上 4 點原則和原規定其實落差不大，主要是將物資到岸後之火災保險由強制投保放寬為受配人自行決定，並明定原則不保險之物資範圍（第 1、2 點），及受配機關得自行決定是否保險之範圍（第 3 點）。整體而言，除民營廠商受配之美援物資器材應保險外，其餘多以不保險為原則。

行政院收到美援會的公文後，送交「經濟安定委員會」審議。該會討論後認為「為節省少數保險費用而以數額鉅大之美援物資作冒險之嘗試，似不無因小失大之虞。」最終作成美援原則皆應保險之 3 點決議（第 121 次會議），決議內容復經美援會提供修正意見後酌修如下（第 122 次會議）：

一、**所有美援物資器材均應投保海運及火險**，但受配人得自行決定以台幣或美金投保海運險。

〔註110〕〈總卷—美援物資保險政策、規則與程序—酬金、佣金〉，館藏號：36-04-007-001，頁 346～347。

二、至未經指定受配人之美援物資器材，美援運用委員會應投保平
安險。

三、美援物資器材火險，應以新台幣投保。〔註111〕

1958 年 6 月 20 日，行政院將上述決議函送美援會。〔註112〕據此，美援
會於 1958 年 11 月 25 日訂定《美援物資器材保險辦法》，〔註113〕所有美援物
資器材皆應保險的政策自此確立。由上可知，范廣大所說的《美援物資器材保
險辦法》並非一步到位，而是政策逐步調整的結果。

業務規模方面，筆者目前未能找到相關統計資料，不過以當時美援規模之
大，可以推知相對應的保險業務亦應有相當規模。依據湯育章（1919～2013）
〔註114〕的回憶，1960 年保險市場開放前後，中信局產險處最大的一筆美援棉
花海上保險業務，約占整個海上保險業務的五分之一。〔註115〕

二、進口替代與再保險事業的建立

在戰後臺灣經濟史的討論中，「進口替代」政策向來是倍受關注的議題，
不過討論的對象多半集中在食品、紡織、水泥、造紙、肥料等產業。〔註116〕
事實上，臺灣再保險事業的建立也是這個政策思維下的產物。

如前所述，日治保險業多為分支機構，故當時應無處理分保（再保）的問

〔註111〕 《行政院經濟安定委員會》，〈會議紀錄節略第 120 至 122 次〉，中央研究院
近代史研究所檔案館藏，館藏號：30-01-05-088，頁 19～21、34～35。

〔註112〕 〈總卷—美援物資保險政策、規則與程序—酬金、佣金〉，館藏號：36-04-007-
001，頁 254。

〔註113〕 同前註，頁 209～215；〈美援物資器材 一律應予保險〉，《中央日報》，1958
年 11 月 25 日，第 4 版；〈中央信託局產物保險處公告〉，《中央日報》，1958
年 12 月 5 日，第 4 版。

〔註114〕 湯育章，江西永豐人。交通大學畢業後應聘任資保所專員，後隨政府遷臺，
1954 年因資保所併入中信局產險處而改至該處業務科服務，辦理國營事業火
災保險業務，1963 年升任業務科主任，後任襄理，協助上級辦理資金運用業
務，1970 年升任副理，奉令督導會計及輸出保險二科，於副理任內退休。湯
傳斌，〈父親悼文〉（2013 年 12 月 16 日），網址：http://blog.sina.com.cn/s/
blog_707b21060101ink9.html，瀏覽日期：2021 年 12 月 1 日；中央信託局編，
《中央信託局五十年》，頁 379～387。

〔註115〕 中央信託局編，《中央信託局五十年》，頁 380。

〔註116〕 例如：隅谷三喜男、劉進慶、涂照彥著，雷慧英、吳偉健、耿景華譯，《台灣
之經濟——典型 NIES 之成就與問題》（臺北：人間，1995 年 4 月），頁 101
～114；高淑媛，《臺灣工業史》，頁 196～204。

題。戰後初期，臺灣保險業主要是向上海同業尋求再保，〔註 117〕惟國共易幟後，此一管道中斷，轉而與美商美亞保險公司建立再保關係，〔註 118〕隨後東京海上也成為臺灣保險業分保的對象。〔註 119〕如此一來，為支付再保費，每年都有為數可觀的外匯流出。

1955 年 10 月 6 日，財政部為促進保險業之健全發展，並「為節省保費外流」，頒布《再保險辦法》。翌（1956）年 1 月 1 日，由國庫撥款新臺幣 1,000 萬元成立「再保險基金」，並委由中信局產險處「代辦」（獨立會計）。再保險基金除辦理再保業務外，亦為保險監理之輔助機構，具有「準監理機關」身分。〔註 120〕

1958 年 9 月 10 日提出的《總統府臨時行政改革委員會總報告》第 85 建議案「發展保險業務」第 2 點為「建立再保險制度，並確定為專營，以利保險事業之推進」，主要理由在於「再保與初保，由同一機構主辦，終違常理」。〔註 121〕對此，財政部認為是項建議可採，擬就再保險基金之基礎設立「中央再保險公司」，並經行政院同意照辦，惟後以籌辦程序非一蹴可幾，遂於同年 10 月 2 日將再保業務獨立成立「再保險處」，以資過渡。〔註 122〕

1960 年 2 月 21 日，經 2 次會議（行政院第 650、652 次）審查後，修正通過財政部所提之《中央再保險股份有限公司章程》草案、《修正再保險辦法》草案。〔註 123〕1963 年 7 月 10 日，財政部令派中信局副局長兼再保處經理吳

〔註 117〕 臺灣產物保險公司，〈臺灣產物保險公司概況〉，頁 134。

〔註 118〕 黃秉心，〈保險事業在臺灣（上）〉，頁 9；〈保險事務所〉，「業務」，館藏號：24-10-22-003-01，頁 11～38；〈保險事務所〉，「人事」，館藏號：24-10-22-002-01，頁 123～125。

〔註 119〕 據陳繼堯的說法，臺灣產物能與東京海上建立業務關係是透過林景鏞的人脈。張哲郎、林建智訪談，秦賢次、吳瑞松編整，《臺灣地區保險事蹟口述歷史》，頁 252。

〔註 120〕 中央再保險公司成立 50 周年特刊編輯小組，《中央再保險公司成立 50 周年特刊》，頁 12～16。

〔註 121〕 「第十四類其他」，〈總統府臨時行政改革委員會總報告〉，數位典藏號：008-010507-00026-015。

〔註 122〕 「行政院第六五〇次會議」，〈行政院會議議事錄臺第一六〇冊六四八至六五一〉，《行政院》，國史館藏，數位典藏號：014-000205-00187-003；中央再保險公司成立 50 周年特刊編輯小組，《中央再保險公司成立 50 周年特刊》，頁 17。

〔註 123〕 「行政院第六五二次會議」，〈行政院會議議事錄臺第一六一冊六五二至六五三〉，《行政院》，國史館藏，數位典藏號：014-000205-00188-001。

幼林著手籌組中央再保。7 月 19 日召開第 1 次籌備會議，次月 1 日成籌備處，歷經 52 次籌備會議（1968 年 10 月 9 日召開第 52 次），中央再保於 1968 年 10 月 31 日正式成立。〔註 124〕因籌備期程較長，前於 1960 年通過之章程及《再保險辦法》修正草案已不符當時法令及環境需要，遂再行修正，經行政院 1967 年 10 月 26 日第 1041 次會審議通過。〔註 125〕

上述籌備期程有個令人疑惑之處，即行政院早在 1960 年 2 月便通過設立中央再保之提案，何以財政部在時隔近 3 年半的 1963 年 7 月才著手進行呢？從時間點看，1960 年發生另一件要事，即保險市場開放，時間點是在 8 月；1963 年 7 月則是經核准的民營保險業全數完成設立之時。時間點如此接近應非巧合，筆者推測正是因為保險市場開放後帶來的繁重業務使得設立中央再保的計畫暫時擱置，由此也可再次驗證 1960 年保險市場開放應非政府的計劃性安排。

三、公路運輸興起與汽車保險

1950 年代臺灣產險業務另一個重要現象是汽車保險的興起，打破 1910 年代以來海上保險、火災保險雙支柱的格局。

早在 1936 年，產險業便推出汽車保險，惟如前所述，終殖民統治結束之時，其業務規模仍小到可以忽略。戰後臺灣汽車保險業務的重啟始於 1947 年 10 月中信局臺灣分局開業，爾後臺灣產物於 1951 年 9 月開辦，再次中國產物於 1955 年 3 月、中國航聯產物於 1957 年 6 月開辦。〔註 126〕起初幾年業務規模仍小，到 1952 年時，保費收入仍僅新臺幣（下同）29 萬 1,330 元，占產險整體保費收入的 1.16%，但到 1960 年時，這兩個數字已分別來到 3,517 萬 6,438 元、16.07%（圖 6-7），成長速度遠高於海上保險、火災保險，雖業務規模仍較遜色，但鼎足而三之勢已然形成。

〔註 124〕 中央再保險公司成立 50 周年特刊編輯小組，《中央再保險公司成立 50 周年特刊》，頁 18。
〔註 125〕 「行政院第一○四一次會議」，〈行政院會議議事錄臺第二八二冊一○四一至一○四二〉，《行政院》，國史館藏，數位典藏號：014-000205-00309-001。
〔註 126〕 保險季刊社，《五十三年度臺灣保險事業》（臺北：編者，1965 年 12 月），頁 63～64；游能淵，〈台灣產物保險市場之研究〉，頁 16；〈臺灣產物保險公司舉辦汽車保險啟事〉，《民聲日報》，1951 年 9 月 7 日，第 1 版。

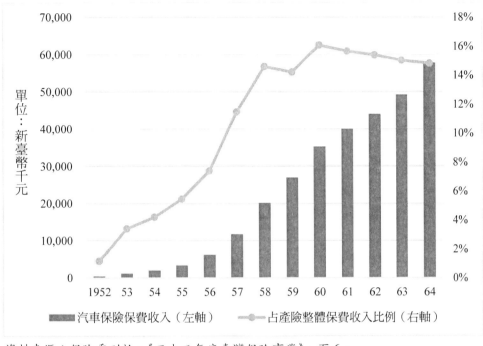

圖 6-7：汽車保險保費收入統計（1952～1964）

資料來源：保險季刊社，《五十三年度臺灣保險事業》，頁 6。

　　汽車保險的興起主要受益於兩個因素，首先是公路運輸興起，其次是政府刻意推動。1912 年，臺北「日之丸旅館」進口一輛福特汽車，是臺灣史上第一輛汽車。不過，臺灣汽車數量的高度成長要等到第一次世界大戰（1914～1919）後臺灣總督府對於道路建設轉趨積極才開始。據 1933 年的統計，臺灣當時已有汽車 2,776 輛，在日本各主要都市中位列第九，而汽車保險也在不久後的 1936 年推出。戰後，臺灣執政當局持續積極推展公路運輸，〔註 127〕與此同時，汽車數量不斷攀升，1946 年全臺登記車輛僅有 3,860 輛，到 1960 年時，已達到 4 萬 8,745 輛。〔註 128〕

　　政策方面，臺灣產物開辦汽車保險業之時，便強調係「為配合交通安全政策」，〔註 129〕由此可知政府對是項業務的支持。1956 年 6 月 15 日，交通部頒布《汽車投保意外責任保險辦法》，明定若未投保「汽車意外責任保險」，將不

〔註 127〕陳家豪，《從臺車到巴士：百年臺灣地方交通演進史》（新北：左岸，2020 年 11 月），119～120、137～138。
〔註 128〕臺灣省政府主計處編，《中華民國臺灣省統計提要》（出版地不詳：編者，1971 年 10 月），頁 586～587。
〔註 129〕〈臺灣產物保險公司舉辦汽車保險啟事〉。

予核發或撤銷汽車牌照。〔註130〕此一「強制投保」措施引起不小爭議，臺灣省汽車運輸商業同業公會聯合會理事長呂世明（1901～1992）及省議員李萬居（1901～1966）等人皆提出反對意見，〔註131〕幾經折衝，〔註132〕該辦法最終於 1958 年 7 月 1 日實施。〔註133〕

　　目前談到「強制投保」的汽車保險，多數人都會想到 1998 年 1 月 1 日實施的「強制汽車責任保險」，以及令人動容的「柯媽媽」的故事。〔註134〕不過，從以上討論可知，早在 1950 年代末期就有強制投保汽車保險的政策與觀念，只不過要在時隔近 40 年後才建立較為成熟的體制。期間存在的曲折，應當是個值得深入研究的課題，惟受限於本文設定範圍，暫且擱筆。〔註135〕

〔註130〕 《臺灣省政府公報》冬：34（1956 年 11 月 10 日），頁 478。

〔註131〕 〈汽車意外保險應採自由投保方式 呂世明反對強制保險〉，《聯合報》，1957 年 7 月 5 日，第 2 版；《臺灣省臨時省議會公報》10：22（1957 年 11 月 26 日），頁 10584～10585。

〔註132〕 《臺灣省臨時省議會公報》11：15（1958 年 4 月 15 日），頁 505。

〔註133〕 〈全省汽車參加保險定七月一日起實施〉，《聯合報》，1958 年 6 月 22 日，第 4 版。卓東來、陽肇昌皆稱強制投保係自 1957 年 7 月 1 日開始，似有誤，該日期應為原訂實施日期，惟因有上述反對意見，遂延至翌（1958）年 7 月 1 日實施。卓東來，〈汽車保險聯合審核處所負使命〉，《保險季刊》1：1（1961 年 3 月），頁 29；陽肇昌，〈汽車保險之回顧與前瞻〉，《保險季刊》2：1（1962 年 3 月），頁 32。

〔註134〕 柯媽媽，全名柯蔡玉瓊（1943～），原是平凡家庭主婦。1989 年 6 月 28 日，柯媽媽就讀東海大學企管研究所的長子柯重宇被聯結車追撞身亡，其自述在經歷肇事車行的「惡行惡狀」對待後，曾企圖與車行「同歸於盡」，但因為愛兒托夢指點迷津，讓她義無反顧地投入「立法」之路。1996 年 11 月 13 日，歷經八年艱苦奮戰後，柯媽媽獲李登輝總統召見，立法之路撥雲見日，《強制汽車責任保險法》於 1 個月後（1996.12.13）經立法院三讀通過，1998 年 1 月 1 日施行。強制汽車保險制度實施後，柯媽媽仍致力於該制度的監督，她表示因為她推動這個法案使得大家要強制繳納保費，所以她有監督這個制度的責任。柯媽媽推動《強制汽車責任保險法》立法的案例被譽為臺灣第一個「人民立法」。強制汽車責任保險網站，〈感人故事——柯蔡玉瓊（柯媽媽）〉，網址：http://www.cali.org.tw/consumer4.aspx，瀏覽日期：2021 年 8 月 24 日；〈柯媽媽 不寂寞〉，《聯合晚報》，1994 年 7 月 3 日，第 4 版；〈柯媽媽終獲總統召見〉，《聯合晚報》，1996 年 11 月 13 日，第 2 版；〈落槌那一刻 柯媽媽快樂的鼓掌!〉，《聯合報》，1996 年 12 月 14 日，第 2 版；柯蔡玉瓊口述，楊明著，《無私的愛：柯媽媽的故事》（臺北：中央日報，1998 年 8 月）；東森新聞台，《台灣啟示錄》復刻版第 655 集（影像資料）（原播映時間 2011 年），網址：https://www.youtube.com/watch?v=om3xqt6m60Y（台灣啟示錄 Youtube 官方頻道），瀏覽日期：2022 年 2 月 16 日。

〔註135〕 陳定輝指出，臺灣經過這麼長的時間才完成強制汽車責任保險制度建立的不

小　結

　　本章聚焦於戰後臺灣保險業務的發展，利用實質保費收入的方法進行跨政權的長期分析，指出「產、壽險業發展的分歧」這個特殊現象。概括而言，產險業務快速復甦並穩健成長，但壽險業務卻處於長期停滯。這個現象是由多重因素疊加而成。首先，面對戰後初期嚴峻的「惡性物價膨脹」，由於產、壽險契約長短年期的本質差異，使得產險業務受物價大幅上漲的負面影響遠較壽險為小；其次，產險業無須承擔像壽險業一樣的沉重政策責任；最後，產險業一直保持相當程度的市場競爭，壽險業則否。產險業在較佳的發展條件下，業務伴隨經濟發展而穩定成長，其中特別值得關注的是對外貿易復甦與海上保險、進口替代政策與再保險事業的建立，及公路運輸興起與汽車保險間的關係。進入 1960 年代後，由於物價已維持相當長時間穩定、壽險業卸下政策責任、保險市場開放等因素，產、壽險業面臨的發展條件漸趨一致，作為回應，壽險業務一反過去的停滯，呈現爆發性成長，重回「應有的」發展軌跡。

　　合理現象，主要導因於行政機關的遲滯與利益團體的遊說與杯葛。未來似可從歷史學的角度，對這個現象與問題進行較深入的探討。陳定輝，〈強制汽車責任保險法制定籌備過程之回顧〉，收入廖淑惠等編，《強制汽車責任保險實施十週年回顧專輯》（臺北：財團法人保險事業發展中心，2008 年 11 月），頁 13～27。

第七章　新體制的確立與影響：
監理制度與資金運用

　　本章焦點置於監理制度與資金運用，監理制度方面，承襲先前討論日治時期的架構，分別從法律制度及主管機關兩方面著手，並特別針對主管機關內的臺籍職員戰前、戰後延續性及所處地位進行分析。資金運用方面，除說明產、壽險業戰後的資金運用情形，也關注產壽險業、戰前與戰後、1960 年保險市場開放前後的新舊業者之間的比較，並分析形成差異的背後原因。

第一節　法律制度

一、第二次內地延長：中華民國保險法制的引進

　　如前所述，受益於從殖民母國移植的法律制度，日治末期的臺灣已具備相當程度的現代保險法制。那麼，這套現代保險法制到戰後產生何種轉變呢？和其他領域的法律制度相同，保險法制經歷了王泰升所說的「內地延長的再延長」〔註1〕，也就是從對日本的延長轉為對中華民國的延長。

　　1945 年 11 月 3 日，長官公署以署法字第 36 號布告，針對日治時期法令的存廢，公布以下原則：

　　　　臺灣省自中華民國 34 年 10 月 25 日起，業經歸入我國版圖，前奉軍
　　　　事委員會委員長蔣 34 年 3 月 14 日侍秦字第 15493 號代電，抄發臺

〔註1〕王泰升，《臺灣法律現代化歷程：從「內地延長」到「自主繼受」》，頁 47～66。

灣接管計劃綱要其通則第五款規定：**民國一切法令，均適用於臺灣，**
必要時得制頒暫行法規。日本佔領時代之法令，除**壓榨箝制臺民，**
牴觸三民主義及民國法令者，應悉予廢止外，其餘暫行有效，視事
實之需要，逐漸修正之，自應遵照辦理。我臺灣父老，苦苛政已久，
亟待解放，自接收日起，凡舊日施行於臺灣之法令，在上述應予廢
止原則內者，**均予即日廢止，**除分飭各主管機關查明名稱補令公布
外，其餘各項單行法令，本署現正從事整理修訂，在整理期內，**凡**
未經明令廢止之法令，其作用在保護社會一般安寧秩序，確保民眾
權益，及純屬事務性質者，**暫仍有效，**以避免驟然全部更張，妨及
社會秩序。合行布告週知。此布。〔註2〕

由上開原則可知，中華民國法令自 1945 年 10 月 25 日起，全面於臺灣施行。
至於日治時期法令則區分為「即日廢止」和「暫時有效」兩類，前者由各主管
機關查明後補行公告，未明令公告廢止者暫時有效。前述原則公布後，長官公
署於同年 11 月起陸續公布廢止多種日治法令，其中與金融相關者有三，分別
是《企業整備資金措置法及企業整備資金措置施行規則》、《銀行等資金運用
令》、《在外凍結財產調查規則》，這些都是受到戰爭影響而施行的法令。〔註3〕
至於保險相關法令，似未見有廢止公告載於公報。1946 年 10 月 24 日，長官
公署公布，除《國庫出納金端數計算法》等 236 件日治法令暫緩廢止外，其餘
皆自翌日起廢止，〔註4〕這 236 件法令中，並無與保險相關者。易言之，臺灣
保險法制自 1946 年 10 月 25 日起，全面適用中華民國之相關規定。〔註5〕

〔註 2〕何鳳嬌編，《政府接收臺灣史料彙編（上冊）》（臺北：國史館，1990 年 6 月），
　　　　頁 1～2。
〔註 3〕何鳳嬌編，《政府接收臺灣史料彙編（上冊）》，頁 2～13。
〔註 4〕《臺灣省行政長官公署公報》冬：20（1946 年 10 月 24 日），頁 327～332。
〔註 5〕王泰升引用《臺灣年鑑》（1947），認為截至 1946 年 8 月，屬於「當然廢止」
　　　　之日治法令 1,168 件即為上述第一類（即日廢止）法令，但亦不解何以《臺灣
　　　　年鑑》中另載有「以公報廢止」者計 75 件，依據上述日治法令存廢原則，即
　　　　日廢止者本須「查明名稱補令公布」，若此，何以存在「以公報廢止」、「當然
　　　　廢止」之差別。由於「以公報廢止」者有明確資料可稽，反倒是「當然廢止」
　　　　者究竟所指為何並不明確。爰此，在未有進一步佐證資料前，筆者傾向認為除
　　　　了「以公報廢止」者外，其餘日治法令皆屬第二類（暫時有效），到 1946 年 10
　　　　月 25 日才正式廢止。王泰升，《臺灣法的斷裂與連續》（臺北：元照，2002 年
　　　　7 月），頁 29～30；臺灣新生報叢書編纂委員會，《臺灣年鑑》（臺北：臺灣新
　　　　生報社，1947 年 6 月），頁 E15～16。

二、不合時宜的戰時法制

　　如同要瞭解日治時期臺灣保險法制必須先瞭解被移植者的日本保險法制一般，要瞭解戰後臺灣保險法制也必須先瞭解被移植者的中華民國保險法制。

　　中國政府於 1929 年 12 月 30 日、1935 年 5 月 10 日、1935 年 7 月 5 日、1937 年 1 月 11 日分別公布《保險法》、《簡易人壽保險法》、《保險業法》及《保險業法施行法》。此外，和《保險法》同日公布的《海商法》第 7、8 章為海上保險相關規範。〔註6〕上述法律構成中華民國保險法制的主要成分。然而，除了《海商法》於 1931 年 1 月 1 日施行、《簡易人壽保險法》於 1935 年 10 月 1 日施行外，其餘法律自公布後皆未施行。〔註7〕也就是說，中國雖自 1801 年就有外資在廣州展開現代保險業務，且至遲在 1865 年時就有華資保險業「義和公司保險行」成立，〔註8〕但與之配合的現代商業保險法制卻遲遲未能確立，因而「並沒有真正對近代華商保險業發展起到應有的促進作用。」〔註9〕至此，我們不免有個疑問，既然法律已經公布，為何不實施呢？據悉這是因為該等法律的部分規定涉及在中國境內設立的外資保險業及其代理人之利益，因而遭到他們的反對之故。〔註10〕

　　由於《保險法》等法律遲未實施，近代中國要到 1943 年 12 月 25 日，行政院公布《戰時保險業管理辦法》後，〔註11〕才首度出現具效力的「一般性」

〔註6〕附帶一提，1937 年 1 月 11 日公布《保險業法施行法》時，同日修正《保險法》、《保險業法》。《國民政府公報》359（1929 年 12 月 31 日），頁 5；1738 號（1935 年 5 月 11 日），頁 2～6；1786 號（1935 年 7 月 6 日），頁 9～22；2250 號（1937 年 11 月 12 日），頁 16～18。

〔註7〕中華民國史法律志編纂委員會，《中華民國法律志（初稿）》，頁 465、476～478；《立法院公報》第 1 屆第 31 會期第 18 期（1963 年 9 月 3 日），頁 9。另須補充的是，《簡易人壽保險法》第 38 條規定「本法之施行日期及區域，分別以命令定之」，故該法係分時分區施行，1935 年 10 月 1 日首先於南京、上海、漢口施行，而後逐步擴大施行範圍，截至中華民國中央政府來臺之前，大陸地區除東北九省外皆已施行。交通部郵政總局，《郵政七十周年紀念專輯（下冊）》，頁 349～350。

〔註8〕趙蘭亮，《近代上海保險市場研究：1843～1936》，頁 187。

〔註9〕趙蘭亮，《近代上海保險市場研究：1843～1936》，頁 316。

〔註10〕楊東霞，《中國近代保險立法移植研究》，頁 75、80、147～150。不過，楊東霞除了引用馬寅初 1937 年 6 月 15 日發表的〈中國保險業與新中國建設之關係〉外（頁 149），未見運用其它一手史料，故針對這個問題似乎仍有補充的空間。

〔註11〕「行政院院長蔣中正呈國民政府為戰時保險業管理辦法」，〈非常時期商業貿易打撈業管理暨敵國資產處理辦法〉，《國民政府》，國史館藏，數位典藏號：

保險法令。〔註12〕不過，《戰時保險業管理辦法》的法律位階是未經立法機關通過，亦無法律授權的行政命令，並不符合現代法治國家「依法統治」原則。〔註13〕此外，就實質面而言，《戰時保險業管理辦法》旨在提供政府監理保險業的準據，性質上屬於保險法制中的「業法」，至於攸關保險契約解釋及爭議處理的「契約法」則付之闕如，對於保戶權益的維護明顯不足。〔註14〕即便是「業法」部分，全文僅25條的《戰時保險業管理辦法》較之《保險業法》（全文80條）亦顯得粗糙。舉其要者，例如：關於保險業應設置計算員（第8條）、保險業業務移轉之規定與對保戶之保護措施（第34至42條）、保險業解散之處置（第45條）、保險業違反法令之罰則（第74至79條）等《保險業法》之規定，皆未見於《戰時保險業管理辦法》，在在顯示出保險法制的不完整性。

　　隨著戰後中華民國保險法制移植到臺灣，上述問題也就成為臺灣保險法制的問題，將之與日治時期相比，保險法制現代性與完備性的倒退頗為明顯。對此，我們可以置於更大的框架檢視。如前所述，臺灣囿於殖民地的地位，日治時期的法律現代性仍有其侷限，而戰後初期中華民國法律的法律現代性其實與當時的歐陸、日本相當接近，因此，中華民國法律的施行（特別是 1947年 12 月 25 日憲法施行後）理論上有助於臺灣法律現代性的深化。可惜的是，隨著國共內戰惡化，政府於 1948 年 5 月 10 日公布《動員戡亂時期臨時條款》，

001-110020-00004-009；《國民政府公報》渝字第 628 號（1943 年 12 月 4 日），頁 11～13。

〔註12〕此處所謂的「一般性」是相對《簡易人壽保險法》、《海商法》兩部已生效的特殊性保險法律而言。另外，還須補充的是，汪精衛主導的南京國民政府於 1942年 10 月 10 日將前述已公布但未施行的《保險法》、《保險業法》稍加修訂後公布實施，時間點上比重慶國民政府的《戰時保險業管理辦法》還早，但因戰後臺灣所承襲的中華民國法律體系是屬於重慶國民政府一脈，故仍以之為準。楊東霞，《中國近代保險立法移植研究》，頁 76。

〔註13〕中華民國憲法 1947 年 12 月 25 日施行，此前尚屬訓政階段，未符合「依法統治」原則尚情有可原，但這種忽視現代法治國家原理原則，逕以行政命令代替法律的作法，在行憲後依然常見，主要原因在於憲法施行不久後即名存實亡。相關討論請參閱：王泰升，《臺灣法律史概論（三版）》（臺北：元照，2009 年11 月），頁 133～137、162～167、184～187。

〔註14〕財政部於 1944 年 5 月 8 日公布《戰時保險業管理辦法施行細則》，作為《戰時保險業管理辦法》的補充，全文計 14 條，其中第 12 條規定「各種保險單基本條款另定之」，並據此訂定《水險保險單基本條款》、《火險保險單基本條款》、《人壽保險單基本條款》。這幾個基本條款可能是當時唯一有效關於保險契約解釋及爭議處理的相關規範。相關規定請見：財政部編，《財政金融資料輯要》（臺北：編者，1952 年 3 月），頁 7.114～7.118。

並於翌（1949）年5月20日宣布臺灣戒嚴，使得具有法律現代性意義的中華民國憲法形同具文，法律現代性於焉倒退。〔註15〕

　　完備性方面，《保險法》、《保險業法》及《保險業法施行法》等未施行者自不待言，即便是已施行的《簡易人壽保險法》，〔註16〕相較日治時期的臺灣似亦較不完備，〔註17〕這從臺灣郵電管理局建議保留部分日治時期簡易壽險業務之相關子法規定可獲得一定程度佐證。〔註18〕

　　上述保險法制現代性與完備性倒退的情形，對戰後臺灣保險市場的健全發展有著負面影響，誠如杜均衡（1910～1983）〔註19〕所言：「臺灣光復以後，臺灣省保險事業……均在無法律依據的真空狀態之下，自由發展……此一頗具價值的社會經濟事業，迄仍處於停滯狀態，有待改進。」〔註20〕又如財政部

〔註15〕王泰升，《臺灣法律現代化歷程：從「內地延長」到「自主繼受」》，頁66～69。關於中華民國保險法制對於西方世界、日本的學習與移植，可參閱：楊東霞，《中國近代保險立法移植研究》，頁44～123。

〔註16〕此處稍須補充的是，《簡易人壽保險法》的施行須以命令定之（見本章註腳7），臺灣地區遲未訂定，要到1949年郵政儲金匯業局保險處遷臺時，才有補辦施行程序之倡議，惟時值新臺幣改革，舊契約停止收付等待清算之際，唯恐該施行程序緩不濟急，遂另研訂《臺灣區簡易人壽保險辦法》，並於該辦法第15條規定「本壽險除前述各條規定外，其餘悉照簡易人壽保險各項法令規則辦理」，以「準用」方式將《簡易人壽保險法》在臺灣施行，作法和日治時期類似。交通部郵政總局，《郵政七十周年紀念專輯（下冊）》，頁365。

〔註17〕這和兩地的業務發展程度或許有直接相關，中國之簡易壽險業務始於1935年10月1日，較臺灣晚8年，截至1946年底，有效契約件數僅32萬餘件，較臺灣的190萬餘件相去甚遠，若再考慮兩地間懸殊的人口差距，業務發展程度之差異更為明顯。交通部郵政總局，《郵政七十周年紀念專輯（下冊）》，頁343～351。

〔註18〕不過該局的建議最終並未被參採，故前述236件暫緩廢止的日治法令並未包含簡易壽險之相關規定。「日治時代郵電法規廢留表電送案」（1946年10月24日），〈廢止日人統治下所頒法令〉，《臺灣省行政長官公署檔案》，國史館臺灣文獻館，典藏號00307100008006；「日治時代時代法令郵電管理局擬暫保留者請速修訂案」（1946年10月31日），〈廢止日人統治下所頒法令〉，《臺灣省行政長官公署檔案》，國史館臺灣文獻館，典藏號00307100008007。

〔註19〕杜均衡，四川樂至人。上海中國公學法科經濟系畢業。先於學校任教，後加入國民黨。1946年當選四川省參議員。1948年1月當選第一屆立法委員，參與財政金融委員會（後改稱財政委員會），達17年之久。1963年任財政部次長，1969年調任臺灣省政府財政廳長，1972年回任財政部次長，直至1981年退休。〈杜均衡先生事略〉，收入國史館編，《國史館現藏民國人物傳記史料彙編（第1輯）》（臺北：國史館，1988年6月），頁160～162。

〔註20〕杜均衡，〈論當前保險立法的幾個課題〉，《保險季刊》1：1（1961年3月），頁7。

在《保險法修正草案總說明》、《保險業法修正草案總說明》中自承：「我國保險法……公布後，……迄未付諸實施，致使營業保險之契約關係欠缺憑據，當事人相互間之權利義務失所規範」、「上項管理辦法（按：指《戰時保險業管理辦法》）過於簡略，保險業經營準據不全，政府之監督管理有欠周密，施行迄今，頗多窒礙，尤難期保險體系之確立，保險事業之健全合理發展」〔註21〕。

另一個問題是，戰後移植至臺灣的中華民國保險法制在制定當時，並未考慮臺灣保險市場的情況（因為當時仍處於日本殖民統治時期），不過，這個問題在日本保險法制移植到臺灣時也同樣存在，只是當時臺灣保險市場一方面規模尚小，另方面不存在既有保險法制體系，影響有限。

三、現代性與臺灣化的完成：《保險法》修訂

《戰時保險業管理辦法》自 1943 年 12 月 25 日公布後，曾於 1950 年 11 月 13 日修正，〔註22〕主要是為了配合幣制改革，將原定保險業最低資本額限制由 500 萬元國幣提高至 50 萬銀元（相當於新臺幣 150 萬元），整體架構並未變動。〔註23〕這次修正的重要性或許不在於法令內容本身，而在於主管機關財政部對於保險市場關注度的提升，〔註24〕這可從該部後續一連串政策得到印證，包括：1951 年 1 月 19 日實施保險市場管制、1951 年 7 月 21 日訂定《保險業承保外幣水險辦法》，以及更重要的，在 1952 年展開《保險業法》、《保險法》修正工程。

1952 年，財政部囑保險公會研提《保險業法》修訂意見，1954 年又囑該公會研提《保險法》修訂意見。〔註25〕1956 年 6 月 23 日，財政部呈請行政院核轉《保險法》、《保險業法》修正草案至立法院審議，復經行政院交由交

〔註21〕〈行政院函請審議保險法及保險業法修正草案並請將保險業法施行法予以廢止案〉（總號 464、政府提案 404），《第一屆立法院議案關係文書》（1957 年 10 月 29 日印發）頁 137、201。

〔註22〕《總統府公報》268（1950 年 11 月 14 日），頁 11。

〔註23〕「行政院第一五八次會議」，〈行政院會議議事錄臺第十冊一五三至一五八〉，《行政院》，國史館藏，數位典藏號：014-000205-00037-006。

〔註24〕《戰時保險業管理辦法》修正的主要原因是為了配合幣制改革，但幣制改革的時間是 1949 年 6 月 15 日，和《戰時保險業管理辦法》修正公布的時間仍有一小段落差，合理的解釋是，當時處於政權風雨飄搖之際，執政當局無暇即時配合修正，要到 1950 年 6 月 15 日韓戰爆發，中華民國政權在臺灣的地位獲得初步穩定後，才開始處理這些相對不是那麼急迫的政務。

〔註25〕黃秉心，保險業在臺灣（上），頁 17。

通、司法行政二部審議，財政部參酌該二部意見後，再於 1957 年 9 月 11 日呈報行政院，最終經行政院 1957 年 10 月 24 日第 533 次會議決議「保險法及保險業法兩修正草案均予通過送請立法院審議，並將保險業法施行法予以廢止。」〔註26〕

　　1957 年 10 月 28 日，行政院將《保險法》、《保險業法》函送立法院審議，〔註27〕開啟長達 5 年多的審議過程。之所以花費這麼長的時間審議，主要原因在於該二法自 1937 年公布後至審議當時已逾 20 年，且未曾施行，而這段期間內國際保險事業無論在理論與實務皆有極大演變，為使修正內容能趕上國際並符合國內實際需要，有待斟酌之處甚多，故該二法案形式上雖是「修正案」，但實質上卻等同制定新法，審議工作之艱鉅可想而知。〔註28〕據統計，審議過程中計召開座談會 2 次、小組整理會議 18 次、聯席會議 48 次（含財政、司法二委員會聯席會議；財政、司法、交通、經濟四委員會臨時會議）。〔註29〕

　　最終，原《保險法》、《保險業法》整併為《保險法》，並於 1963 年 9 月 2 日修正公布，全文計 178 條。〔註30〕此次《保險法》的修正公布是臺灣保險史上另一個極重要的時刻，它回應了上述臺灣保險法制的問題。首先，這次的《保險法》修正是經立法機關審議通過，「形式上」符合現代法治國家原理原則。〔註31〕其次，經過長時間的討論與審議，確實為臺灣保險法制建構出頗為完備的架構，目前的《保險法》仍是奠基於此。第三，或許也是最重要的，這次修

〔註26〕 「行政院第五三三次會議，〈行政院會議議事錄臺第一二二冊五三三〉，《行政院》，國史館藏，數位典藏號：014-000205-00149-001。

〔註27〕 〈行政院函請審議保險法及保險業法修正草案並請將保險業法施行法予以廢止案〉（總號 464、政府提案 404），頁 134。

〔註28〕 《中華民國五十二年立法院大事記》（出版地、出版時間不詳），頁 25。取自：立法院大記事影像系統，網址：https://lis.ly.gov.tw/lyhdbndbc/ttsweb?@0:0:1:/sys1/lyhdbndb/ttscgi/lyhdbndb@@0.2156124448317005。

〔註29〕 《中華民國五十二年立法院大事記》，頁 23；《立法院公報》第 31 會期第 18 期（1963 年 9 月 3 日），頁 9。

〔註30〕 《中華民國五十二年立法院大事記》，頁 31。有關這次審議過程的相關爭論點及具體討論內容，因內容繁多且涉及保險法學專業，就本文所設定主題而言，難以詳加討論，故略過不談，有興趣的讀者可參閱：《中華民國五十二年立法院大事記》，頁 22～31；《立法院公報》第 31 會期第 18 期，頁 5～174。

〔註31〕 此處特別強調「形式上」，主要是因為當時審議《保險法》修正案者是日後被譏諷為「萬年國會」的第一屆立法委員。當然，這不是個案，而是當時國民黨政府為維護法統而造成的問題，但對比《戰時保險業管理辦法》仍有相當的進步。

正不同於過往兩次內地延長只是被動地接受他域既有法律，而是充分考慮臺灣保險市場的實際運作情況後的成果，完成「保險法制的臺灣化」。〔註32〕

最後，再就兩個問題進行討論。第一個問題是修正後《保險法》的施行日期。李虹薇認為《保險法》修正公布後並未立刻施行，〔註33〕然而該法第178條明定「本法自公布日施行」〔註34〕，故修正後《保險法》在1963年9月2日即已施行應無疑義。比較精確的說法應該是，《保險法》雖然在1963年9月2日施行，但由於相關子法尚未訂定，因而產生實質規範闕漏的情形，〔註35〕這時便須仰賴舊有的《戰時保險業管理辦法》輔助，而形成《保險法》與《戰時保險業管理辦法》並存的情形。要到1968年2月10日，《保險法施行細則》、《保險業管理辦法》由行政院公布施行後，《保險法》才算完整，而《戰時保險業管理辦法》也至此功成身退，於同日廢止。〔註36〕

第二個問題是，《保險法》修正和保險業設立解禁在時間點相當接近，兩者是否存在連動關係？答案應該是否定的。《保險法》修正工程雖然不是如李虹薇所說是受到業務量提升之影響才於1957年被提出討論，〔註37〕而是在1952年便已著手規劃，但財政部在研擬《保險法》修正案時，似乎尚無開放保險業設立之打算，這從財政部於1963年提出《保險業法》修正草案第11條再修正案的說明可得到佐證，該再修正案係有關於保險業資金運用的規定，財政部呈報行政院的說明提及：

　　　本部於四十四年草擬修訂保險業法時，……人壽保險業僅台灣人壽

〔註32〕有關「中華民國法制臺灣化」的討論，請參閱：王泰升，《臺灣法律現代化歷程：從「內地延長」到「自主繼受」》，頁121～172。
〔註33〕李虹薇的原文為「臺灣的保險法規於1963年9月2日確立，並於1968年2月10日正式施行」、「在新訂保險法尚未施行前，產險業的相關規範主要來自『戰時保險業管理辦理』及1962年所頒布的『管理保險業補充規定』」。李虹薇，〈臺灣產物保險業之發展（1920～1963）〉，頁97、100。不過，李虹薇也有可能只是要表達「完整的保險法體系」要到1968年2月10日才完成，只是用詞令人產生誤解。
〔註34〕《總統府公報》1467（1963年9月3日），頁12。
〔註35〕《保險法》第175、176條規定可作為事例，175條規定「本法施行細則及保險業管理辦法，由財政部擬訂，呈請行政院核定公布之。」176條規定「保險業之設立、登記、轉讓、合併及解散清理，除依公司法規定外，應將詳細程序明訂於管理辦法內。」換言之，在《保險業管理辦法》施行前，保險業之設立、登記、轉讓、合併及解散清理的程序在《保險法》的體系中是沒有規範的。
〔註36〕《總統府公報》1932（1968年2月16日），頁6～12。
〔註37〕李虹薇，〈臺灣產物保險業之發展（1920～1963）〉，頁98。

> 保險公司及中央信託局人壽保險處兩家，業務有限而責任準備金之
> 累積無多，尚無資金運用之困難，故就原保險業法第十一條資金運
> 用各款，除保留壽險業得為人壽保單抵押放款外，其餘抵押放款部
> 分均予刪除。**惟自四十九年保險業設立限制解除後，……其資金及**
> **責任準備金之積累亦加速增加中，……重加研究結果，認為原擬修**
> **訂保險業法草案第十一條對保險業資金責任準備金之運用，實有重**
> **行擬訂之必要。**〔註38〕

另一個證例是，先前提到 1960 年保險市場開放後，產險業再度陷入惡性競爭
的局面，財政部遂於 1962 年 2 月 3 日頒布《管理保險業補充規定》（並於 1963
年 3 月 27 日修正）以強化對市場的管理，這明顯是《保險法》修正公布前的
權宜措施。如果政府對兩件事情存在通盤計畫的話，理當不會如此才是。也就
是說，《保險法》修正和保險市場開放這兩件臺灣保險史上的大事，是在不同
考量下各自開啟，並碰巧在相近的時間點完成。

第二節　主管機關

　　本節探討戰後臺灣的保險主管機關，並依循先前討論主管機關的架構，首
先分中央、地方兩個層級進行討論，接著針對臺籍職員在保險主管機關的地位
進行分析。

一、主管機關的弱化

　　地方層級部分，戰後主管保險業的長官公署財政處接收臺灣總督府財務
局及農商局下屬商政課（即日治時期保險業主管機關）業務（其中財務局之主
計、會計兩課由財政處、會計處共同接收）。〔註39〕財政處下設 6 科 3 室（秘
書、會計、統計），〔註40〕其中第二科主掌金融業務，〔註41〕下設銀行、匯兌、

〔註38〕「行政院第八一一次會議」，〈行政院會議議事錄臺第二○七冊八一一至八一
　　　　三〉，《行政院》，國史館藏，數位典藏號：014-000205-00234-001。

〔註39〕臺灣省行政長官公署統計室，《臺灣省五十一年來統計提要》，表 98（前臺灣
　　　　總督府各機關單位與臺灣省行政長官公署接收各機關單位之對照），頁 333。

〔註40〕臺灣省行政長官公署統計室，《臺灣省五十一年來統計提要》，表 99（臺灣省
　　　　行政長官公署組織系統），頁 334。

〔註41〕「財政處人員劉長寧文永詢傅鴻儀調代案」（1946-04-27），〈財政處人員任
　　　　免〉，《臺灣省行政長官公署》，國史館臺灣文獻館，典藏號：00303232168007。

庶民金融、保險四股。〔註42〕

　　依據《臺灣省長官公署職員通訊錄》（1946年），金融科計有委任職以上職員16人（科長1人、視察1人、股長3人、科員8人、辦事員2人），直到1964年為止，該科職員也未曾超過30人。〔註43〕作為對照，1944年時，臺灣總督府財務局金融課同職級（判任官以上）職員計有40人，〔註44〕這還不包括主掌保險業務的農商局商政課職員。也就是說，戰後臺灣省級保險主管機關的人力規模明顯縮減。不過，戰後臺灣政府組織人力精簡是一個普遍現象。據統計，臺灣總督府及其所屬機關職員總數為8萬4,559人（接收之時），而長官公署及其所屬機關職員總數則僅有4萬4,451人（截至1946年10月）。〔註45〕

　　中央層級部分，如前所述，日本早在1900年就已在農商務省設立保險課作為專責保險監理單位，且隨時間推移行政層級逐步提升。人力規模方面，以1940年（商工省監理局時期）為例，生命保險、損害保險、戰時保險三課職員合計99人（不含囑託員、兼務等職），其中奏任官15人、判任官25人。〔註46〕那麼，中國的情況如何呢？從學者張素民（1896～？）〔註47〕在1937

〔註42〕「財政處視察王大松派任案」（1946-04-27），〈財政處人員任免〉，《臺灣省行政長官公署》，國史館臺灣文獻館，典藏號：00303232059004；「財政處金融科主任科員廖坤福賴國和職稱更改案」（1946-05-25），〈財政處人員任免〉，《臺灣省行政長官公署》，國史館臺灣文獻館，典藏號：00303232163008；「財政處專員兼股長孫景渭派任案」（1946-04-12），〈財政處人員任免〉，《臺灣省行政長官公署》，國史館臺灣文獻館，典藏號：00303232165018。

〔註43〕臺灣省行政長官公署人事室，《臺灣省長官公署職員通訊錄》（歷年）；臺灣省政府人事處編，《臺灣省各機關職員通訊錄》（歷年）。

〔註44〕中央研究院臺灣史研究所，臺灣總督府職員錄系統，網址：http://who.ith.sinica.edu.tw/mpView.action。

〔註45〕臺灣省行政長官公署人事室編，《臺灣一年來之人事行政》（臺北：臺灣省行政長官公署宣傳委員會，1946年11月），頁7～8。

〔註46〕另有編制於總務課的保險事務官2人（奏任官）、保險事務官補3人（判任官）。商工大臣官房秘書課編，《商工省職員錄》（東京：安信舍印刷所，1941年2月），頁120～138。

〔註47〕張素民，湖南長沙人。先後於美國華盛頓大學、威斯康辛大學、賓州大學獲得學士、碩士、博士學位。就讀博士期間，師從制度經濟學家John Rogers Commons（1862～1945），博士論文〈馬克思的國家理論（The Marxian Theory of State）〉獲得學界極高的評價。1930年學成歸國後，曾任教於中央大學工商管理系、光華大學經濟系、滬江大學商學院、暨南大學會計銀行系。1937年中日戰爭爆發後，投靠汪精衛政權，曾任財政部關務署長、敵產管理處處長、中陽儲蓄銀行常務理事、物資統治委員會委員、中國銀行董事等職。戰後以漢

年 6 月 14 日發表的文章〈設立中央保險監理局之必要〉，即可明白專責保險監
理單位的設置在中國並不順利，以下摘錄其中一段：

> 我國政府對於保險事業，向採自由放任政策，近年來雖有保險法和
> 保險業法的制定，然未完全實行。其最大的缺點，是**沒有一個常設**
> **的監理保險機關**。查美國各州都有保險廳之設立，正和財政廳、教
> 育廳等一樣，對於保險公司為嚴格的監督。我國非聯邦國。自用不
> 著在各省設立保險廳，但至少應由實業部設立一「中央保險監理局」，
> 監理全國的保險事業。〔註48〕

事實上，對保險業採「自由放任政策」並非政府所願，早在晚清便欲將保
險業納入管理，1910 年制定的《保險業章程》草案便明定農工商部為保險業
主管機關。北洋政府時期，1913 年 12 月 22 日修正的《農商部官制》第 8 條
第 10 款規定工商司執掌事務包括「關於保險、運送、外國貿易事項」，〔註49〕
並在 1918 年擬定之《保險業法案》草案中明定農商部為保險業主管機關。國
民政府時期，財政部金融監理局、財政部錢幣司及工商部（實業部、經濟部）
同時執掌保險業監理業務。1927 年 11 月 19 日公布的《國民政府財政部金融
監理局組織條例》，明定該局作為全國金融監理機關，下設三課，其中第二課
職掌「關於交易所、保險公司、信託公司、儲蓄公司、儲蓄會及交易所經紀人」
之相關監理業務，〔註50〕並於 1928 年擬定之《保險條例》草案明定該局之主
管機關地位，惟該局於 1928 年 8 月即遭裁撤；1927 年 11 月 11 日公布的《國
民政府財政部組織法》第 10 條第 6 款規定錢幣司的職掌包括「關於監督交易
所、保險公司事項」〔註51〕；1928 年 3 月 30 日公布的《國民政府工商部組織
法》第 8 條第 10 款規定商業司指掌包括「關於保險事項」〔註52〕；1935 年 7
月 5 日公布的《保險業法》第 3 條明定實業部為保險業主管機關；〔註53〕1937

奸罪被拘捕，1949 年 2 月獲保釋出獄後定居國外，入美國籍。著有《白銀問
題與中國幣制》、《價值論》、《抗戰與統制經濟》等。陳芙蓉，〈張素民制度經
濟思想研究〉（武漢：中南財經政法大學經濟學門碩士論文，2019 年 5 月），
頁 1～8。

〔註48〕張素民，〈設立中央保險監理局之必要〉，收入沈雷春編，《中國保險年鑑
（1937）》（上海：中國保險年鑑社，1937 年 7 月 15 日），特編頁 34。
〔註49〕《政府公報》589（1913 年 12 月 23 日），頁 250。
〔註50〕《國民政府公報》9（1927 年 11 月），頁 1～3。
〔註51〕《國民政府公報》6（1927 年 11 月），頁 9。
〔註52〕《國民政府公報》45（1928 年 3 月），頁 8。
〔註53〕《國民政府公報》1786（1935 年 7 月 6 日），頁 9。

年1月11日公布的《保險業法施行法》第16條進一步規定「實業部得設置保險監理局，監督保險業事項。」〔註54〕

　　然而，雖有上述機關存在，但所謂保險監理可謂有名無實。蓋因法律制度和主管機關是保險監理缺一不可的要素，而上述機關空有組織法授權，但實際執行監理的依據和工具若非擬定後未公布，便是公布後未施行，在此情況下，只能依《公司法》對保險業進行一般管理。要到1943年12月25日《戰時保險業管理辦法》公布實施後，才對保險業進行特殊管理，並確立由錢幣司作為主管機關。不過，距離專責保險監理機關仍有漫漫長路，要到政府遷臺11年後的1960年才在錢幣司下設置保險科，員額初期僅2、3人，後續雖有增加，但最多亦不過7、8人，直到1990年金融司改制為金融局前夕，〔註55〕人力才擴充至14人。翌（1991）年7月1日，保險科自金融局獨立另設保險司，編制員額62人，保險主管機關始初具規模。〔註56〕由此可知，無論是專責保險監理機構的設立或人力規模，中國和日本的差距都相當大。

　　綜上所述，在法律制度及主管機關兩相退（弱）化的情況下，其對戰後臺灣保險監理制度的影響，就如陽肇昌所言「在制度及人才兩嫌不足情況下，自難期監督管理之完善。」〔註57〕不過，在歷史的偶然下，此負面影響或許要到1960年以後才逐漸浮現。怎麼說呢？首先，在1960年保險市場開放前，保險業數量有限，且多為政府具有掌控能力的公營事業，在這種情況下，對於保險監理的需求其實並不高。1955年承接陽肇昌主管錢幣司第一科（主管國家行局及保險）的莫家慶（1919～？）〔註58〕便曾提到：

〔註54〕　《國民政府公報》2250（1937年1月12日），頁17。本段未註明相關法令原始出處者，係依據：趙蘭亮，《近代上海保險市場研究：1843～1936》，頁302～308；楊東霞，《中國近代保險立法移植研究》，頁124～128。

〔註55〕　錢幣司於1981年2月改制為金融司。

〔註56〕　財政部編，《財政部史實紀要（第一冊）》，頁123～124；陳木在，〈保險金融的蛻變〉，收入金融監督管理委員會保險局編，《保險局（司）成立二十週年特刊》（新北：編者，2011年7月），頁18～27。事實上，在1963年保險法修正之時，即有學者主張應在財政部下設置保險司作為專責保險主管機關，但這個提議經過近40年後才得以實現。參閱：游能淵，〈台灣產物保險市場之研究〉，頁72。

〔註57〕　陽肇昌，〈發展保險事業之追憶〉，收入財政部編，《財政部史實紀要（第二冊）》，頁781。另可參閱游能淵的討論，游能淵，〈台灣產物保險市場之研究〉，頁72～73。

〔註58〕　莫家慶，廣西樂平人。國立政治大學政經系畢業。曾任職於財政部錢幣司、臺

> 那時國內的保險業只有七家，五家是產業保險，其中三家公營，為
> 中央信託局產險處，中國產物保險公司及台灣產物保險公司；兩家
> 民營為太平產物保險公司及有部份官股的中國航聯產物保險公司。
> 另兩家是人壽保險，都是公營，為中央信託局壽險處及臺灣人壽保
> 險公司。**七家保險業中有六家半是公營，因此在行政管理上可說毫**
> **無困難**，困難的是如何打開經營的困境。〔註59〕

其次，1949 年中華民國中央政府遷臺後，財政部錢幣司的廣轄範圍由遼闊的
中國大陸巨幅縮小到僅剩臺灣，等同中央、地方層級的監理能量合流，這種「臺
灣中央化」〔註60〕情況使得臺灣保險主管機關在弱化後又獲得些許強化。

二、臺灣人的地位

　　接著我們將焦點置於保險主管機關內的臺籍職員，探討他們從日治到戰
後的延續性與地位。省級主管機關部分，《臺灣省政府財政廳志》第三篇「人
力資源之分析」提供良好基礎，〔註61〕以下將運用檔案、報紙資料對其闕漏處
稍加補充。中央主管機關部分，受限於資料，目前僅能進行較為粗略的分析。

　　先從財政處（廳）第二科（金融科）談起。〔註62〕首任科長由陳靈谷（1909

　　　　灣銀行。1967 年應聘亞洲開發銀行主管放款業務，在該行任職十餘年，是當
　　　　時我國在該銀行任職地位最高者（離職前任管制處副處長）。1979 年回臺任中
　　　　興票券金融公司總經理。1984 年出任中聯信託投資公司董事長，至 1993 年退
　　　　休。〈莫家慶應聘　亞洲銀行新職〉，《聯合報》，1967 年 4 月 5 日，第 5 版；
　　　　〈中興票券公司新總經理　莫家慶到職〉，《經濟日報》，1979 年 8 月 11 日，第
　　　　2 版；〈莫家慶籌思突破〉，《經濟日報》，1979 年 10 月 14 日，第 2 版；〈莫家
　　　　慶今天接任　中聯信託董事長〉，《經濟日報》，1984 年 5 月 12 日，第 2 版；
　　　　〈中聯信託選出董監事〉，《經濟日報》，1993 年 5 月 26 日，第 10 版。

〔註59〕 莫家慶，〈再保險設計委員會憶往〉，收錄於財政部編，《財政部史實紀要（第
　　　　二冊）》，頁 782。

〔註60〕 有關「臺灣中央化」的討論，可參閱：若林正丈著，洪郁如等譯，《戰後臺灣
　　　　政治史：中華民國臺灣化的歷程》（臺北：臺大出版中心，2016 年 4 月），頁
　　　　85～88。

〔註61〕 張勝彥編纂，張美娟、張靜宜、曾蓮馨撰述，《臺灣省政府財政廳志》，頁 233
　　　　～344。

〔註62〕 在 1998 年「精省」之前，擔任財政廳第二科科長者，卸任後多外放至省屬金
　　　　融機構擔任高階主管，隨後升遷至總經理、董事長等高位，有銀行高階主管
　　　　「先修班」之稱。除接下來會介紹的幾位外，曾任該科科長而後至金融機構擔
　　　　任高階主管者，還有陳安治（臺灣中小企銀副總經理、第一銀行副總經理、總
　　　　經理）、黃永仁（華南銀行副總經理、玉山銀行總經理）、林新源（合作金庫副
　　　　總經理、總經理）、林彭郎（土地銀行副總經理、總經理）、曾銘宗（合作金庫

～？）擔任，並兼任臺灣銀行監理委員，﹝註63﹞1946 年 3 月專任臺灣銀行監理委員，遺缺由產業金庫主任監理委員劉長寧接任。﹝註64﹞1947 年 12 月，劉長寧轉任他職，遺缺由該科第一股（銀行股）股長王大松（1910～？）接任。﹝註65﹞1956 年 8 月，王大松改任臺灣合會儲蓄公司總經理，遺缺由省府參議

副總經理、總經理）等人。〈進入金融界財廳二科是捷徑〉，《經濟日報》，1988 年 10 月 19 日，第 11 版；〈財廳第二科風水好 歷任科長一路高升〉，《經濟日報》，1995 年 6 月 24 日，第 4 版；〈林新源可望任台銀常董〉，《經濟日報》，1996 年 11 月 26 日，第 4 版；〈陳棠升任董事長 林彭郎接總經理〉，《經濟日報》，1997 年 6 月 27 日，第 2 版；〈財政廳第二科科長〉，《經濟日報》，1998 年 1 月 20 日，第 6 版。

﹝註63﹞ 陳靈谷，廣東饒平人。東京日本大學經濟系畢業。來臺前曾任福建省政府秘書、財政部外匯管理委員會專員、重慶市財政局科長等職。「財政處主任秘書何宜武等 11 員任免案」（1945-10-29），〈財政處人員任免〉，《臺灣省行政長官公署》，國史館臺灣文獻館，典藏號：00303232053001。

﹝註64﹞ 劉長寧，來臺前曾任重慶市政府財政局科長，任金融科長前，曾任產業金庫檢查委員、主任監理委員等職。1947 年 2 月 28 日陪同嚴家淦至臺中參加彰化銀行股東會，時值發生二二八事件，一同前往霧峰林獻堂家避難。其妻呂潤璧（1914～2000）為文學家、婦界重要人士，曾任臺北市議員。《國民政府公報》渝字第 836 號（1945 年 8 月 21 日），頁 4；「張武等 16 員派充臺灣省各銀行監理委員案（2）」；「臺灣省各銀行會社監理委員及專員等 25 員派充案」（1946-01-08），〈銀行監理檢查人員任免〉，《臺灣省行政長官公署》，國史館臺灣文獻館，典藏號：00303232096008；「財政處人員陳靈谷劉長寧任免案」（1946-03-15），〈財政處人員任免〉，《臺灣省行政長官公署》，國史館臺灣文獻館，典藏號：00303232055004；呂潤璧，〈嚴家淦的二三事〉，《聯合報》，1994 年 1 月 21 日，第 36 版；中央研究院近代史研究所，婦女期刊作者研究平台，網址：http://mhdb.mh.sinica.edu.tw/ACWP/author.php?no=1730，瀏覽日期：2021 年 10 月 1 日；國立臺灣文學館，台灣文學網，網址：https://tln.nmtl.gov.tw/ch/m2/nmtl_w1_m2_c_2.aspx?person_number=G06016，瀏覽日期：2021 年 10 月 1 日；臺北市議會，網址：http://www.tcc.gov.tw/Councilor_Content_All.aspx?s=2055&d=&n=%E5%8A%89%E5%91%82%E6%BD%A4%E7%92%A7，瀏覽日期：2021 年 10 月 1 日。

﹝註65﹞ 王大松，福建林森人。復旦大學法學士，福建省縣政人員訓練所財政班受訓畢業。來臺之初原擬至花蓮縣政府擔任財政科長，後彰化銀行監理委員會擬請派其擔任監理專員，最終派任財政處視察兼金融科銀行股股長。「花蓮縣政府財政科科長王大松任免案」（1946-02-15），〈財政處監理人員任免〉，《臺灣省行政長官公署》，國史館臺灣文獻館，典藏號：00303232184011；「財政處人員吳聿昌等 10 員任免案」（1946-06-05），〈財政處人員任免〉，《臺灣省行政長官公署》，國史館臺灣文獻館，典藏號：00303232067007；「省府財政廳第二科科長劉長寧奉令他調遺缺派視察兼第二科第一股股長王大松兼代案」（1947-12-29），〈本廳人員任免（0036/032.32/63/8）〉，《臺灣省級機關》，國史館臺灣文獻館（原件：國家發展委員會檔案管理局），典藏號：0040323200857003。

鄭逸先短暫代理後，〔註66〕由財政廳視察室副主任嚴伯謹（1921～）接任。〔註67〕1964 年 3 月，嚴伯謹改任合作金庫協理，遺缺由林希美（1914～？）接任。〔註68〕1969 年 7 月，金融科長職缺由宋明義（1921～）接任。〔註69〕1975 年 10 月，始出現第一位臺籍科長蔡茂興（1939～），〔註70〕距戰後已 30 年。此後歷任科長皆為臺籍，其中最年長者為林新源（1931～），都是在戰後完成大學教育才到財政廳服務。〔註71〕

〔註66〕鄭逸先，安徽人。曾留學美國研習經濟、貨幣銀行及證券交易等學科，任財政廳第二科科長前為省政府參議。〈鄭逸先接長 財廳第二科〉，《聯合報》，1956 年 8 月 10 日，第 4 版。

〔註67〕嚴伯謹，江蘇武進人。國立政治大學經濟系畢業。任財政廳第二科科長前為財政廳視察室副主任。卸任第二科科長後，歷任合作金庫協理、副總經理、臺灣土地開發公司總經理、合作金庫總經理、臺灣產物總經理等職。〈財廳第二科 嚴伯謹接長〉，《中國時報》，1956 年 9 月 1 日，第 3 版；〈林希美接長 財廳第二科〉，《聯合報》，1964 年 3 月 8 日，第 2 版；〈嚴伯謹昨視事土地開發公司〉，《中國時報》，1970 年 7 月 11 日，第 7 版；〈進入金融界財廳二科是捷徑〉。

〔註68〕林希美，浙江黃岩人。上海復旦大學畢業，日本東京商科大學，美國奧立根大學研究。任財政廳第二科科長前，曾任上海市警察局經濟科長、經濟部專員、社會部科長，行政專校、東吳法學院等校教授、聯合報社論委員、徵信新聞報主筆、證券管理委員會小組委員等職。〈林希美接長 財廳第二科〉。

〔註69〕宋明義，浙江奉化人。臺灣大學經濟系畢業。任財政廳第二科科長前，曾任陽明山管理局財政科長、財政廳第四科長。卸任第二科科長後，歷任第一銀行副總經理、臺灣中小企銀總經理、董事長、怡富投信董事長等職。〈宋明義接長 財廳第四科〉，《中央日報》，1967 年 8 月 8 日，第 2 版；〈財稅人員 調動一批〉，《經濟日報》，1969 年 7 月 30 日，第 2 版；〈宋明義「異動」成焦點話題〉，《經濟日報》，1992 年 12 月 22 日，第 21 版；《中華民國財金名人錄（1988）》、《中華民國企業名人錄》，檢索自：漢珍數位圖書館，《臺灣當代人物誌資料庫》。

〔註70〕蔡茂興，中興大學法商學院合作經濟系畢業。卸任科長後，歷任臺灣土地開發投資公司副總經理、臺灣人壽總經理、臺灣中小企銀總經理、華南銀行總經理、臺灣銀行總經理、彰化銀行董事長。〈蔡茂興接長 財廳第二科〉，《經濟日報》，1975 年 10 月 15 日，第 2 版；〈人事調動〉，《經濟日報》，1980 年 11 月 6 日，第 2 版；〈宋明義升董事長 蔡茂興接總經理〉，《經濟日報》，1987 年 1 月 8 日，第 2 版；〈省屬行庫董事長總經理異動〉，《聯合報》，1991 年 10 月 18 日，第 11 版；〈省屬金融機構 高層人事異動名單公布〉，《經濟日報》，1994 年 1 月 27 日，第 4 版；〈蔡茂興升彰銀董事長 李文雄調台銀總經理〉，《經濟日報》，1995 年 1 月 1 日，第 3 版；〈蔡茂興拚命三郎人脈豐沛〉，《經濟日報》，1998 年 10 月 22 日，第 4 版。

〔註71〕據《臺灣省政府財政廳志》，林美希、宋明義間，嚴伯謹回鍋短暫任職 3 個月，另在林希美前尚有一位葉彬，惟缺乏相關資料。張勝彥編纂，張美娟、張靜宜、曾蓮馨撰述，《臺灣省政府財政廳志》，頁 282～283。

　　藉由以上討論，可知戰後臺籍職員在保險主管機關的地位基本延續日治時期的格局，未能扮演積極角色。不過，我們也必須指出，臺籍職員的整體地位雖低於外省籍職員，但相對日治時期仍然有所提升。由於戰後採計日治時期的公務年資，故不少原先屬於編制外的雇員、囑託，得以升格為編制內之辦事員或科員（委任），相當於日治時期的判任官，甚至有少數升格為技正、主任科員（薦任），相當於日治時期的奏任官，〔註72〕雖曾發生「薦任降格做委任」之爭議，〔註73〕但整體來說臺籍職員地位仍有提升。待到 1961 年 12 月底時，全省薦任（派）職以上公務人員之臺籍與外省籍比例為 55：45，相對日治末期臺籍與日籍的 2：98，〔註74〕不可同日而語。

　　中央層級部分，依據《行政院暨各部會處室（局）職員錄》（部分年度），〔註75〕主管保險的財政部錢幣司（金融司），臺籍職員首見於 1961 年，分別是李美莉、陳皎如、林進治、顏錦清，年齡介於 24 至 32 歲間，可惜目前找不到他們的生平資料。1965 年不知何故，錢幣司項下僅記載 1 位臨時助理員（外省籍）。1969 年有 4 位臺籍職員，分別是鄭世津（1938～）、林嘉能（1938～）、賴本隊（1940～）、陳東成（1938～），除賴本隊任稽核外，其餘 3 位任專員。上述 4 人除林嘉能日後轉至私部門發展外，其餘 3 位皆在公部門升遷至相當地位，其中賴本隊及陳東成與保險淵源較深。〔註76〕

〔註72〕以 1946 年為例，財政處 84 位臺籍職員中，有 29 位可在《臺灣總督府職員錄》中找到任職經歷，但在日治時期皆非編制內人員，戰後升格為技正 1 位、科員（技士）12 位、辦事員 16 位。

〔註73〕是指 1946 年間財政處金融科廖坤福、賴國和、林本元、謝瀛祿等 4 位臺籍職員由薦任主任科員降級為委任科員一事。蕭富隆指出，這個事件起因於長官公署起初設置主任科員一職，後又全面廢除，導致原已派任主任科員者須重新安排職位，類此情形並不只侷限在臺籍職員，不過在重新安排職位時是否有省籍差異則有待進一步釐清。〈薦任降格做委任〉，《民報》，第 225 號，1946 年 5 月 23 日；蕭富隆，〈臺灣省行政長官公署對臺籍行政人員之接收與安置〉，《國史館館刊》24（2010 年 6 月），頁 28～29。

〔註74〕臺灣省政府新聞處，《臺灣的建設》（臺中：編者，1962 年 10 月），頁 4～42。

〔註75〕行政院人事室（人事行政局）編，《行政院暨各部會處室（局）職員錄》（1950 年 10 月、1953 年 7 月、1961 年 3 月、1965 年 9 月、1969 年 7 月），其中 1953 年 7 月取自〈行政院暨各部會處室職員錄及簡薦委任人員平時成績考核辦法草案〉，《總統府》，國史館藏，數位典藏號：011-030800-0037。

〔註76〕林嘉能，彰化人。日本早稻田大學商學研究所畢業，歷任財政部錢幣司專員、新力公司經理、協理，誼信公司總經理、董事長等職。鄭世津，嘉義人。東吳大學經濟系畢業、早稻田大學商學企管碩士。1965 年取得碩士學位後，返臺進入財政部錢幣司服務，歷任專員、科長、幫辦等職。後轉調土地銀行任副總經

賴本隊，彰化人。政治大學會計統計系畢業、財政研究所碩士。1965 年進入財政部錢幣司服務，曾任保險科科長（應該是首位臺籍保險科長），後轉任交通銀行經理、臺灣證券交易所董事等職。離開公部門後曾任保生製藥股份有限公司、保生化學工業股份有限公司總經理，1993 年出任興農人壽首任總經理，至 2006 年 9 月退休為止，是當時壽險業任期最長的總經理。2007 年當選壽險公會理事長。2010 年獲「保險終身貢獻獎」。〔註77〕

陳東成，臺北人。淡江大學商學系畢業，慶應大學商學碩士。曾任財政部錢幣司科長、專門委員。1991 年出任財政部保險司首任副司長，1994 年於副司長任內屆齡退休。1996 年任國華人壽總經理。〔註78〕

簡易壽險方面，依據《臺灣省行政長官公署職員錄》、《臺灣省各機關職員通訊錄》所載臺灣郵政管理局各級主管資料，1946 至 1964 年間皆未曾出現過臺籍主管。

綜上所述，戰後臺灣保險主管機關的臺籍職員基本上延續日治時期的弱勢地位，具日治公務經驗者，大致以股長層級為發展上限，能夠擔任科長以上中高階主管者，通常都是戰後才完成主要教育。對比先前討論的保險業職員流動情況，相似性頗高。這凸顯出政府對於臺籍職員的用人邏輯，即偏好戰後接受中國化教育養成者，而非戰前日本化教育（含職場教育）的遺留。

理，1986 年接任臺灣省菸酒公賣局局長。1990 年退休轉至私部門服務，在政府開放設立新銀行之際，投入萬泰銀行籌設工作，並出任該行首任總經理。2010 年與友人創辦「賀木堂茶酒公司」。〈國泰租賃‧誼信公司　分選新任董事長〉，《經濟日報》，1983 年 4 月 10 日，第 9 版；曾幼瑩採訪、撰文，〈50 級經濟系鄭世津學長〉，《東吳菁英（五）東吳大學傑出校友文集》，頁 198～205，網址：https://web-ch.scu.edu.tw/storage/app/media/1949/1_5pdf/5-02202009291540.pdf，下載日期：2021 年 12 月 15 日；〈鄭世津　走過從前不後悔〉，《聯合晚報》，1991 年 6 月 4 日，第 5 版。

〔註77〕 〈楊文彬將任興農壽險董事長〉，《經濟日報》，1993 年 6 月 18 日，第 10 版；〈洪順全→興農人壽　林元輝→中泰人壽〉，《經濟日報》，2006 年 8 月 23 日，B2 版；〈壽險公會理事長　賴本隊出線〉，《經濟日報》，2007 年 8 月 31 日，A4 版；〈賴本隊　獲保險終身貢獻獎〉，《經濟日報》，2010 年 7 月 22 日，C1 版；《台灣地區政商名人錄》，檢索自：漢珍數位圖書館，《臺灣當代人物誌資料庫》。

〔註78〕 〈金融局　兵分六組　保險司　人事敲定〉，《經濟日報》，1991 年 7 月 2 日，第 4 版；〈蔡友才任金融局副局長　陳源勳接保險司副司長〉，《經濟日報》，1994 年 7 月 15 日，第 10 版；〈國華人壽總經理宋宏烈請辭　董事會通過陳東成今日接任〉，《經濟日報》，1996 年 5 月 13 日，第 8 版。

第三節　資金運用

　　本節討論戰後臺灣保險業的資金運用，並特別關注新舊業者、戰前戰後的差異比較，及產生差異的背後原因。結構安排上先依業別分別就產、壽險業進行討論，接著再進行綜合分析。資料運用上，受限於史料，只能上溯至1959年，不過這應該足以代表1960年保險市場開放前的資金運用情況。以1970年為斷限則是和討論業務發展時的理由相同，是為了觀察制度建立後的影響。

一、產險業

　　表7-1彙整產險業1959至1970年的資金運用情形，並在1963年以後區分1960年保險市場開放前後的舊業者及新業者。表格除年度及業者別外共有7欄，前4欄為個別資金運用項目的金額及占比，第5欄為資金運用總額，第6欄為資金總額，第7欄為資金運用比率，並區分為是否包含銀行存款。

　　首先觀察資金運用總額。1959年時為新臺幣（下同）6,031萬元，到1963年所有新業者都成立時，來到2億8,455萬8,000元，是1959年的4.72倍。1970年達到7億1,877萬元，是1963年的2.53倍，或1959年的11.92倍。大幅成長背後反映的是資本投入及業務規模擴大。[註79]值得一提的是，1963年時，甫成立不久的新業者資金運用總額已經達到舊業者的80.4%，1970年更進一步超越舊業者（比例為102.53%），可知1960年保險市場開放除了因為市場競爭促進業務發展外，也強化產險業作為金融業的「重新分配資本」功能。

[註79] 資本投入來自初始資金投入與盈餘兩方面，保險市場開放後的新產險業計有10家，當時規定最低實收資本額須達1,500萬元以上方可開業，如此便有1億5,000萬元的初始資金投入。1959年產險業業主權益僅約1,500萬元，1963年便達到2億6,244萬3,000元（即便依《中華民國台灣金融統計月報》的數據，也有1億4,397萬6,000元），新業者的初始資金投入貢獻厥偉。1970年業主權益進一步成長到6億9,347萬9,000元，此時主要來自每年的盈餘。業務規模的擴大則可觀察責任準備金，1970年各種責任準備金為4億1,063萬1,000元，是1963年1億414萬7,000元的3.94倍，或1959年5,393萬9,000元7.61倍。

表7-1：產險業資金運用情形表（1959～1970）　　　　單位：新臺幣百萬元

年度	業者別	有價證券(1) 金額	占比	投資(2) 金額	占比	放款(3) 金額	占比	銀行存款(4) 金額	占比	合計(5) 金額	占比	資金總額(6)	資金運用比例(7) 含(4)	不含(4)
1959	不區分	19	31.94%	3	4.95%	2	3.06%	36	60.05%	60	100%	N/a	N/a	N/a
1960		19	23.06%	3	3.89%	5	5.55%	56	67.50%	83	100%			
1961		23	17.49%	8	6.26%	15	11.35%	86	64.90%	132	100%			
1962		28	16.30%	14	8.16%	21	12.02%	109	63.52%	171	100%			
1963	舊業者	36	23.03%	11	6.92%	0	0.10%	110	69.96%	158	100%	178	88.53%	26.60%
	新業者	21	16.43%	22	17.52%	45	35.37%	39	30.68%	127	100%	188	67.31%	46.66%
	合計	57	20.09%	33	11.64%	45	15.82%	149	52.45%	285	100%	367	77.62%	36.91%
1964	舊業者	37	21.62%	15	8.65%	1	0.66%	120	69.06%	173	100%	186	93.17%	28.83%
	新業者	16	9.41%	85	51.40%	21	12.62%	44	26.57%	165	100%	254	65.00%	47.73%
	合計	53	15.66%	100	29.52%	22	6.50%	163	48.32%	338	100%	440	76.90%	39.74%
1965	舊業者	38	20.94%	20	10.67%	0	0.08%	125	68.31%	183	100%	215	85.23%	27.01%
	新業者	19	11.51%	92	55.39%	16	9.57%	39	23.53%	166	100%	269	61.65%	47.14%
	合計	57	16.46%	112	31.93%	16	4.59%	164	47.02%	349	100%	484	72.12%	38.21%
1966	舊業者	39	19.34%	21	10.44%	0	0.07%	141	70.15%	200	100%	266	75.51%	22.54%
	新業者	27	15.57%	91	53.69%	14	8.33%	38	22.42%	170	100%	308	55.35%	42.94%
	合計	65	17.61%	112	30.30%	14	3.86%	179	48.23%	371	100%	573	64.69%	33.49%

戰後臺灣保險市場的接收與重整（1945～1963）

年	別													
1967	舊業者	56	22.33%	19	7.62%	0	0.06%	175	69.99%	250	100%	322	77.39%	23.23%
	新業者	53	26.10%	73	36.13%	11	5.26%	66	32.52%	201	100%	312	64.51%	43.54%
	合計	108	24.01%	92	20.36%	11	2.38%	240	53.25%	451	100%	635	71.05%	33.22%
1968	舊業者	80	24.62%	32	9.76%	0	0.00%	212	65.62%	323	100%	392	82.40%	28.33%
	新業者	70	31.07%	89	39.41%	0	0.00%	66	29.52%	225	100%	358	62.89%	44.32%
	合計	150	27.27%	120	21.93%	0	0.00%	279	50.80%	549	100%	751	73.09%	35.96%
1969	舊業者	84	25.64%	35	10.79%	0	0.00%	209	63.57%	328	100%	463	70.99%	25.86%
	新業者	93	34.72%	75	27.99%	0	0.00%	100	37.28%	268	100%	438	61.35%	38.48%
	合計	177	29.73%	111	18.53%	0	0.00%	309	51.75%	597	100%	900	66.30%	31.99%
1970	舊業者	123	34.64%	37	10.53%	0	0.00%	195	54.83%	355	100%	520	68.24%	30.83%
	新業者	147	40.44%	99	27.33%	0	0.00%	117	32.23%	364	100%	584	62.30%	42.22%
	合計	270	37.58%	137	19.04%	0	0.00%	312	43.39%	719	100%	1,104	65.10%	36.85%

說明：1959～1962 年的資料來自《中華民國台灣金融統計月報（1969 年 7 月）》、1963 年以後的資料來自《金融機構業務概況年報（52～59 年度）》。這兩份資料分別由中央銀行經濟研究處、金融業務檢查處所編，由於編制基礎有不小的落差。由於《金融機構業務檢查年報》的資料有區分業者且較且報為詳盡，故除了 1959～1962 年外，皆從之。

資料來源：中央銀行金融業務檢查處編，《金融機構業務概況年報（52～59 年度）》（臺北：編者，1965 至 1970 年 5 月、1971 年 4 月），頁 305～310、253～259、257～263、249～255、263～269、223～228、238～243、103～106；中央銀行經濟研究處編，《中華民國台灣金融統計月報（1969 年 7 月）》（臺北：編者，出版日期不明），頁 59～60。

　　接著觀察「資金運用比例」，它是指資金運用總額占可運用資金總額（即各種責任準備金與業主權益）的比例，可用來衡量保險業者的資金運用能力。〔註 80〕若包含銀行存款，資金運用比例介於 64.69%～77.62%；若不包含銀行存款，則大幅下降至 31.99%～39.74%（圖 7-1）。

圖 7-1：產險業資金運用比例（1963～1970）

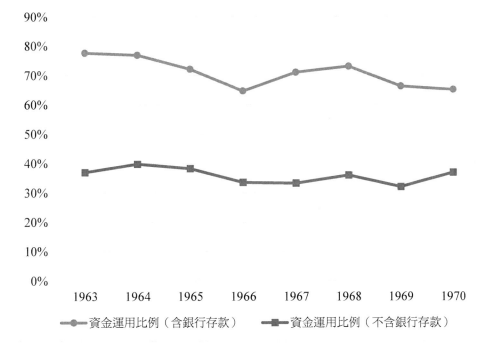

資料來源：同表 7-1。

　　進一步拆分細項，銀行存款約占半數，介於 43.39%～67.50%。其次或為有價證券，或為投資，分別介於 15.66%～37.58%、4.95%～31.93%。最末為放款介於 0%～15.82%（圖 7-2）。有價證券包括政府債券、公民營企業公司債、民營企業股票、國外債券，若排除國外債券不計，無論新舊業者主要都配置在政府債券，占比大致在 70%以上。〔註 81〕投資包含事業投資與房地產投資，

〔註 80〕資金運用比率之定義係依據現行定義，本文討論的時間點當時似乎尚無明確定義，故此處是以過去資料套用在現行定義，惟當時會計科目的內涵與目前不見得完全相同，這是此處難以克服的侷限。

〔註 81〕此為 1963 至 1967 年的數據，1968 年以後未提供有價證券的細項數據。另整個保險業只有中信局產險處、中國產物有配置外國債券（可能與它們在海外設有分支機構有關），占該二業者有價證券總額的比重不低，但因不具普遍性，故討論時將其排除。

以事業投資為大宗。放款占比一路遞減最終歸零，這是受到法令規定影響，容後再述。大體而言，上述幾個資金運用項目中，投資和放款的風險較高、有價證券次之、銀行存款最低。

圖 7-2：產險業各類資金運用項目占比（1959～1970）

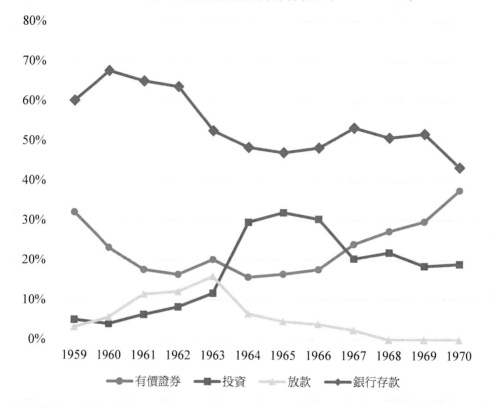

資料來源：同表 7-1。

接著區分新舊業者進一步觀察，首先觀察資金運用比例。若包含銀行存款，舊業者高於新業者，但若排除銀行存款，則相反過來（圖 7-3）。從個別資金運用項目來看，風險最低的銀行存款，舊業者介於 54.83%～70.15%、新業者介於 22.42%～37.28%，差距不可謂不大。風險次低的有價證券無明顯差異，舊業者介於 19.34%～36.64%、新業者介於 9.41%～40.44%。風險最高的投資，舊業者介於 6.92%～10.79%、新業者介於 17.52%～55.39%，舊業者明顯較低（圖 7-4）。如前所述，產險保費屬於短期資金，會配置較多比例在現金部位，而藉由以上數據可進一步發現，新業者相對公營事業為主的舊業者，更傾向將資金配置在風險性資產。

圖 7-3：產險業資金運用比例（區分新舊業者，1963～1970）

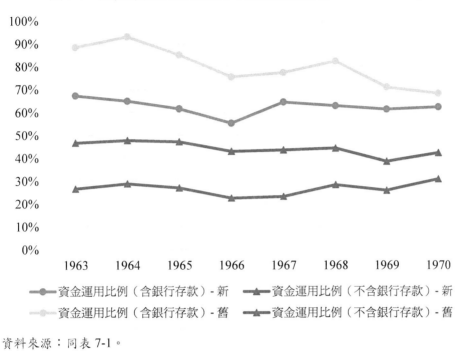

資料來源：同表 7-1。

圖 7-4：產險業各類資金運用占比（區分新舊業者，1963～1970）

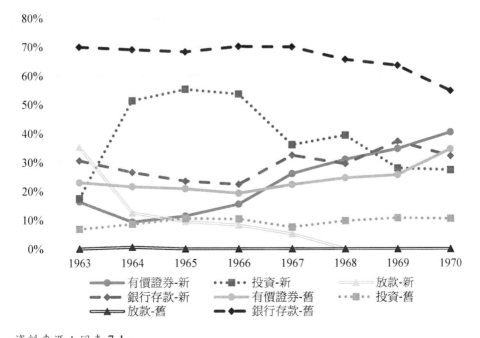

資料來源：同表 7-1。

二、壽險業

　　接著我們採用相同標準檢視壽險業，並指出和產險業的差異。進入討論前，先針對表 7-2 第（6）欄「資金總額」稍作說明。依前述定義，資金總額為各種責任準備金與業主權益，惟依此定義計算後，發現中信局壽險處出現資金運用比例超高（介於 309.85%～527.12%）的不合理現象。進一步檢視原始資料發現，該處的負債科目中，有一筆為數可觀的「託辦往來」，故筆者將這筆款項也視作資金來源，即計入資金運用比例的分母（1963 至 1968 年間介於 4,500 萬至 7,100 萬元不等，1969～1970 兩年未敘明金額，皆假設和 1968 年的 7,100 萬元相同）。

　　資金運用總額部分，1959 年時僅新臺幣（下同）865 萬 6,000 元，只有產險業的 14.35%。到 1963 年所有新業者都成立時，來到 2 億 4,057 萬 4,000 元（其中新業者占 64.16%），是 1959 年的 27.79 倍，也來到產險業的 84.54%。1970 年達到 19 億 3,009 萬 8,000 元（其中新業者占 60.83%），是 1963 年的 8.02 倍，或 1959 年的 222.98 倍，及產險業的 2.69 倍。較之產險業，有兩點值得注意。其一，1960 年保險市場開放前，壽險業的資金運用總額遠小於產險業，但在市場開放後就迅速迎頭趕上。其二，壽險業資金運用總額的大幅成長主要仰賴市場開放後業務規模大幅擴張，資本投入的影響相對較小，只在前幾年有新業者的初始資金投入時較為明顯。〔註82〕

〔註82〕保險市場開放後的新壽險業計有 7 家，當時規定最低實收資本額須達 1,000 萬元以上方可開業，故把注 7,000 萬元以上的初始資金投入。1959 年壽險業業主權益僅約 240 萬元，1963 年達到 1 億 2,010 萬 7,000 元（即便依《中華民國台灣金融統計月報》的數據，也有 9,233 萬 8,000 元）。1970 年業主權益成長到 2 億 4,079 萬 1,000 元，成長幅度相對產險業小上許多，這是因為盈餘較不理想所致。反映業務規模的責任準備金方面，1970 年各種責任準備金為 21 億 511 萬 7,000 元，是 1963 年 1 億 7,155 萬 4,000 元的 12.27 倍，或 1959 年 1,384 萬 5,000 元 152.05 倍，成長幅度遠高於產險業。

表 7-2：壽險業資金運用情形表（1959～1970）

單位：新臺幣百萬元

年度	業者別	有價證券（1）金額	占比	投資（2）金額	占比	放款（3）金額	占比	銀行存款（4）金額	占比	合計（5）金額	占比	資金總額（6）	資金運用比例（7）含（4）	不含（4）
1959	不區分	1	6.98%	0	2.23%	2	20.36%	6	70.44%	9	100%	N/a	N/a	N/a
1960		1	5.62%	0	2.26%	2	21.89%	7	70.23%	10	100%			
1961		2	4.02%	0	0.39%	2	3.85%	51	91.73%	56	100%			
1962		11	12.83%	4	5.24%	3	3.79%	64	78.13%	82	100%			
1963	舊業者	20	23.16%	1	1.58%	3	3.58%	62	71.69%	86	100%	102	84.60%	23.95%
	新業者	66	42.61%	9	6.14%	39	24.97%	41	26.28%	154	100%	250	61.85%	45.59%
	合計	86	35.64%	11	4.50%	42	17.30%	102	42.55%	241	100%	351	68.44%	39.32%
1964	舊業者	35	33.33%	1	1.27%	3	2.64%	66	62.77%	104	100%	145	72.12%	26.85%
	新業者	80	19.06%	192	45.91%	119	28.45%	28	6.59%	418	100%	552	75.80%	70.81%
	合計	115	21.91%	193	36.99%	122	23.30%	93	17.80%	523	100%	697	75.04%	61.68%
1965	舊業者	34	30.94%	9	8.65%	9	8.63%	57	51.78%	109	100%	149	73.46%	35.43%
	新業者	188	35.65%	165	31.31%	153	29.13%	21	3.90%	526	100%	714	73.69%	70.82%
	合計	221	34.84%	174	27.42%	163	25.61%	77	12.12%	636	100%	863	73.65%	64.72%
1966	舊業者	33	23.50%	8	5.97%	11	7.54%	89	63.00%	142	100%	178	79.48%	29.41%
	新業者	203	34.13%	170	28.56%	186	31.28%	36	6.03%	596	100%	798	74.65%	70.15%
	合計	237	32.09%	179	24.22%	197	26.72%	125	16.97%	738	100%	977	75.53%	62.71%
1967	舊業者	45	23.41%	9	4.95%	11	5.82%	126	65.82%	191	100%	229	83.61%	28.58%

戰後臺灣保險市場的接收與重整（1945～1963）

	新業者	209	25.95%	193	23.94%	321	39.82%	83	10.28%	807	100%	1,091	73.99%	66.38%
	合計	254	25.46%	203	20.30%	333	33.30%	209	20.93%	998	100%	1,320	75.66%	59.82%
1968	舊業者	57	19.04%	10	3.27%	12	3.92%	223	73.78%	302	100%	353	85.51%	22.42%
	新業者	158	18.93%	362	43.45%	262	31.53%	51	6.09%	832	100%	1,069	77.85%	73.11%
	合計	215	18.96%	372	32.76%	274	24.19%	273	24.09%	1,134	100%	1,422	79.75%	60.53%
1969	舊業者	58	11.03%	19	3.59%	27	5.20%	421	80.17%	525	100%	526	99.87%	19.80%
	新業者	147	15.36%	411	42.93%	354	36.97%	45	4.74%	957	100%	1,287	74.33%	70.81%
	合計	205	13.83%	430	28.99%	381	25.71%	467	31.47%	1,482	100%	1,813	81.74%	56.01%
1970	舊業者	41	5.48%	53	7.01%	64	8.52%	597	79.00%	756	100%	808	93.53%	19.64%
	新業者	249	21.22%	393	33.50%	471	40.12%	61	5.16%	1,174	100%	1,609	72.99%	69.22%
	合計	291	15.05%	446	23.12%	535	27.74%	658	34.08%	1,930	100%	2,417	79.86%	52.64%

說明：同表 7-1。

資料來源：中央銀行金融業務檢查處編，《金融機構業務概況年報（52～59 年度）》，頁 330～334、280～285、283～289、271～276、285～290、241～245、256～260、113～116；中央銀行經濟研究處編，《中華民國台灣金融統計月報（1969 年 7 月）》，頁 57～58。

－272－

　　資金運用比例方面，若包含銀行存款，介於 68.44%～81.74%，與產險業的 64.69%～77.62%差異不大。若不包含銀行存款，則降至 39.32%～64.72%，明顯高於產險業的 31.99%～39.74%（圖 7-5）。個別細項部分，有價證券介於 4.02%～35.64%；投資介 0.9%～36.99%；放款介於 3.79%～33.3%；銀行存款介於 12.12%～91.73%。從圖 7-6 可清楚發現，銀行存款占比自 1961 年開始大幅下降，其它三個資金運用占比則有上升，雖無 1962 年以前的確切佐證資料，但如同接下來會說明的，這主要是新業者相對舊業者配置較少部位於銀行存款所致。產險業雖然也有相同現象，但因新業者相對舊業者的資金運用總額比例較小，故整體銀行存款占比下降的幅度較不明顯。〔註 83〕

圖 7-5：壽險業資金運用比例（1963～1970）

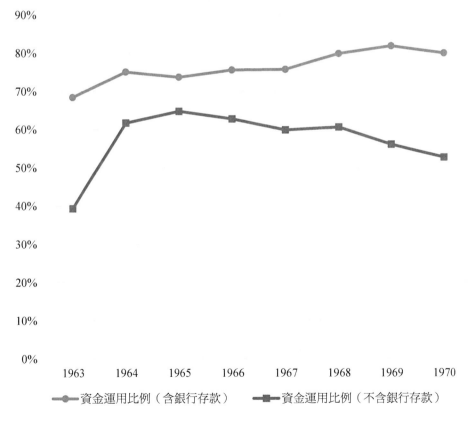

資料來源：同表 7-2。

〔註83〕前已敘及，1963 年時，產險新業者資金運用總額是舊業者的 80.4%，這個比例在壽險業是 179.05%。

圖 7-6：壽險業各類資金運用占比（1963～1970）

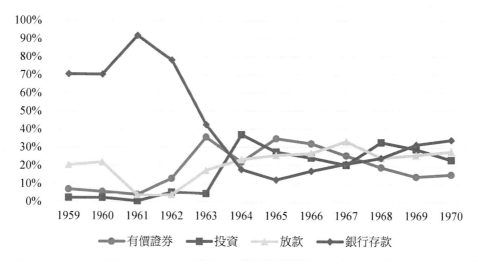

資料來源：同表 7-2。

　　接著區分新舊業者進一步觀察。資金運用比例部分，若包含銀行存款，新舊
業者差異不大，但若排除銀行存款，則新業者明顯高於舊業者（圖 7-7）。個別細
項部分，風險最低的銀行存款，舊業者介於 51.78%～80.17%，遠高於新業者的
3.90%～26.28%。風險次低的有價證券，舊業者介於 5.48%～33.33%、新業者介
於 15.36%～42.61%。風險最高的投資，舊業者介於 1.27%～8.65%、新業者介於
6.14%～45.91%。放款部分，舊業者介於 2.64%～8.63%、新業者介於 24.97%～
40.12%（圖 7-8）。同樣呈現新業者更傾向將資金配置在風險性資產的情況。

圖 7-7：壽險業資金運用比例（區分新舊業者，1963～1970）

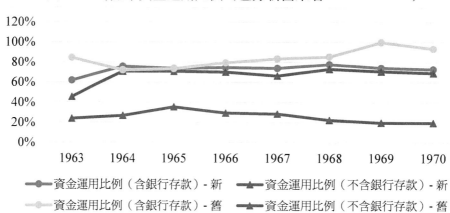

資料來源：同表 7-2。

圖 7-8：壽險業各類資金運用占比（區分新舊業者，1963～1970）

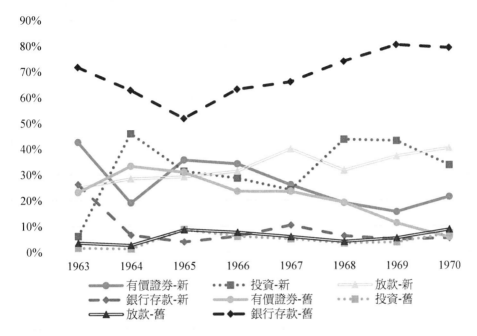

資料來源：同表 7-2。

三、重新配置資本的功能弱化

（一）與其他金融機構的比較

　　藉由上述討論，我們對 1960 年代的保險業資金運用情形，及產壽險業間、新舊業者間的異同已有初步認識，接著我們進行比較分析，包括橫向與其他金融機構比較，及縱向與日治時期比較，盼能對戰後臺灣保險業資金運用的特徵有更深入理解，進而探討形成這種特徵的背後原因。

　　圖 7-9 整理 1959、1963 及 1970 年三個時點各金融機構的資金運用情形，可發現保險業在 1959 年無論「有價證券及放款」或「放款」皆敬陪末座，且占比極低幾可忽略。1963 及 1970 兩個年度，保險業重要性開始提高，雖然放款占比依然極低，但有價證券及放款占比則大幅提升，至 1970 年保險業占比已逾 13%，僅次於銀行，高於其他金融機構的總和。由先前的討論我們已經知道，保險業資金運用占整體金融機構比例得以提升，主要是受益於保險市場開放後資金運用規模的增加，而此處的討論進一步指出，相對其他金融機構資金運用以放款為主，保險業傾向購買有價證券或直接對企業進行投資，此間差異主要是保險業非屬「存款貨幣機構」所致（其他金融機構皆屬之）。

圖 7-9：各金融機構資金運用金額比較（1959～1970）

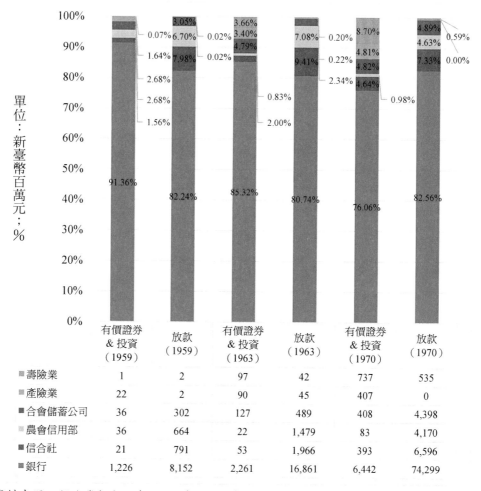

	有價證券 & 投資 （1959）	放款 （1959）	有價證券 & 投資 （1963）	放款 （1963）	有價證券 & 投資 （1970）	放款 （1970）
■壽險業	1	2	97	42	737	535
■產險業	22	2	90	45	407	0
■合會儲蓄公司	36	302	127	489	408	4,398
□農會信用部	36	664	22	1,479	83	4,170
■信合社	21	791	53	1,966	393	6,596
■銀行	1,226	8,152	2,261	16,861	6,442	74,299

資料來源：保險業部分同表 7-1、表 7-2。中央銀行經濟研究處編，《中華民國台灣金
　　　　　融統計月報（1969 年 7 月）》，頁 15～24、47～50、57～60；中央銀行金融
　　　　　業務檢查處編，《金融機構業務概況年報（52 年度）》，頁 8～10；中央銀行
　　　　　金融業務檢查處編，《金融機構業務概況年報（59 年度）》，頁 11～14。

（二）與日治時期的比較

　　先前我們曾對日治時期保險業資金運用情形進行討論，以下同樣區分產
險、壽險、簡易壽險，對戰前、戰後保險業「實質」資金運用規模進行比較。
進入討論前須先說明，此處僅討論不含銀行存款的資金運用規模，這是因為缺
乏日治保險業的銀行存款統計資料之故。表 7-3 彙整產險、壽險、簡易壽險
1932 至 1940 年，及 1959 至 1970 年的實質資金運用規模，按 1937 年的幣值
換算，並將其繪製如圖 7-10，以視覺化方式呈現。

　　產險業 1960 年的實質資金運用規模為日治高峰（1939）的 21.28%，約略是 1932 年的水準。相對於實質保費收入在 1958 年就接近日治高峰，資金運用規模恢復速度顯得慢上許多。不過，保險市場開放後，實質資金運用規模開始快速成長，1970 年時已達 1939 年的 2.52 倍。

　　壽險業（含簡易壽險）1960 年的實質資金運用規模只有日治高峰（1938）的千分之二。〔註84〕這個結果倒不令人意外，因為 1960 年保險市場開放前，臺灣壽險業務發展乏善可陳，連帶也難以在資金運用上有亮眼表現。保險市場開放後，實質資金運用規模開始快速成長，1970 年時已達 1938 年的 66.31%。

　　若將簡易壽險單獨觀察，其資金運用項目只有放款（其餘皆為銀行存款），但在 1967 年以前金額都非常小，不到新臺幣 100 萬元（名目），此後才有明顯成長，1970 年時放款餘額為新臺幣 3,806 萬 2,000 元（名目），但換算為實質仍只有日治高峰（1942）的 5.51%。

表 7-3：臺灣保險業實質資金運用（不計銀行存款）規模（1932～1970）

單位：名目為千圓（1932～1942）、新臺幣千元（1959～1970）；實質為千圓，1937 年幣值

年度	平減指數	產險（名目）	壽險（名目）	簡易壽險（名目）	產險（實質）	壽險（實質）	簡易壽險（實質）
1932	74.07	647	N/a	2,103	873	N/a	2,840
1933	84.05	1,746	25,833	2,674	2,077	30,735	3,181
1934	78.62	1,330	27,446	5,031	1,691	34,910	6,399
1935	84.63	2,054	31,257	8,757	2,427	36,934	10,347
1936	97.72	2,332	42,645	10,709	2,386	43,640	10,959
1937	100.00	2,502	46,246	15,388	2,502	46,246	15,388
1938	113.60	2,665	53,118	15,903	2,346	46,758	13,999
1939	118.31	4,659	47,651	16,185	3,938	40,276	13,680
1940	135.23	3,477	60,276	15,722	2,571	44,573	11,626
1941	141.92	N/a	N/a	22,082	N/a	N/a	15,559
1942	150.18	N/a	N/a	25,279	N/a	N/a	16,832
1959	2,849.27	24,095	2,559	N/a	846	90	N/a
1960	3,231.24	27,072	2,875	N/a	838	89	N/a
1961	3,335.51	46,278	4,628	N/a	1,387	139	N/a

〔註84〕如果分母再加上簡易壽險，那麼這個數字將會更低。

1962	3,452.16	62,339	18,021	N/a	1,806	522	N/a
1963	3,655.53	135,304	138,206	17	3,701	3,781	0
1964	3,741.22	174,771	429,721	51	4,671	11,486	1
1965	3,563.65	185,090	558,530	295	5,194	15,673	8
1966	3,609.08	191,947	612,471	804	5,318	16,970	22
1967	3,794.90	210,857	789,455	186	5,556	20,803	5
1968	3,956.98	269,911	860,819	1,083	6,821	21,754	27
1969	3,919.81	288,044	1,015,754	9,510	7,348	25,913	243
1970	4,103.57	406,919	1,272,245	38,062	9,916	31,003	928

資料來源：1932 至 1942 年同圖 2-11、圖 2-12、圖 2-13；1959～1970 年同表 7-1、表 7-2；平減指數同附錄 4。

圖 7-10：臺灣保險業實質資金運用（不計銀行存款）規模（1932～1970）

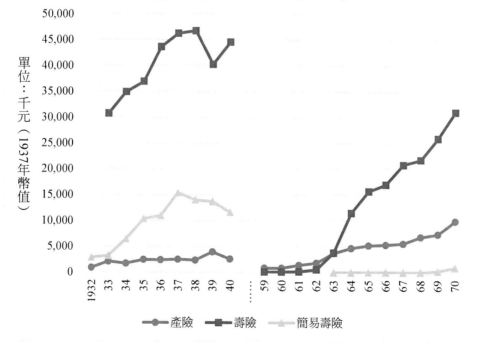

資料來源：同表 7-3。

　　以上是從資金規模的角度比較，接著我們檢視資金運用比例及各資金運用項目占比。不過，由於日治保險業除大成火災外皆為分支機構，缺乏完整財務資訊可供分析，故退而求其次以整個日本保險業的資金運用情形做為比較對象。因為資金運用決策是由總機構決定，故應仍可相當程度反映日治臺灣保險業的資金運用情形。

　　由表 7-4 可知，1940 年日本產險業的資金運用比例若含現金及存款為
91.50%、若不含為 66.59%，明顯高於戰後臺灣產險業（1963～1970）的水準
（64.69%～77.62%、31.99%～39.74%）。細項部分，日本的現金及存款占比為
27.22%，明顯低於臺灣的水準（43.39%～67.50%）。

　　壽險業方面，日本的資金運用比例若含現金及存款為 98.77%，若不含為
94.52%，同樣高於戰後臺灣壽險業（1963～1970）的水準（68.44%～81.74%、
39.32%～64.72%）。細項部分，日本的銀行存款占比僅 4.31%，遠低於臺灣的
水準（12.12%～91.73%）。

表 7-4：日本保險業資金用運情形表（1940）　　　　　單位：千圓

項　目	產險業		壽險業	
	金　額	占　比	金　額	占　比
現金	1,006,044	0.16%	1,235,908	0.03%
郵便振替貯金	2,005,780	0.31%	3,903,125	0.08%
銀行預金	172,019,801	26.75%	203,959,415	4.20%
小計	**175,031,625**	**27.22%**	**209,098,448**	**4.31%**
貸付金	17,189,684	2.67%	956,204,657	19.69%
有價證券	396,538,921	61.67%	3,261,880,570	67.16%
金錢信託	20,908,709	3.25%	41,757,035	0.86%
信託有價證券	6,401,300	1.00%	217,205,093	4.47%
不動產	26,972,348	4.19%	170,785,788	3.52%
小計	**468,010,962**	**72.78%**	**4,647,833,143**	**95.69%**
資金運用合計	**643,042,587**	**100.00%**	**4,856,931,591**	**100.00%**
資金總額	702,785,450		4,861,804,330	
資金運用率（含現金及存款）		91.50%		99.90%
資金運用率（不含現金及存款）		66.59%		95.60%

說明：在有價證券項下，產險業國債 20.48%、外國國債 7.14%、地方債 0.28%、外國
　　　地方債 0.51%、公司債 10.33%、外國公司債 1.13%、股票 56.20%、外國股票
　　　3.93%；壽險業國債 25.16%、外國國債 0.88%、地方債 2.37%、公司債 27.75
　　　%、股票 43.83%。

資料來源：大藏省監理局，《保險年鑑（昭和十五年度）甲（內国会社）前編》（東京：
　　　　　生命保險会社協会，1941 年 10 月），頁 44～51；大藏省監理局，《保險年
　　　　　鑑（昭和十五年度）甲（內国会社）後編》（東京：生命保險会社協会，
　　　　　1941 年 10 月），頁 130～131。

（三）資金運用規模過小對經濟體系的影響

藉由以上比較，我們可發現，倘若戰後臺灣保險業維持與日治時期相同的資金運用比例，那麼實質資金運用規模將會大上許多。各項資金運用項目配置比例方面，整體而言，戰後臺灣保險業相對日治時期配置極高比例部位在銀行存款，但若區分新舊業者觀察，可發現新業者銀行存款占比相較日治時期並未高出很多，也就是差異主要是舊業者所造成。此外，若將戰後的有價證券及投資合併計算，則新業者這兩項的比例約略與日治時期的有價證券相等。〔註85〕

整體而言，戰後臺灣保險業資金運用的特徵大致可歸納如下。首先，在1960年保險市場開放前，資金運用規模極小，要到市場開放後才有顯著成長。其次，與日治時期相比，戰後臺灣保險業的資金運用比例較低。最後，在個別資金運用項目占比方面，新業者與日治時期相差無多，但舊業者有極高比例配置在銀行存款，凸顯新舊業者對風險性資產的不同偏好。那麼，這樣的特徵對經濟體系有什麼影響呢？

前以提及，保險業的資金運用就是在對資本進行重新配置。洪紹洋考察諸多1960年以前臺灣民營企業的發展情形，一再指出它們面臨「資金不足」的挑戰，更有甚至，部分企業因而透過成本較高的地下金融取得資金，進而影響企業的發展。這種情況不僅侷限在中小企業，最具代表性的案例是，1950年代臺灣南部規模最大的「唐榮鐵工廠」因無力清償地下金融的借款而向政府請求紓困，最終被接管改組為公營事業。造成資金不足（或者說資金未能有效配置）的原因主要有二，其一是當時省營三商銀的放款政策較為保守；其次則是資本市場不成熟。〔註86〕

歷史無法假設，但設想保險市場提早開放，那麼在民營保險業的刺激之下，1950年代的臺灣保險業（特別是以提供長期資金為主的壽險業）或許能夠更有效地執行「重新分配資本」的功能，進而對戰後臺灣經濟發展帶來正面影響。

〔註85〕臺灣產險業新業者銀行存款占比（1963～1970）為22.42%～37.28%、有價證券加投資為33.95%～70.48%；壽險業新業者銀行存款占比（1963～1970）為3.90%～26.28%、有價證券加投資為48.75%～66.97%。

〔註86〕洪紹洋，《商人、企業與外資：戰後臺灣經濟史考察》，頁68～70、91～92、98～99、124～125、141～143。

四、資金運用的限制與問題

　　上文指出的戰後臺灣保險業資金運用特徵，相當程度是戰後保險業資金運用限制下所形成，有關這個議題，陽肇昌 1962 年接受《聯合報》專訪時的一段話是開啟討論的良好素材，他說：

> 推行壽險有一最大值得注意的問題，即責任準備金的如何利用，這些資金，在性質上言，均屬長期資金，最好是購買股票、公債及經營房地產。**目前台灣好的股票不多，公債利率過低，買房地產而土地增值稅太大**，這些資金如何方能得到經濟有效之運用，很值得作進一步之研究，如資本市場的建立，鼓勵優良企業公司的股票上市，督從各大公司實行真正的財務公開等均相當重要，如能善為推行，將有助於人壽保險事業的發展。〔註87〕

由上可知，缺乏適當投資標的是當時保險業資金運用的主要限制，這又可從兩方面觀察，其一是法令規範，其二是資本市場。以下先討論法令問題。

（一）法令限制

　　陽肇昌接受專訪當時《保險法》尚未完成修正，《保險法》修正公布後，對於保險業的資金運用限制更趨嚴格，這個問題不時被提起，以下茲舉數例。在 1968 年 1 月 15 日《經濟日報》舉辦的「產物保險業與社會、經濟發展的配合」專題座談會中，第一產物總經理李丙心指出：「現行保險法對產物保險公司資本運用規定太死，不能辦理抵押貨品，規定投資項目等限制過多，實際無法發揮，致使無法充分協助工商之發展。」〔註88〕同年 3 月 18 日，《經濟日報》復舉辦「人壽保險對經濟發展的重要性」專題座談會，南山人壽總經理黃祥致建議：「政府對於保險業投資規定，宜予放寬，……使保險業有機動而有彈性的加以運用。」〔註89〕1968 年 10 月 31 日至 11 月 2 日，中國保險學會、中央再保、壽險公會、產險公會、國際保險法規協會中國委員會等五個單位共同舉辦「保險學術研討會」，〔註90〕在「保險業資金運用問題」研

〔註87〕〈運用責任準備金　最好買股票房地〉，《聯合報》，1962 年 7 月 9 日，第 5 版。
〔註88〕〈資本運用　限制太多　規定太死　請修正有關條文〉，《經濟日報》，1968 年 1 月 15 日，第 3 版。
〔註89〕〈在政府保證輔導下　組壽險財團　提供經建資金〉，《經濟日報》，1968 年 3 月 18 日，第 3 版。
〔註90〕〈首屆　保險學術　研討會〉，《經濟日報》，1968 年 10 月 30 日，第 8 版。

討小組中，與會人員皆認為「現行政府法令對投資途徑的限制過嚴」，建議政府修法。〔註91〕

　　1970 年 4 月 27 日，《經濟日報》刊登國泰人壽總經理唐松章的意見，提及：「希望政府斟酌實情，放寬〔資金運用〕規定，以符實際。」〔註92〕1972年《經濟日報》的元旦特刊，刊登第一人壽總經理俞慈民的專文〈壽險業資金運用問題的商榷〉，該文從理論、法令及國外壽險業趨勢等層面就資金運用問題進行論述，最終以「早日除去資金運用的絆腳石」作結，指出：「保險法第146 條的規定過於硬性，使業者無所適從。等於是一塊絆腳之石，徒使壽險業擁有龐大的資金，沉滯無用，不能暢流，長此下去，將來將會導致業者走向失敗之途。」〔註93〕不只業者，連錢幣司保險科科長孫福堂也說：「當今保險事業最嚴重的問題，是資金運用不當。保險業的資金沒有出路，造成吸收了資金以後，不知如何投資，是目前保險業最大的苦悶。」〔註94〕

　　以上例子顯示保險業資金運用規範過於嚴格是當時的普遍共識。有鑑於此，《保險法》於 1974 年 11 月 30 日作部分條文修正，對保險業資金運用問題作出回應，行政院提交的修正說明可作為政府對保險業資金運用問題態度的總結：

> 第 146 條原規定保險業資金及責任準備金運用之範圍，但執行以來發現嚴格規定**保險業對證券之投資只能限在證券市場購買上市證券，似覺範圍過狹**，而對投資標準及投資限額則規定尚未明確，雖曾於「保險業管理辦法」中有所補充，但終屬行政命令，故擬於本條內增列規則，俾其有所依據。又**原法貸款一項僅限壽險業方得經營，產險業資金運用範圍，似嫌稍狹**，故擬參考各國實例修正本條規定，使產險業亦可對擔保確實之有價證券及不動產辦理抵押放款。〔註95〕

〔註91〕　〈昨舉行分組討論〉，《經濟日報》，1968 年 11 月 2 日，第 2 版。
〔註92〕　〈壽險 資金運用希望放寬限制 並盼全理修訂稅制〉，《經濟日報》，1970 年 4 月 27 日，第 3 版。
〔註93〕　〈壽險業資金運用問題的商榷〉，《經濟日報》，1970 年 1 月 1 日，第 15 版。
〔註94〕　〈保險事業 投資環境要改善〉，《經濟日報》，1970 年 4 月 27 日，第 3 版。
〔註95〕　〈本院財政、司法兩委員會報告審查行政院函請審議保險法部分修正條文及增訂條文草案案〉（總號 464、政府提案 1332-1），《立法院議案關係文書》（1974 年 5 月 4 日印發），頁 110。

　　表 7-5 彙整戰前、戰後臺灣保險業適用的相關法令對資金運用的限制，從法令面對上述討論進行總結。大致來說，與戰前相比，戰後不能投資國外有價證券、信託，並缺乏「其他經核准者」的制度彈性。就戰後來說，1963 年（含 1968 年《保險業管理辦法》新增的規定）的修正使得限制變得嚴格，主要反映在四個方面：（1）生產事業之股票、公司債以在證券市場購買為限、（2）生產事業限於《獎勵投資條例》第 3 條規定之範圍、〔註96〕（3）股票以最近三年連續有盈餘並發放股利者為限、（4）產險業不得承作放款。〔註97〕1960 年保險市場開放後，受益於資本投入及業務規模擴大，保險業可運用資金遠較 1950 年代為多，但卻同時限縮資金運用範圍，導致資金去化出現困難，以至於在 1974 年放寬限制。1974 年最大的改變首先是以「公開發行」取代「證券市場」的限制，其次是恢復產險業得承作放款。前者反映的其實是另一個更重要的問題，即「資本市場不成熟」，接著對此進行討論。

表 7-5：臺灣保險業資金運用規範彙整表（1939～1974）

依據法令	日本《保險業法施行法》（1939）§18	《戰時保險業管理辦法》（1950）§10	《保險法》（1963）§146	《保險法》（1974）§146
資金可配置標的	銀行存款	國家銀行存款	銀行存款	銀行存款
	國內外公債、公司債、股票。	（國內）公債、公司債；對生產事業之投資。	公債；證券市場購買之生產事業公司債、股票（最近 3 年內連續有盈餘並發放股利，僅股票）。	公債；公開發行之生產事業公司債、股票（最近 3 年稅後淨利均在 6% 以上，含公司債）。
	有價證券抵押放款、不動產抵押放款、船舶抵押放款（僅限海上保險業者）、公共團體放款、壽險保單抵押放款。	有價證券抵押放款、不動產抵押貸放款、壽險保單抵押放款。	同左，但產險業不得承作放款。	有價證券抵押放款、不動產抵押貸放款、壽險保單抵押放款。

〔註96〕《獎勵投資條例》係於 1960 年 9 月 10 日公布，故此前對生產事業係指為何應無明確規範。第 3 條規定所稱生產事業包括：製造業、手工藝業、礦業、農業、林業、漁業、畜牧業、運輸業、公用事業、觀光旅館業、國民住宅營造業。《總統府公報》1157（1960 年 9 月 13 日），頁 1。
〔註97〕附帶一提，在財政部原先的修正方案中，亦擬限制壽險業僅可辦理壽險保單抵押放款，惟後因考量保險市場開放後的情況，保留壽險業承作放款的空間，相關內容見頁 258～259。

不動產。	同左。	同左。	同左。
信託。	無。	無。	無。
其他經核准者。	無。	無。	無。

說明：《保險法》（1963）關於「生產事業」之定義，及盈餘及股利之限制，是在 1968 年 2 月 10 日公布的《保險業管理辦法》第 14 條才明定。

資料來源：大藏省印刷局，《官報》第 3895 號（東京：日本マイクロ寫真，1939 年 12 月 29 日），頁 1029；財政部編，《財政金融資料輯要》，頁 7.113～7.114；《總統府公報》1467（1963 年 9 月 3 日），頁 10～11；《財政部公報》6：224（1968 年 4 月 1 日），頁 2649；《總統府公報》2815（1974 年 12 月 2 日），頁 2。

（二）不成熟的資本市場

所謂「資本市場」（Capital Market）是指長期資金（一年期以上）融通與交易的市場，前者稱作發行市場（Issue Market）或初級市場（Primary Market），後者稱作流通市場（Circulation Market）或次級市場（Secondary Market）。資本市場最普遍的金融工具是股票與債券，故通常「證券市場」和資本市場可視作同義詞。與資本市場相對的是「貨幣市場」（或稱「票券市場」），是指短期資金（一年期以下）融通與交易的市場。〔註 98〕

一般而言，「證券交易所」（下稱證交所）是衡量資本市場是否成熟的重要指標。從這個角度說，1961 年 10 月 23 日成立（1962 年 2 月 9 日正式開業）「臺灣證券交易所」（下稱臺灣證交所）〔註 99〕可謂臺灣資本市場制度化的開端。不過，這並不代表證交所成立之前臺灣不存在資本市場。事實上，日治臺灣雖未設立證交所，「但證券會社林立，照日本東京、大阪等地行情進行交易，交易相當活躍。」〔註 100〕正因如此，各界迭有籌設證交所之倡議，終日本統治 50 年間，為此向臺灣總督府提出的請願案不下 30 次。〔註 101〕市況方面，

〔註 98〕沈中華，《金融市場：全球的觀點（七版）》（臺北：新陸書局，2019 年 9 月），頁 5、12；黃昱程，《現代金融市場》（臺北：著者，2019 年 7 月），頁 13～14、18～20。不過也有學者將貨幣市場、資本市場、衍生性金融商品市場合稱證券市場。謝劍平、林傑宸，《證券市場與交易實務》（臺北：智勝文化，2016 年 8 月），頁 9～10。

〔註 99〕臺灣證券交易所，〈歷史介紹〉，網址：https://www.twse.com.tw/zh/page/about/company/history.html，瀏覽日期：2021 年 10 月 23 日。

〔註 100〕蘇為絢，〈臺灣之儲蓄業務〉，收入臺灣銀行經濟研究室編，《臺灣金融之研究（第二冊）》（臺北：臺灣銀行，1969 年 11 月），頁 274。

〔註 101〕洪嘉鴻，〈近代臺灣證券市場的成立與發展（1885～1962）——歷史的延續與斷裂〉（臺中：國立暨南國際大學歷史學系研究所碩士論文，2013 年 7 月），

據統計，1940 年臺灣證券業者多達百家以上。〔註102〕1938 年時股票、債券交易規模達 1 億 3,891 萬 5,052 圓。1936 至 1938 年間有交易紀錄的股票標的逾 300 家。〔註103〕大致而言，日治臺灣資本市場雖未臻成熟，但仍有為數不少的資金去化管道。

表 7-6：日治時期臺灣資本市場交易情形（1936～1938）　　單位：股、圓

交易項目／年度			1936	1937	1938
股票現貨交易	股數	內地	92,168	250,403	338,226
		島內	46,927	47,930	47,833
		不明	87,890	130,720	78,330
		合計	226,985	429,053	464,389
	金額	內地	3,412,687	5,337,910	4,573,668
		島內	897,529	1,697,444	1,329,631
		不明	1,568,128	1,939,765	1,068,904
		合計	5,878,344	8,975,119	6,972,203
股票長期清算交易	股數		57,240	210,240	129,930
	金額		2,932,583	12,943,888	7,981,821
股票短期清算交易	股數		412,440	1,141,968	1,127,228
	金額		41,393,608	101,331,288	111,659,544
股票交易小計	股數		696,665	1,781,261	1,721,547
	金額		50,204,535	123,250,295	126,613,568
公社債	金額		10,584,364	5,241,864	12,301,484
合計	金額		60,788,899	128,492,159	138,915,052

資料來源：臺灣總督府，《臺灣證券取引管理令附屬統計資料》，頁 105。

　　　　頁 17～21；張俊德，〈近代臺灣股票制度發展之研究（1899～1962）〉，頁 103 ～104。

〔註102〕據臺灣總督府 1940 年 4 月的調查，臺灣計有證券業者 138 家。臺灣總督府，《臺灣證券取引管理令附屬統計資料》（臺北：編者，1940 年），頁 92。另張俊德爬梳整理 1941 年出版之《臺灣諸會社銀行錄（第 23 版）》，得出專營證券業者有 27 家、兼營有 91 家，共 118 家。張俊德，〈近代臺灣股票制度發展之研究（1899～1962）〉，頁 128。

〔註103〕以臺北州為例，包括總公司設在臺灣的企業 54 家、總公司設在日本內地的企業 254 家。臺灣總督府，《臺灣證券取引管理令附屬統計資料》，頁 114～132。

　　戰後臺灣資本市場的發展一般以證交所之成立作界限，此前屬於「店頭市場時期」（日治臺灣亦屬此類）。由於欠缺組織，交易秩序較為紊亂。此後為「集中交易市場時期」，市場秩序及相關制度與機構逐漸建立與發展。〔註104〕

　　店頭市場時期又大致可區分為兩階段，第一階段從戰後到1949年，此時雖存在零星發行及有價證券流通行為，但規模極小，市況可謂蕭條。〔註105〕第二階段從1950年至1962年證交所開業為止，此階段一般被認為是戰後臺灣資本市場發展的開端，理由在於政府先於1949年底在臺募集愛國公債，隨後又在1953年推動「耕者有其田」政策，發放水泥、紙業、工礦、農林等四大省營事業股票，及土地實物債券作為收購土地的補償代價。這些有價證券的募集與發放，大幅提高證券交易需求，促成證券交易市場（店頭市場）的形成。〔註106〕上述以外，這個階段伴隨1950年代的經濟復甦，無論是發行市場或流通市場，都有相當程度發展。發行市場方面，1951至1960年間，至少有如表7-7所列的「初次公開發行」（Initial Public Offering, IPO）、「現金增資」（Seasoned Equity Offering, SEO）及公債、公司債發行。流通市場方面，依據《聯合報》的調查，1961年證交所成立前夕，在市場上流通的政府債券計7種（含公債、儲蓄券、土地債券）、公司債計7種、股票計28種。〔註107〕大致而言，1950年代臺灣資本市場的發展提供一定程度的資金去化管道，但必須提醒的是，由於此時政府對於資本市場並無通盤的制度性規劃，任市場肆意發展的結果，導致許多亂象。臺灣省保安司令部曾於1956年12月29日撰擬〈證券市場新風波之調查〉，針對當時證券市場亂象問題進行探討，茲摘錄該調查報告中的一段話作為代表：〔註108〕

　　　　本省證券交易，自始即未能健全發展，演變結果，愈趨險惡，**已脫**

〔註104〕林煜宗，〈臺灣證券市場之檢討〉，收錄於于宗先、劉克智主編，《台灣的金融發展》（臺北：中央研究院經濟研究所，1985年6月），頁205。

〔註105〕張俊德，〈近代臺灣股票制度發展之研究（1899～1962）〉，頁157～175。

〔註106〕臺灣證券交易所編，《臺灣證券交易所四十週年特刊》（臺北：編者，2002年2月），頁14；許仁壽等編，《中華民國證券市場（八十六年版）》（臺北：財團法人中華民國證券暨期貨市場發展基金會，1997年7月），頁17～18；彭光治，《台股風雲起：走過半世紀的台灣證券市場》（臺北：早安財經文化，2009年9月），頁27～29。

〔註107〕大同公司同時流通3種股票（普通股、無記名股、計名股），視為同一種。〈台灣市面流通證券調查〉，《聯合報》，1961年12月25日，第5版。

〔註108〕當時的報章媒體、民意代表亦不乏有類似看法，更詳細的討論可參閱：張俊德，〈近代臺灣股票制度發展之研究（1899～1962）〉，頁251～260。

離經濟範疇，而為不肖份子之非法活動，所有證券，已失去投資對
象，而流為賭博籌碼，因之製造謠言，動搖人心士氣，操縱價格，
破壞經濟安定，在在足以影響社會秩序⋯⋯總之，我們希望證券市
場不要成為冒險家的樂園，不要演成悲慘的結局，確能健全發展，
真正活潑社會金融，便利工業投資，促進經濟建設事業。〔註109〕

表 7-7：臺灣有價證券發行案件（1951～1959）

年度	發行者	發行類別	發行規模
1951	臺灣紡織工業股份有限公司	IPO	資本額 3,000 萬元
1952	新中國打撈股份有限公司	IPO	資本額 150 萬元
1952	臺灣自行車股份有限公司	IPO	資本額 200 萬元
1952	臺灣電力股份有限公司	SEO	3,300 萬元，民股占 300 萬元
1953	臺灣機械公司	SEO	800 萬元，民股占 5.53%
1953	新竹玻璃製造股份有限公司	IPO	資本額 1,000 萬元
1954	福懋塑膠股份有限公司	IPO	資本額 1,200 萬元
1955	澎湖漁業股份有限公司	IPO	資本額 70 萬元
1956	臺北區合會儲蓄公司	SEO	200 萬元
1956	永勝工業股份有限公司	IPO	資本額 122 萬 5,000 元
1956	中國水泥股份有限公司	IPO	資本額 5,000 萬元
1957	臺灣水泥公司	SEO	3,000 萬元
1957	大同公司	SEO	500 萬元
1958	中華開發信託股份有限公司	IPO	資本額 8,000 萬元
1958	新竹玻璃公司	SEO	1,500 萬元
1958	味全食品工業股份有限公司	SEO	1,600 萬元
1958	大同、唐榮、裕隆、工礦等公司	公司債	N/a
1959	德豐被服廠	SEO	300 萬元
1959	大同、永豐餘等 11 公司	公司債	1 億 500 萬元
1959	大同公司	SEO	3,200 萬元
1959	中華民國政府	短期政府公債	4 億元

資料來源：張俊德，〈近代臺灣股票制度發展之研究（1899～1962）〉，頁 237～246；
　　　　　曾麗珍，《臺灣全志（卷十一）：財政金融志・證券與票券篇》（南投：國史
　　　　　館臺灣文獻館，2017 年 8 月），頁 7～8。

〔註109〕　《行政院經濟安定委員會》，〈證券市場新風波之調查〉，中央研究院近代史研
　　　　　究所檔案館藏，館藏號：30-01-01-014-020，頁 19、26。

　　證交所成立後，臺灣資本市場開始朝向制度化發展，這當然是正向的，但從保險業資金運用的角度而言，這個正向轉變卻帶來限縮。如上所述，1963 年修正的《保險法》將有價證券投資限定在「證券市場」購買的股票、公司債，這使得可供配置的投資標的減少。先前提及，證交所成立前夕，在市場上流通的股票計 28 種，但 1962 年掛牌上市的公司卻只有 18 家，此後雖漸成長，但到 1970 年時仍只有 42 家，若再考慮 1968 年《保險業管理辦法》公布後增訂的「生產事業」定義、盈餘及股利條件等限制，保險業可「合法配置」的標的恐怕更少。〔註110〕市況方面，證交所成立初期，受益於各種有利經濟條件，股票市場相當熱絡，成交值在 1964 年達到頂峰，惟由於上市公司少且資本額小，價操縱情況嚴重，股市的暴漲暴跌令社會大眾飽受驚嚇及損失，導致往後幾年市況低迷。〔註111〕債券市場方面，由於欠缺中介機構，兼以買賣手續繁瑣，致使流通不暢，加上 1966 年 7 月《公司法》修訂後，對公司債發行之規定嚴格限制，影響發行意願，〔註112〕故債券成交值始終不高（表 7-8）。

表 7-8：臺灣有價證券上市數量及成交金額（1962～1970）單位：新臺幣元

年　度	上市股票數	股票成交值	上市債券數	債券成交值
1962	18	446,542,572	11	75,045,490
1963	23	9,901,644,811	13	66,974,091
1964	31	35,501,012,709	15	45,949,457
1965	37	10,960,461,252	11	15,740,390
1966	38	4,562,927,156	12	52,917,686
1967	38	5,429,000,451	12	117,556,705
1968	40	7,669,968,729	10	47,579,794

〔註110〕 18 家上市公司分別為臺糖、臺電、臺肥、臺機、中興紙業、臺泥、味全、大同、工礦、農林、中國化學製藥、臺紙、彰化銀行、第一銀行、華南銀行、中華開發信託、亞洲水泥、新竹玻璃。依據先前所述生產事業之定義，彰化銀行、第一銀行、華南銀行及中華開發信託等金融業似非屬保險業可投資之範圍。經濟部證券管理委員會編，《證券統計要覽（第一輯）》（臺北：編者，1965 年 9 月），頁 2。

〔註111〕 股價在 1964 年 8 月 17 日達到頂點，8 月 19 日掀起跌風，投資人入場滋事，暫停交易一天。翌年 6 月 15 日，又因證券市場價格波動不正常，奉經濟部命令休市十天。臺灣證券交易所編，《臺灣證券交易所四十週年特刊》，頁 44～45、292。

〔註112〕 許仁壽等編，《中華民國證券市場（八十六年版）》，頁 23～24。

| 1969 | 42 | 4,213,762,814 | 13 | 151,916,493 |
| 1970 | 42 | 10,865,996,505 | 3 | 12,474,724 |

資料來源：曾麗珍，《臺灣全志（卷十一）：財政金融志‧證券與票券篇》，頁 48；經濟部證券管理委員會編，《證券統計要覽（第一、二、三輯）》（臺北：編者，1965 年 9 月、1969 年 6 月、1972 年 10 月），頁 9～11、31～38、42～47。

　　我們知道保險市場開放後新設立的保險業是在 1961 至 1963 年間陸續開業，對照上述資本市場發展狀況，可發現一方面在 1960 年代保險業資金去化需求高漲之時，資本市場可供配置資金的管道並未同步增加，反倒因法令限制而限縮，另方面保險業將資金投入股市不久後就面臨股價大跌，未蒙其利，先受其害。〔註 113〕這都是造成戰後臺灣保險業資金配置在公司債、股票的比例偏低的原因。

（三）嚴格限制形同具文：以國光人壽案為例

　　經由以上討論，我們知道法令對保險業資金運用有嚴格限制，這代表主管機關的監理邏輯是安全性優於獲利性。那麼，實際執行能否符合期待呢？這必須區分新舊業者討論，對舊業者而言，答案應該是肯定的，無論產、壽險業，皆有七成左右的資金配置在銀行存款，基本上安全無虞，但從資金運用效率角度，這種超高比例似乎不太合理。

　　新業者則不然，他們顯然將獲利性作為重要考量，並未在銀行存款配置過多的資金，但在資本市場不成熟的情況下，合乎法令規定的投資標的似乎無法滿足業者需求，於是資金運用不符法令的情況成為普遍現象。〔註 114〕1969、1970 年度的《金融機構業務概況年報》，都有提到保險業資金運用不合規定之

〔註 113〕1967 年《經濟日報》的報導便提到：「國內人壽保險投資股票，除少數外，大部份公司均曾受到前年股市大跌價風暴的影響，而賠累不堪，甚至因而迄今無法恢復元氣，某一家人壽保險公司即因當時購買工礦股，而賠出三千餘萬元新台幣，這一數額，已超過部份人壽保險公司的資本額，情況之險，由此可見。」〈人壽保險業　怎樣過這一關？〉，《經濟日報》，1967 年 9 月 6 日，第 2 版。

〔註 114〕孫福堂曾指出：「銀行的利率是偏低的，買賣公債及庫券，不是保險業整個投資的對象，而在台灣買賣證券，其承擔之風險，遠超過其他的各項投資，而土地買賣，雖可獲得若干利潤，但是由於每一家保險公司均將資金投資於土地的結果，土地是暴漲了，但是造成了有行無市的情形，因為購買的人減少了！由此可見，保險業受保險法的桎梏，其資金之運用，實在難能靈活，由是造成了若干保險業者願意冒險一試違反法律的投資。」〈保險事業　投資環境要改善〉。

情形。〔註115〕不過這個情況絕非 1969 年以後才發生，而是在更早之前就已存在。要討論這個問題，必須要從上述各項資金運用項目的「投資」著手。

依據《金融機構業務概況年報》的定義，「投資」是指投資於民營企業及不動產。〔註116〕不動產較易理解，投資於民營企業則須加以說明。按 1963 年修正的《保險法》規定，對企業的投資（即購買股票）以上市公司股票為限，歸類為有價證券，故所謂投資於民營企業主要是指購買未上市公司股票，這有可能是在《保險法》修正公布前就已持有，但更多是在修法後才進行的違法投資，國光人壽是最具指標性的案例。

國光人壽，1962 年 6 月 1 日設立，董事長為時任立法院長黃國書（1905～1987）〔註117〕之妻黃龍鳳鳴，黃國書本人及其長子葉克倭皆任常務董事。據監察院 1970 年糾正案文所引財政部專卷指出，國光人壽設立之初營運狀況尚稱良好，惟至 1964 年即漸失正常，財務亦不健全，經財政部於 1964、1967、1968 年糾正在案，糾正事項包含違法投資生產事業、業務費用浮濫、抵押放款擔保有欠確實等。違法投資部分，計投資國光光學儀器公司、國康實業公司、豐年實業公司、臺灣旅行社、亞洲大戲院、臺灣日報社、國光紙業公司等非上市企業，總投資金額約新臺幣（下同）5,000 萬元。因上述被投資企業表現不佳，〔註118〕致使國光人壽承受巨額虧損。據錢幣司派員至國光人壽檢查結果，截至 1968 年 4 月底，該公司的財務狀況已惡劣萬分，甚至有向銀行貸款作為支應財源之情形。從圖 7-11 可看出，國光人壽的投資自 1964 年起大幅攀升，銀行存款則一路遞減，1968 年竟不足 10 萬元。

〔註115〕 中央銀行金融業務檢查處編，《金融機構業務概況年報（58 年度）》，頁 243、260；中央銀行金融業務檢查處編，《金融機構業務概況年報（59 年度）》，頁 105、115。

〔註116〕 中央銀行金融業務檢查處編，《各金融機構業務概況年報（52 年度）》，頁 305。

〔註117〕 黃國書，原名葉焱生。新竹北埔人。因不滿日本統治，1920 年以僑生資格進入上海暨南大學攻讀政治經濟，後棄文從武，並以「炎黃子孫」之「黃」為姓，更名國書，由國民黨保薦考入日本士官學校。畢業後於國軍服務，二戰結束時，官居少將副軍長，為當時臺灣人在國軍官階最高者。戰後返臺，歷任制憲國大代表、立法委員、立法院副院長、院長（為首位臺籍副院長、院長）等職。1972 年辭去立法院院長職務，咸認為與國光人壽案有關。鄭梓、王御風，《立法院院長黃國書傳記》（臺中：立法院議政博物館，2015 年 12 月）。

〔註118〕 投資最金額最大的國光光學儀器公司（投資額 3,000 萬元，100%持有）因技術、業務等均有問題，致開工不久即難以維持，其他企業也多因經營不擅而有虧損。〈資金雄厚運用失當 國光人壽面臨難題〉，《經濟日報》，1970 年 4 月 22 日，第 2 版。

　　對此嚴峻情況，財政部於 1968 年 6 月 19 日密令國光人壽限期增資以謀改善，惟經該部多次洽催，該公司仍未能照辦，且財務狀況更趨惡劣，最終於 1970 年 1 月命該公司暫停對外營業 3 個月，復於同年 4 月勒令該公司停業。〔註 119〕經財政部居中協調，國光人壽遺留之有效契約，由其他壽險同業承接。〔註 120〕1972 年 1 月 11 日，財政部命令國光人壽自是日起解散，進入清算程序，同年 2 月 11 日，臺北地方法院裁定宣告該公司破產。〔註 121〕不過，破產處理程序停頓多年，直到 2007 年才在臺北地院法官鄭麗燕的努力下，將國光人壽剩餘資產拍賣所得發放予 1 萬 5,000 餘名債權人（或其繼承人），延宕 30 餘年的舊案終於告結。〔註 122〕

圖 7-11：國光人壽各類資金運用金額（1963～1969）

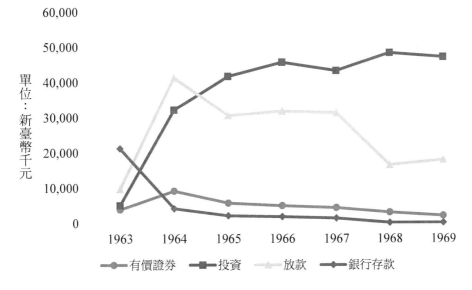

資料來源：同表 7-2。

〔註 119〕 監察院實錄編輯委員會，《行憲監察院實錄第三編（57 至 66 年）》（臺北：監察院秘書處，1983 年 12 月），頁 773～784。

〔註 120〕 1968 年度以前簽訂之四種生死合險契約由其餘 8 家壽險同業承接，1968 年 1 月 1 日至 1970 年 1 月 20 日簽訂之四種 10 年期以上生死合險契約由國泰、新光兩家壽險業者承接。〈國光案拖了一年多！財政部為何揹黑鍋？〉，《聯合報》，1972 年 1 月 11 日，第 3 版。

〔註 121〕 〈國光人壽經營不善　財部命令今起解散〉，《聯合報》，1972 年 1 月 11 日，第 3 版；〈法院宣告國光人壽保險公司破產〉，《經濟日報》，1972 年 2 月 12 日，第 2 版。

〔註 122〕 〈女法官超級尋人清掉 35 年老案〉，《聯合報》，2007 年 7 月 9 日，第 A2 版。

　　國光人壽案所彰顯的意義在於空有嚴格法令規定，但監理實務卻未必能
與之配合，正如監察院糾正文所作總結：

> 財政部對於本案之處理，其始也監督稽核不周，其繼也因循執行不
> 力，最後則又一再寬容，優柔寡斷；從而乃有國光人壽保險公司藐
> 視政令，不能自拔之後果。〔註123〕

此外，必須再次強調的是，國光人壽經營不善雖然主要是因為違法投資所致，
但違法投資卻不是國光人壽獨有的現象，這背後凸顯出制度面的問題（法令規
定與資本市場）。另一方面，先前曾提及的戰後壽險業務性轉變（主推短年期
儲蓄型商品）也是導致國光人壽破產的重要因素之一，〔註124〕如同黃克鏘、
吳家錄（1928～）所述：

> 國光人壽會倒閉，其初期的經營方式是偏重於保險的儲蓄性，而忽
> 略了主要的保障功能性。……雖說其較大敗筆是經營不善，……然
> 追根究柢來說，則是其販售短期性的儲蓄保險所致，……假如保險
> 是保個三年、兩年就滿期的話，……拿來的錢都還沒充分運用就要
> 還給人家了。〔註125〕（黃克鏘）

> 國光人壽……都是賣短期的，就是三年、五年就到期的，三年、五
> 年一下子就到了，……資金都還沒運用到，就已經要滿期了。也就
> 是說，錢都還沒有運用，就已經要還給別人（保戶）了。所以錢如

〔註123〕 監察院實錄編輯委員會，《行憲監察院實錄第三編（57至66年）》，頁783。
　　　　 不過，這某種程度也是制度設計導致，錢幣司保險科科長孫福堂便認為：「保
　　　　 險法給予財政部對於違反保險法之規定的保險業者，只有兩種權限，一是令
　　　　 保險業改正，一是令保險業停業或解散。這兩種辦法之中，並沒有其他緩衝
　　　　 的辦法。……『改正』，是一項很輕的處分，而「停業」或「解散」則是一項
　　　　 很重的處分。保險業很清楚明白，財政部非在萬不得已的情形下絕不可能任
　　　　 意的令保險業者走上停業或解散的途徑，因此之故，保險業在違反若干保險
　　　　 法之規定，對財政部的改正令來個『相應不理』，所有的問題乃於焉而生。」
　　　　 〈保險事業　投資環境要改善〉。
〔註124〕 主推短年期儲蓄型商品雖是新壽險業開業之初的普遍現象，但部分公司隨即
　　　　 瞭解此非長久之計而進行業務結構調整，例如國泰人壽於1965年起積極推
　　　　 售死亡保障重於儲蓄的長期生死合險，使得新契約當中的生死合險比例由
　　　　 1961年的5%提升至1967年的51%，到1971年更達到96%。國泰人壽慶祝
　　　　 創立十週年籌備委員會，《國泰人壽十年史》，頁21～22。
〔註125〕 張哲郎、林建智訪談，秦賢次、吳瑞松編整，《臺灣地區保險事蹟口述歷史》，
　　　　 頁335。

果拿去投資，周轉不回來，像不動產或放款，收不回來的話，到給付的時候就一定會發生周轉不靈。〔註126〕（吳家錄）

小　結

本章討論監理制度與資金運用。戰後臺灣保險法制經歷「第二次內地延長」，由於中華民國保險法制存在制定後遲未施行的問題，導致戰後臺灣保險法制在法律現代性及完備性上皆有所倒退，要到1963年《保險法》修正施行後才有所改善。不過，這次修正不同於過往兩次內地延長只是被動地接受他域既有法律，而是充分考慮臺灣保險市場的實際運作情況後的成果，完成「保險法制的臺灣化」。和法律制度相仿，保險主管機關無論在成立專責機關或人力規模，較之戰前也都呈現弱化的現象。保險業資金運用方面，存在以下三點特徵。首先，在1960年保險市場開放前，資金運用規模極小，要到市場開放後才有顯著成長。其次，與日治時期相比，戰後臺灣保險業的資金運用比率較低。最後，在個別資金運用項目占比方面，新業者與日治時期相差無多，但舊業者有極高比例配置在銀行存款，凸顯新舊業者對風險性資產的不同偏好。形成上述特徵的主要原因在於當時法令對於保險業資金運用的限制，及資本市場的不成熟。

〔註126〕張哲郎、林建智訪談，秦賢次、吳瑞松編整，《臺灣地區保險事蹟口述歷史》，頁392。

第八章　結　論

　　現代商業保險制度於 19 世紀中葉開港通商後引進臺灣，經日治時期長足發展，無論在業務規模或制度層面皆已奠定相當基礎。戰後長官公署接收日治保險業，採取「繼續營業」、「概括承受既有負債」的作法，這和戰前規劃由國家行局接收，及中央的「停止營業」、「既有債務暫緩清償」方針並不一致。臺灣「軍政一元化」的軍事占領性質或許是造成不一致的成因。總之，這個決策大抵符合臺灣保戶維護契約權益的期盼，也創造全面繼承日治業務成果的可能。不過，受戰後初期惡性物價膨脹之累，壽險業所繼承的業務成果近乎付之一炬，但產險業則受益於短期契約的特性，所受負面影響較小，較有效地繼承日治時期的業務成果。

　　除了承受日治保險業既有負債外，接收機關也同步接收日治保險業的資產並加以運用。處理過程中主要面臨「資不抵債」、「資產重估」及「資產所有權移轉」等三大問題，第一個問題伴隨惡性物價膨脹的影響多數被消彌，第二個問題同樣與惡性物價膨脹有關，導致不動產幾乎構成接收資產價值的全部，第三個問題導因於日治保險業多屬分公司性質，但不動產部分透過政府機關的內部協調獲得解決，有價證券則和負債面的未賠付戰爭保險金構成「對日求償」問題。對日求償問題，又可稱作《中日和約》第三條問題，是戰後國際政治格局再確立與日產接收政策交織而成的結果，先是因我國政府刻意擱置談判而無解，隨後又因日本於 1972 年與我國斷交而成為懸案。省政府於 1957 年決定「墊付」戰爭保險金，是戰後眾多求償未果的對日債權中，第一個由我國政府出資墊付的個案。

　　戰後臺灣成為中國政府實質統治區域後，替臺灣保險市場帶了新的「中國要素」，與部分「日治要素」共同揉合成新制度。本文從 4 個觀察視角對這段過程進行討論，並就「所生影響」進行分析。業務發展方面，產、壽險業的分歧是這段時間最明顯的特徵。戰前業務規模遠大於產險的壽險嚴重萎縮，且實質保費收入長期停滯，反觀產險業則伴隨總體經濟復甦與成長，在 1958 年便已接近日治高峰。這背後存在多重原因。首先是前述產、壽險業面臨惡性物價膨脹時，因契約特性產生截然不同的結果。其次是國民黨政府在內戰失利的教訓下，來臺不久後便致力推動社會保險，並指派臺灣人壽、中信局壽險處兩家公營保險業承擔此責任，使得該二壽險業推展商業保險的資源相對匱乏。其三是產險市場相對壽險競爭，進而刺激其業務發展。進入 1960 年代後，由於物價已維持相當長時間穩定、壽險業卸下政策責任、保險市場開放等因素，產、壽險業面臨的發展條件漸趨一致，作為回應，壽險業務一反過去的停滯，呈現爆發性成長，重回「應有的」發展軌跡。

　　組織、資本與人事方面，日治保險業皆為民營，且除大成火災外，皆為分支機構。戰後成立省營臺灣產物、臺灣人壽接收日治保險業，簡易壽險業務由郵電管理局接收，是謂第一塊拼圖。隨後有資保所、中信局產險處、壽險處、太平產物、中國航聯產物、中國產物等中國保險業來臺設立分支機構，並在 1950 年前後因兩岸分治之故，全數升格為總公司，是謂第二塊拼圖。1951 年政府對保險市場進行管制，直到 1960 年才開放，共核准設立 10 家產險業、7 家壽險業，這些新保險業者在 1961 至 1963 年間陸續成立，是謂第三塊拼圖。

　　上述過程中，有幾點值得注意。首先，市場形態由日治時期的「民營且競爭」轉變 1960 年以前的「公營且寡占」（只有太平產物、中國航聯產物兩家民營保險業）。其次，保險業「分支機構」為主的組織型態在 1950 年後全數轉變「總公司」，這使得核心業務必須在臺灣辦理，有助於人才培養。其三，1960 年保險市場開放除了讓市場型態重回民營為主且競爭外，也是戰後本國民間資本涉及全國性金融的開端，一定程度影響當前金融版圖的形構。最末，戰後臺灣保險業人才可歸納為外省籍保險人才、日治保險業臺籍職員、戰後培養的新生代人才三批，大致而言，日治保險業臺籍職員的發展情況不如其他兩批，何以致此？除學歷外，日治保險業的分支機構性質而使職員不易接觸、學習「核心技術」，也是可能原因。

　　此外，產、壽險業在上述轉變過程中，也和業務發展的分歧類似，存在某些差異。在「民營且競爭」轉變為「公營且寡占」的過程中，產險業不僅擁有唯二的民營保險業，業者總數也是壽險的兩倍，因而保有較高程度的市場競爭。這個結果不僅影響產、壽險業務的發展，也進一步影響人才的流動，形成產險業人才由第一、二塊拼圖擴散到第三塊拼圖的情況明顯高於壽險業的現象。這背後一定程度反映中國產險發展優於壽險的結構在戰後被移植到臺灣。

　　監理制度方面，戰後臺灣保險法制體現「內地延長的再延長」路徑，即從對日本的延長轉為對中華民國的延長。由於中華民國保險法制存在制定後遲未施行的問題，使得這次「再延長」造成臺灣保險法制在法律現代性及完備性上皆有所倒退，要到 1963 年《保險法》修正施行後才有所改善。不過，此次《保險法》修正不同於過往只是被動地接受他域既有法律，而是充分考慮臺灣保險市場實際運作情況後的成果，完成史上第一次「保險法制臺灣化」，就這個層面而言，相對戰前有所進步。此外，和法律制度相仿，保險主管機關無論在成立專責機關或人力規模，較之戰前也都呈現弱化現象，至於主管機關內的臺籍職員，具日治公務經驗者發展有限，能夠中高階主管者，通常都是在戰後才完成主要教育，和保險業的人才流動情形類似。

　　資金運用方面，相對戰前而言，戰後保險業資金運用規模極小，未能充分發揮「重新分配資本」功能，要到 1960 年保險市場開放後才有顯著成長。不過，從資金運用比率的角度觀察，仍較戰前低。值得注意的是，保險市場開放前後的新、舊業者的資金配置存在極大差異，以公營保險業為主的舊業者在銀行存款配置極高比例，反觀新業者則以有價證券及投資為主，凸顯新舊業者對風險性資產的不同偏好。當時法令對於保險業資金運用的限制及不成熟的資本市場，是形成上述特徵的主要原因。

　　上述以外，筆者從本文討論過程中，對幾個較大的問題獲致些許想法，雖礙於學識淺薄，所思恐存謬誤，但仍不揣淺陋提出，俾得就教方家。就保險業在戰後臺灣經濟發展過程中所處的位置而言，產險業大致呈現與整體經濟相輔相成、共同發展的趨勢，例如：海上保險之於對外貿易及美援、再保險事業之於進口替代政策、汽車保險之於公路運輸，皆顯示出產險業受益於總體經濟發展或政策，而它們所提供的服務（保險商品）也相應幫助相關產業的發展（降低海外貿易、公路運輸的風險），或政策目的的達成（樽節再保費的外匯流出）。相對於產險業尚稱亮眼的表現，壽險業在保險市場開放前似乎顯得乏善可陳，

尤其是在資金運用方面，無法有效發揮提供長期資金的產業特性與優勢，對整體經濟發展的助力有限。

從延續與斷裂的角度思考，若過於強調究竟是「延續」或「斷裂」，彷彿給人一種延續與斷裂是互斥無法並存的感覺，但從本文的討論可知，延續與斷裂毋寧是光譜的兩端，既無完全的延續，也不太可能有絕對的斷裂，端視觀察角度與各種主客觀條件的差異而定。就業務的延續性而言，產險相對更接近延續，但壽險也非全然斷裂，仍有部分完成改保而續存的舊契約，更遑論民眾對商業保險的認識並不會因政權移轉就消失，而這也是一種有助於拓展業務的正面延續。就人才而言，具日治保險業經驗的臺籍職員發展雖相對較差，但擔任中階幹部的案例並不少見，日治經驗仍獲得一定程度的延續。又如新壽險業培育人才的過程中，相當仰賴戰前建立的人脈網絡，這種間接影響其實也是某種延續。即便是看似完全斷裂的法律制度，如果深究中國保險法制的來龍去脈，即可知深受日本保險法制影響，1963 年修正的《保險法》亦然，這不也是一種特殊的延續關係。換言之，除了探究是延續或斷裂外，比較不同部門延續與斷裂程度的差異並分析其背後的原因，或許也是值得重視的研究角度。

從戰後臺灣經濟發展的層面切入，過往多強調 1960 年代以後的高度發展，並探究促成「經濟奇蹟」背後的成因，而藉由本文的討論，似乎可再進一步思考，政府追求或者偏重的是穩定或發展？就保險業乃至於金融業高度管制的案例可知，政府更在意的是前者。換言之，儘管戰後臺灣經濟成長極為亮眼，但仍免不了存在追求穩定而犧牲發展的面向，這部分似乎也值得關注。

從上層統治階級與底層保戶的角度觀察，外省籍人士主導戰後臺灣保險業，其決策直接牽動廣大臺灣保戶的契約價值，從結果論雖不盡人意，但由本文的討論可知，導致不良結果的主要原因是保險業主事者難以改變的結構性因素。由此獲得的省思是，我們雖然習慣將政府作為一個整體，但政府內部仍存在具有不同政策考量的各個層級，甚至在某些議題上也存在政府難以控制的外部因素，若我們單以結果進行評價，就可能忽略實際執行者的付出與努力。反之，也可能上層決策立意良善，但實際實行者未能落實甚或扭曲而導致不良結果。

從宏觀與微觀研究的角度來說，產業史研究似乎容易存在「瑣碎化」的疑慮。〔註1〕不過，從本文的探討可知，保險市場的發展和總體經濟間存在千絲

〔註 1〕林玉茹，〈2007 年臺灣經濟史的回顧與展望〉，《漢學研究通訊》28：4（2009年 11 月），頁 28。

萬縷的關係，且同屬保險業的產、壽險業在諸多面向存在歧異，由此可知，微觀研究若能保持宏觀視野，並適度與相關部門進行比較分析，還是能夠就宏觀研究中較模糊或無法觀照的面向予以補充或修正，提供「解析度」更高的經濟史圖像。

　　本文以戰後臺灣保險市場為標的，廣泛蒐集多元史料，從（1）業務發展、（2）監理制度、（3）組織、資本及人事、（4）資金運用等四個觀察視角出發，儘可能重構臺灣保險市場在戰後至 1963 年間這段「制度轉換期」的樣貌，除說明制度如何轉換外，也嘗試分析轉換過程中產生的問題與影響，並試圖藉由戰前戰後、新舊業者、產壽險業的比較分析，歸納戰後臺灣保險市場的特徵，及保險業之於金融體系與總體經濟體系的關係。

　　本文錯漏之處勢所難免，惟仍盼對目前研究成果仍屬貧乏的保險史研究（特別是戰後至 1960 年代）推動有所助益，未來除緒論所提出之史料運用問題得以改善外，尚可從多方面展開相關研究。時間上，目前雖各個斷代皆已有初步研究成果，但存在許多可深入的課題，例如：個別保險業個案分析、保險商品型態、不同籍別（地域、年齡、性別）對保險制度接受度之差異、保戶權益保護等。地域上，可強化與韓國、中國東北等同屬日本殖民地的國家或地區之比較分析；亦可採全球視野，探究國際保險市場趨勢演變對臺灣保險市場產生的影響。議題上，可跳脫產業史或經濟史的框架，跨足其他領域，例如：保險業在重大災害中扮演的角色、壽險制度（特別是身體檢查機制）對現代醫療發展的影響、社會對保險制度的觀感演變等。

徵引書目

一、政府檔案

1. 《外交部檔案》，臺北：中央研究院近代史研究所檔案館藏。
2. 《行政院外匯貿易審議委員會檔案》，臺北：中央研究院近代史研究所館藏。
3. 《行政院國際經濟合作發展委員會檔案》，臺北：中央研究院近代史研究所檔案館藏。
4. 《行政院經濟安定委員會檔案》，臺北：中央研究院近代史研究所檔案館藏。
5. 《經濟部檔案》，臺北：中央研究院近代史研究所檔案館館藏。
6. 《資源委員會檔案》，臺北：中央研究院近代史研究所檔案館藏。
7. 《外交部檔案》，臺北：國史館藏。
8. 《行政院檔案》，臺北：國史館藏。
9. 《財政部國有財產局檔案》，臺北：國史館藏。
10. 《國民政府檔案》，臺北：國史館藏。
11. 《陳誠副總統文物》，臺北：國史館藏。
12. 《蔣中正總統文物》，臺北：國史館藏。
13. 《蔣經國總統文物》，臺北：國史館藏。
14. 《臺灣省行政長官公署檔案》，南投：國史館臺灣文獻館藏。
15. 《臺灣省政府委員會議檔案》，南投：國史館臺灣文獻館藏。
16. 《臺灣省級機關檔案》，南投：國史館臺灣文獻館藏。

17.《臺灣鹽業檔案》，南投：國史館臺灣文獻館藏。

18.《國防部檔案》，臺北：國家發展委員會檔案管理局藏。

19.《經濟部檔案》，臺北：國家發展委員會檔案管理局藏。

20.《臺北市政府檔案》，臺北：國家發展委員會檔案管理局藏。

21.《臺灣省文獻委員會檔案》，臺北：國家發展委員會檔案管理局藏。

22.《臺灣省諮議會檔案》，臺北：國家發展委員會檔案管理局藏。

23.《臺灣電力股份有限公司》，臺北：國家發展委員會檔案管理局藏。

二、史料、法令彙編

1. 中國第二歷史檔案館編，《中華民國史檔案資料匯編：第五輯第三編財政經濟（一、二）》，南京：江蘇古籍出版社，2000 年 1 月。

2. 中華民國外交問題研究會編，《中日外交史料叢編（九）：中華民國對日和約》，臺北：中國國民黨中央委員會黨史委員會，1966 年 9 月。

3. 中華民國外交問題研究會編，《中日外交史料叢編（八）：金山和約與中日和約的關係》，臺北：中國國民黨中央委員會黨史委員會，1966 年 8 月。

4. 生命保險協會，《昭和生命保險史料（第 5 卷）》，東京：編者，1973 年 3 月。

5. 何鳳嬌編，《政府接收臺灣史料彙編（上冊）》，臺北：國史館，1990 年 6 月。

6. 金融監督管理委員會保險局編，《保險法及相關法規》，新北：編者，2016 年 10 月。

7. 洪卜仁編，《臺灣光復前後（1943～1946）》，廈門：廈門大學出版社，2010 年 11 月。

8. 胡健國、洪溫臨編，《國史館現藏民國人物傳記史料彙編（第 25 輯）》，臺北：國史館，2001 年 12 月。

9. 秦孝儀主編，《中華民國重要史料初編——對日抗戰時期（第 7 編：戰後中國（四））》，臺北：中國國民黨中央委員會黨史委員會，1981 年 9 月。

10. 財政部編，《財政金融資料輯要》，臺北：編者，1952 年 3 月。

11. 張瑞成編，《中國現代史史料叢編第四集：光復臺灣之籌劃與受降接收》，臺北：中國國民黨中央委員會黨史委員會，1990 年。

12. 陳雲林總主編，《館藏民國臺灣檔案匯編》，第 78、102、193、232、234、236、275、291 冊，北京：九州出版社，2006 年 12 月。

13. 陳榮富編，《臺灣之金融史料》，臺北：臺灣銀行經濟研究室，1953 年 5 月。

14. 陳鳴鐘、陳興唐編，《臺灣光復和光復後五年省情（下）》，南京：南京出版社，1989 年 12 月。

15. 黃登忠編，《臺灣百年糧政資料彙編（第一、二篇）》，臺北：臺灣省政府糧食處，1997 年 6 月。

16. 監察院實錄編輯委員會，《行憲監察院實錄第三編（57 至 66 年）》，臺北：監察院秘書處，1983 年 12 月。

17. 臺灣省接收委員會日產處理委員會編，《臺灣省日產處理法令彙編（第 1 輯）》，臺北：編者，1946 年 9 月。

18. 薛月順編，《資源委員會檔案史料彙編：光復初期臺灣經濟建設（下）》，臺北：國史館，1995 年 12 月。

19. 薛月順編，《臺灣省政府檔案史料彙編：臺灣省行政長官公署時期（一）》，臺北縣：國史館，1996 年 12 月。

三、政府公報、關係文書

1. 《官報》。
2. 《財政部公報》。
3. 《政府公報》。
4. 《立法院議案關係文書》。
5. 《立法院公報》。
6. 《國民政府公報》。
7. 《總統府公報》。
8. 《臺灣省行政長官公署公報》。
9. 《臺灣省政府公報》。
10. 《臺灣省臨時省議會公報》。
11. 《臺灣總督府府（官）報》。

四、報紙

1. 《人民導報》。
2. 《中央日報》。

3.《中時電子報》。

4.《中國時報》。

5.《公論報》。

6.《民報》。

7.《民聲日報》。

8.《自由時報》。

9.《東京朝日新聞》。

10.《經濟日報》。

11.《漢文臺灣日日新報》。

12.《臺灣日日新報》。

13.《臺灣民聲日報》。

14.《聯合晚報》。

15.《聯合報》。

16.《聯合報》。

17.《聯合新聞網》。

五、工商名錄、職員錄

1. 千草默仙編，《會社銀行商工業者名鑑（第 1～12 版）》，臺北：圖南協會，1928～1943 年。第 1 版編者及出版者為高砂改進社。

2. 中國金融年鑑社編，《金融人物誌》，上海：沈雷春，1948 年 11 月。

3. 中華民國工商協進會主辦工商徵信所，《自由中國工商人物誌（1955）》，臺北：中華民國工商協進會，1955 年 12 月。

4. 中華民國工商協進會編，《中華民國工商人物志（1963）》，臺北：編者，1963 年 2 月。

5. 五味田恕編，《新竹州の情勢と人物》，新竹：菅武雄，1938 年 6 月。

6. 行政院人事室（人事行政局）編，《行政院暨各部會處室（局）職員錄》，1950 年 10 月、1953 年 7 月、1961 年 3 月、1965 年 9 月、1969 年 7 月。

7. 杉浦和作、佐佐英彥編，《臺灣會社銀行錄（第 2～24 版，缺第 4、6、8、11 版）》，臺北：臺灣會社銀行錄發行所，1922～1942 年。第 14 版起書名改為《臺灣銀行會社錄》；第 3 版起主編僅杉浦和作、第 18 版起主編改為鹽見喜太郎；第 3 版起出版地為臺灣實業興信所。

8. 李元信編，《環球中國名人傳略》，上海：上海環球出版公司，1944 年。

9. 柯萬榮編，《臺南州名士錄》，臺南：臺南州名士錄編纂局，1931 年 3 月。

10. 商工大臣官房秘書課編，《商工省職員錄》，東京：安信舍印刷所，1941 年 2 月。

11. 臺灣省行政長官公署人事室，《臺灣省長官公署職員通訊錄》，歷年。

12. 臺灣省政府人事處編，《臺灣省各機關職員通訊錄》，歷年。

13. 臺灣新民報社編，《臺灣人士鑑》，臺北：編者，1937 年 9 月。

14. 臺灣新民報社調查部編，《臺灣人士鑑》，臺北：臺灣新民報社，1934 年 3 月。

15. 興南新聞社編，《臺灣人士鑑》，臺北：編者，1943 年 3 月。

六、統計書、年鑑

1. Bureau of the *Census, Statistical Abstract of the United States 1944~45*, Washington: U.S. Government Printing Office, 1945.10.

2. 中央信託局公務人員保險處編，《公務人員保險統計（1966）》，臺北：編者，1966 年。

3. 中央銀行金融業務檢查處編，《金融機構一覽》，臺北：編者，1992 年 9 月。

4. 中央銀行金融業務檢查處編，《金融機構業務概況年報（52～59 年度）》，臺北：編者，1965 至 1970 年 5 月、1971 年 4 月。

5. 中央銀行經濟研究處編，《中華民國台灣金融統計月報（1969 年 7 月）》，臺北：編者，出版日期不明。

6. 中國保險年鑑社編，《中國保險年鑑（1936）》，上海：編者，1936 年 4 月。

7. 行政院主計總處，《中華民國統計提要（57 年）》，出版地不詳：編者，1968 年 10 月。

8. 行政院主計總處編，《中華民國統計提要》，臺北：編者，1958 年 10 月、1961 年 10 月、1964 年 10 月。

9. 海關總稅務司署統計科編，《中國進出口貿易統計年刊（臺灣區）（42～49 年度）》，出版地不詳：編者，1954～1961 年。

10. 財政部財政年鑑編纂處編，《財政年鑑三編》，南京：編者，1948 年。

11. 財政部會計室編，《財政部主管國營事業概況》，臺北：編者，1957 年 12 月。

12. 善後救濟總署臺灣分署經濟技正室編，《臺灣省主要經濟統計》，出版地不詳：善後救濟總署臺灣分署，1946 年 9 月。

13. 經濟部證券管理委員會編，《證券統計要覽（第一、二、三輯）》，臺北：編者，1965 年 9 月、1969 年 6 月、1972 年 10 月。

14. 農商務省（商工省、商工省商務局、商工省保險部、商工省保險局、商工省監理局、大藏省監理局）編，《保險年鑑》（1911～1940 年），東京：生命保險会社協会。

15. 臺灣省行政長官公署統計室編，《臺灣省五十一年來統計提要》。

16. 臺灣省政府主計處編，《中華民國臺灣省統計提要》，出版地不詳：編者，1971 年 10 月。

17. 臺灣省政府社會處編，《台灣省社會事業統計（第十六期）》，臺北：編者，1962 年 6 月。

18. 臺灣新生報叢書編纂委員會，《臺灣年鑑》，臺北：臺灣新生報社，1947 年 6 月。

19. 臺灣銀行金融研究室，《臺灣金融年報（36 至 39 年）》，臺北：編者，1948 年 6 月、1949 年 6 月、1950 年 6 月、1951 年 4 月。

20. 臺灣總督府，《臺灣證券取引管理令附屬統計資料》，臺北：編者，1940 年。

21. 臺灣總督府財務局，《臺灣金融年報（昭和十八年）》，臺北：編者，1944 年 4 月。

22. 臺灣總督府財務局，《臺灣金融年報（昭和十三年）》，臺北：編者，1938 年 7 月。

23. 臺灣總督府財務局金融課，《臺灣の金融（昭和五年）》，臺北：編者，1930 年 10 月。

24. 臺灣總督府殖產局編，《臺灣商工統計（第 5～21 次）》，臺北：編者，1926 至 1943 年。第 21 次書名改為《臺灣商業統計》。

25. 簡易壽險（1949～1970）：交通部郵政總局編，《郵政統計彙輯》，臺北：編者，1976 年 3 月。

七、日記、口述歷史、傳記、紀念文集

1. 何邦立、汪忠甲主編，《何宜武與華僑經濟》，臺北：華僑協會總會，2015 年 3 月。

2. 林獻堂先生紀念集編纂委員會編,《林獻堂紀念集:追思錄(卷三)》,臺中:編者,1950 年 12 月。

3. 林獻堂著,許雪姬等共同註解,《灌園先生日記(三、七、八、九、十一、十七、十九、二十、廿二、廿三)》,臺北:中研院臺史所,2001 年 12 月、2004 年 4 月、2004 年 4 月、2004 年 12 月、2006 年 6 月、2010 年 2 月、2011 年 7 月、2011 年 7 月、2012 年 2 月、2012 年 7 月。

4. 柯蔡玉瓊口述,楊明著,《無私的愛:柯媽媽的故事》,臺北:中央日報,1998 年 8 月。

5. 高陳雙適口述,許月梅撰文,《靜待黎明》,臺北:玉山社,2015 年 2 月。

6. 張炎憲、胡慧玲、曾秋美採訪記錄,《台灣獨立運動的先生:台灣共和國(下冊)》,臺北:吳三連基金會,2000 年。

7. 張哲郎、林建智訪談,秦賢次、吳瑞松編整,《臺灣地區保險事蹟口述歷史》,臺北:財團法人保險事業發展中心,2009 年 6 月。

8. 張麗俊著,許雪姬、洪秋芬、李毓嵐編撰、解讀,《水竹居主人日記(三)》,臺北:中研院近史所,2001 年 8 月。

9. 陳逸松口述,吳君瑩紀錄,林忠勝撰述,《陳逸松回憶錄:太陽旗下風滿台(日據時代篇)》,臺北:前衛,1994 年。

10. 黃進興,《半世紀的奮鬥——吳火獅先生口述傳記(13 版)》,臺北:允晨文化,1992 年 9 月。

11. 楊水心著,許雪姬等共同註解,《楊水心女士日記》,臺北:中研院臺史所,2015 年 2 月。

12. 葉榮鐘編,《羅萬俥先生榮哀錄》,臺中:羅萬俥先生榮哀錄編輯委員會,1964 年 2 月 25 日。

13. 歐素瑛等訪問、紀錄,《嚴家淦總統行誼訪談錄》,臺北:國史館,2013 年 12 月。

14. 蔡實鼎述、劉開平撰,《從新聞人到企業家:儒商:蔡實鼎——美國太平洋旅館集團創辦人傳奇的一生》,臺北:臺灣中華書局,2014 年 10 月。

15. 鄭梓、王御風,《立法院院長黃國書傳記》,臺中:立法院議政博物館,2015 年 12 月。

16. 嚴前總統家淦先生哀思錄編纂小組編,《嚴前總統家淦先生哀思錄》,臺北:行政院新聞局,1994 年 7 月。

八、紀念刊物

1. 中央再保險公司成立 50 周年特刊編輯小組，《中央再保險公司成立 50 周年特刊》，臺北：中央再保險公司，2018 年 10 月。

2. 中國信託投資公司編，《中國信託廿年：中華民國五十五年～七十五年》，臺北：編者，1986 年。

3. 中國產物保險股份有限公司，《中國產物保險股份有限公司五十周年紀念》，出版地不詳：著者，1981 年 11 月。

4. 日本地震再保險株式会社編，《家計地震保險制度と地再社：30 年の歩み》，東京：編者，1997 年 3 月。

5. 央信託局編，《中央信託局五十年》，臺北：編者，1985 年 10 月）。

6. 交通部郵政總局，《郵政七十周年紀念專輯（下冊）》，臺北：編者，1966 年 3 月。

7. 行政院勞工委員會勞工保險局編，《甲子紀事勞工保險 60 年》，臺北：編者，2010 年 7 月。

8. 余如季主編，《台中女中 85 年》，臺中：台中女中、台中女中文教基金會，2004 年 12 月。

9. 秦賢次主編，《明台保險創業四十年記念特刊》，臺北：明台產物保險股份有限公司，2001 年 9 月。

10. 國泰人壽慶祝創立十週年籌備委員會，《國泰人壽十年史》，臺北：國泰人壽，1972 年 12 月。

11. 第一銀行慶祝創立七十週年籌備委員會編，《第一銀行七十年》，臺北：臺灣第一商業銀行，1970 年 3 月。

12. 華南銀行編，《華南銀行改制四十年》，臺北：編者，1987 年 3 月。

13. 新光人壽三十年史編輯委員會編，《新光人壽三十年史》，臺北：新光人壽，1993 年 7 月。

14. 新光人壽廿年史編輯委員會編，《新光人壽廿年史》，臺北：新光人壽，1983 年 7 月。

15. 臺灣人壽保險公司，《臺灣人壽保險公司四十年》，臺北：著者，1987 年 12 月。

16. 臺灣中小企業銀行創立八十週年紀念特刊編輯委員會，《臺灣企銀八十年——改制十九週年紀念》，臺北：臺灣中小企業銀行，1995 年 7 月。

17. 臺灣證券交易所編,《臺灣證券交易所四十週年特刊》,臺北:編者,2002年2月。

九、專書

1. Douglass C. North, Robert Paul Thomas 著、劉瑞華譯,《西方世界的興起》,臺北:聯經,2016年1月。

2. Douglass C. North 著、劉瑞華譯,《制度、制度變遷與經濟成就》,臺北:聯經,2017年3月。

3. Douglass C. North 著、劉瑞華譯,《經濟史的結構與變遷》,臺北:聯經,2016年12月。

4. Edited by Peter Borscheid and Niels Viggo Haueter, World Insurance: The Evolution of a Global Risk Network, Oxford: Oxford University Press, 2012.

5. G. C. Allen, Western Enterprise in Far Eastern Economic Development, China and Japan,New York: A.M. Kelley, 1968。

6. Niels Viggo Haueter, A History of Insurance, Zurich: Swiss Re, 2013.

7. Parks M. Coble Jr.著,楊溪孟譯,《上海資本家與國民政府》,北京:中國社會科學出版社,1988年。

8. Peter L. Bernstein 著,張定綺譯,《風險之書》,臺北:城邦商業週刊,2019年4月。

9. William N. Goetzmann 著,吳書榆譯,《金融創造文明》,新北:聯經,2020年3月)。

10. Yuval Noah Harari 著,林俊宏譯,《人類大歷史(二版)》,臺北:遠見天下文化,2014年8月。

11. 上海百科全書編輯委員會編,《上海百科》,上海:上海科技技術出版社,2010年6月。

12. 于宗先、王金利,《一隻看得見的手:政府在經濟發展過程中的角色》,臺北:聯經,2003年11月。

13. 于宗先、王金利,《台灣金融體制之演變》,臺北:聯經,2005年。

14. 中央信託局,《中央信託局簡介》,出版地不詳:著者,1962年10月。

15. 中國保險學會,《中國保險業二百年:1805～2005》,北京:當代世界出版社,2005年6月。

16. 中華民國駐日代表團日本賠償及歸還物資接收委員會編，《在日辦理賠償歸還工作綜述》，東京：編者，1949 年 9 月。

17. 日本損害保険協会著，《戰爭保險臨時措置法の說明》，大阪：著者，1942 年。

18. 王珏麟，《寧波幫與中國近代保險史略》，杭州：浙江大學出版社，2019 年 3 月。

19. 王泰升，《臺灣法的斷裂與連續》，臺北：元照，2002 年 7 月。

20. 王泰升，《臺灣法律史概論（三版）》，臺北：元照，2009 年 11 月。

21. 王泰升，《臺灣法律現代化歷程：從「內地延長」到「自主繼受」》，臺北：中研院臺史所、臺大出版中心，2015 年 6 月。

22. 矢內原忠雄著、林明德譯，《日本帝國主義下之臺灣》，臺北：財團法人吳三連台灣史料基金會，2014 年 11 月。

23. 交通部郵政總局編，《郵政大事記第一集（下冊）》，臺北：編者，1966 年 3 月。

24. 交通部郵政總局編，《郵政白皮書》，臺北：編者，1993 年 1 月。

25. 朱紀華、上海市檔案館編著，《我們的故事：精算師在上海》，上海：上海書店，2017 年 11 月。

26. 朱華雄，《民國時期保險思想研究》，武漢：武漢大學出版社，2013 年 12 月。

27. 吳文星，《日治時期臺灣的社會領導階層》，臺北：五南，2008 年 5 月。

28. 吳永福，《台灣之幣制與銀行》，南京：財政部財政研究委員會，1947 年。

29. 吳若予，《戰後臺灣公營事業之政經分析》，臺北：業強，1992 年 12 月。

30. 吳若予撰文，檔案管理局編，《二二八事件與公營事業：二二八事件檔案專題選輯》，臺北：檔案管理局，2007 年 5 月。

31. 李為楨、張怡敏，《殖產興業・臺灣土銀》，臺北：臺灣博物館、香港雅凱電腦語音，2009 年 6 月。

32. 李筱峰，《林茂生、陳炘和他們的年代》，臺北：玉山社，1996 年 10 月。

33. 周婉窈主編，《台籍日本兵座談會記錄并相關資料》，臺北：中央研究院臺灣史研究所籌備處，1997 年 1 月。

34. 林寶安，《金融與社會：戰後臺灣金融體系與信用的演進》，臺北：巨流，2011 年 9 月。

35. 保險季刊社,《五十三年度臺灣保險事業》,臺北:編者,1965 年 12 月。

36. 保險銀行時報社編,《本邦生命保險業史》,東京:編者,1933 年 10 月。

37. 涂照彥著,李明峻譯,《日本帝國主義下的台灣(重校版)》,臺北:人間,2017 年 8 月。

38. 姚慶海主編,《保險史話(修訂本)》,北京:社會科學文獻出版社,2017 年 12 月。

39. 洪紹洋,《近代造船業的技術移轉與學習》,臺北:遠流,2011 年 3 月。

40. 洪紹洋,《商人、企業與外資:戰後臺灣經濟史考察》,新北:左岸,2021 年 12 月。

41. 若林正丈著,洪郁如等譯,《戰後臺灣政治史:中華民國臺灣化的歷程》,臺北:臺大出版中心,2016 年 4 月。

42. 展恆舉,《中國近代法制史》,臺北:臺灣商務,1973 年 7 月。

43. 秦賢次、吳瑞松,《臺灣保險史綱:1836～2007》,臺北:財團法人保險事業發展中心,2009 年 3 月。

44. 袁穎生,《光復前後的臺灣經濟》,臺北:聯經,1998 年 7 月。

45. 財政部,《財政部史實紀要(第一、二冊)》,臺北:編者,1992 年 9 月。

46. 高星,《族譜的墨跡:中國人民保險公司成立初期創始人列傳》,北京:中國金融出版社,2017 年 12 月)。

47. 高淑媛,《臺灣工業史》,臺北:五南,2016 年 9 月。

48. 國立臺北商業大學,《國立臺北商業大學簡介》,臺北:著者,2014 年 8 月。

49. 張明暉,《南山人壽半世紀風雲變幻──保險王國 AIG 的興衰與出路》,臺北:秋雨文化,2009 年 10 月。

50. 張炎憲主編,《二二八事件辭典》,臺北:國史館、二二八基金會,2008 年 2 月。

51. 張維斌,《空襲福爾摩沙:二戰盟軍飛機攻擊臺灣紀實》,臺北:前衛,2015 年 8 月。

52. 許仁壽等編,《中華民國證券市場(八十六年版)》,臺北:財團法人中華民國證券暨期貨市場發展基金會,1997 年 7 月。

53. 許雪姬總策畫,《臺灣歷史辭典》,臺北:文建會,2004 年 5 月。

54. 連克,《從代理人到保險公司:臺灣商人的產物保險經營 1862～1947》,臺北:國史館、政大出版社,2017 年 11 月。

55. 陳杰主編，《抗戰時期重慶保險史（1937～1945）》，重慶：重慶出版社，2015 年 8 月。

56. 陳相如主編，《開南百年：開南高級商工職業學校世紀典藏（1917～2017）》，臺北：臺北市私立開南高級商工職業學校，2017 年 4 月。

57. 陳家豪，《從臺車到巴士：百年臺灣地方交通演進史》，新北：左岸，2020 年 11 月。

58. 陳師孟等，《解構黨國資本主義》，臺北：自立晚報社，1992 年 1 月。

59. 陳翠蓮，《重構二二八：戰後美中體制、中國統治模式與臺灣》，新北：衛城，2017 年 2 月。

60. 陳懇，《迷失的盛宴：中國保險史（1978～2014）》，杭州：浙江大學出版社，2014 年 8 月。

61. 彭光治，《台股風雲起：走過半世紀的台灣證券市場》，臺北：早安財經文化，2009 年 9 月。

62. 彭蕙仙，《億兆傳奇：國泰人壽之路》，臺北：商周文化，1993 年 12 月。

63. 陽肇昌，《我國保險業當前發展之方向》，臺北：著者，1985 年 9 月。

64. 隅谷三喜男、劉進慶、涂照彥著，雷慧英、吳偉健、耿景華譯，《台灣之經濟——典型 NIES 之成就與問題》，臺北：人間，1995 年 4 月。

65. 黃昭堂著、黃英哲譯，《台灣總督府（二版）》，臺北：前衛，2013 年 7 月。

66. 楊護源，《光復與佔領：國民政府對臺灣的軍事接收》，臺北：獨立作家，2016 年 8 月。

67. 葉榮鐘，《臺灣人物群像》，臺中：晨星，2000 年 8 月。

68. 廖鴻綺，《貿易與政治：台日間的貿易外交（1950～1961）》，臺北縣：稻鄉，2005 年 10 月。

69. 臺灣省文獻委員會譯編，《臺灣慣習記事（中譯本）第五卷上》，臺中：譯編者，1990 年 3 月。

70. 臺灣省行政長官公署人事室編，《臺灣一年來之人事行政》，臺北：臺灣省行政長官公署宣傳委員會，1946 年 11 月。

71. 臺灣省行政長官公署民政處編，《臺灣民政第一輯》，臺北：編者，1946 年 5 月。

72. 臺灣省行政長官公署財政處編，《臺灣一年來之財政》，臺北：臺灣省行政長官公署宣傳委員會，1946 年 12 月。

73. 臺灣省政府新聞處,《臺灣的建設》,臺中:編者,1962 年 10 月。

74. 臺灣省接收委員會日產處理委員會編,《臺灣省接收委員會日產處理委員會結束總報告》,臺北:編者,1947 年 6 月。

75. 臺灣總督府,《中等教科國語讀本(卷 2)》,臺北:著者,1921 年 3 月。

76. 臺灣總督府編,《臺灣統治概要》,臺北:南天書局,1997 年 12 月。

77. 趙守兵,《仰望百年——中國保險先驅四十人》,北京:中國金融出版社,2014 年 9 月。

78. 趙既昌,《美援的運用》,臺北:聯經,1985 年 6 月。

79. 趙蘭亮,《近代上海保險市場研究(1843～1937)》,上海:復旦大學出版社,2003 年 12 月。

80. 劉進慶著,王宏仁、林繼文、李明峻譯,《台灣戰後經濟分析(修訂版)》,臺北:人間,2012 年 1 月。

81. 潘志奇《光復初期臺灣通貨膨脹的分析》,臺北:聯經,1980 年。

82. 鄭梓,《戰後臺灣的接收與重建:臺灣現代史研究論集》,臺北:新化圖書,1994 年。

83. 鞏慶軍主編,《青島保險史話(1898～2015)》,青島:青島出版社,2017 年 6 月。

84. 賴英照,《台灣金融版圖之回顧與前瞻》,臺北:聯經,1997 年 2 月。

85. 薛化元等著,《臺灣貿易史》,臺北:外貿協會,2008 年 1 月。

86. 瞿宛文,《台灣戰後經濟發展的源起:後進發展的為何與如何》,臺北:中研院、聯經,2017 年 1 月。

87. 瞿宛文,《農村土地改革與工業化:重探台灣戰後四大公司民營化的前因後果》,新北:聯經,2022 年 2 月。

88. 簡易保險局編,《簡易生命保險郵便年金事業史》,東京:編者,1936 年。

十、志書

1. 上海金融志編纂委員會,《上海金融志》,上海:上海社會科學院,2003 年 7 月。

2. 中華民國史法律志編纂委員會,《中華民國法律志(初稿)》,臺北:國史館,1994 年 2 月。

3. 王振勳、趙國光主持,國立中興大學編纂,《臺中市志・人物志》,臺中:臺中市政府,2008 年 12 月。

4. 李汝和主修，《臺灣省通志稿（卷四）：經濟志商業篇（第 1 冊）》，臺北：臺灣省文獻委員會，1970 年 6 月。

5. 林文鎮編纂，《續修澎湖縣志‧卷十一教育志》，澎湖：澎湖縣政府，2005 年 7 月。

6. 林恭平纂修，《臺灣省通志稿（卷四）：經濟志商業篇》，臺北：臺灣省文獻委員會，1958 年 6 月。

7. 袁穎生編纂，《重修臺灣省通志（卷四）：經濟志金融篇》，南投：臺灣省文獻委員會，1993 年 6 月。

8. 張勝彥編纂，張美孆、張靜宜、曾蓮馨撰述，《臺灣省政府財政廳志》，南投：省財政廳，1999 年。

9. 陳翠蓮撰稿，《續修臺北市志（卷九）人物志：政治與經濟篇》，臺北：北市文獻會，2014 年 11 月。

10. 曾麗珍，《臺灣全志（卷十一）：財政金融志‧證券與票券篇》，南投：國史館臺灣文獻館，2017 年 8 月。

11. 黃秀政總纂，李毓嵐、顧雅文、張素玢、李昭容撰稿，《新修彰化縣志（卷九）人物志：政治人物篇》，彰化：彰化縣政府，2018 年 10 月。

十一、期刊論文

1. 〈四行倉庫探明「前世今生」——蘇州河畔「全國優秀文物維修工程」之文物勘察篇〉，《建築科技》，2017 年 4 期，頁 5～8。

2. 〈民國人物小傳（18）〉，《傳記文學》，第 25 卷第 4 期，1974 年 10 月，頁 99～103。

3. 〈民國人物小傳（19）〉，《傳記文學》25：5（1974 年 11 月），頁 100～103。

4. 〈民國人物小傳（45）〉，《傳記文學》，第 31 卷第 3 期，1977 年 3 月，頁 126～132。

5. 〈回首世紀 北歲百人：1901 年誕生的一百位人物（下篇）〉，《傳記文學》，第 78 卷第 2 期，2001 年 2 月，頁 19～39。

6. 〈施性水移忠作孝〉，《中國一周》，第 586 期，1961 年 7 月 17 日，頁 9。

7. 〈旅菲僑領施性水先生事畧〉，《中國一周》，第 712 期，1963 年 12 月 16 日，頁 28。

8. J. M. Meskill 著，溫振華譯，〈霧峯林家——一個臺仕紳家族的興起〉，《臺灣風物》，第 29 卷第 4 期，1979 年 12 月，頁 1～10。

9. 中野三郎，〈本島に於ける保險業〉，《臺灣時報》，第 214 期，1937 年 9 月，頁 47〜53。

10. 尹仲容，〈一年來中央信託局的業務〉，《中國經濟》，第 16 期，1952 年 1 月，頁 141〜143。

11. 尹仲容，〈我對臺灣保險業的看法〉，《保險季刊》，第 1 卷第 3 期，1961 年 9 月，頁 1〜3。

12. 王惟芷，〈銷貨契約與水險保單之關係〉，《保險季刊》，第 1 卷第 2 期，1961 年 6 月，頁 20〜25。

13. 王晚英、池子華，〈1980 年以來中國近代保險史研究綜述〉，《上海師範大學學報（哲學社會科學版）》，第 32 卷第 6 期，2003 年 11 月，頁 6〜11。

14. 王紹興，〈一年來的臺灣人壽保險業務〉，《中國經濟》，第 16 期，1952 年 1 月，頁 189〜196。

15. 王紹興，〈台灣人壽保險公司十四年〉，《保險季刊》，第 2 卷第 2 期，1962 年 6 月，頁 2〜5。

16. 田村祐一郎，〈簡易保險問題について〉，《文研論集》，第 75 期，1986 年 6 月，頁 23〜87。

17. 田村祐一郎，〈簡易保險問題の史的展開（1）—簡易保險の創設及び戰前における簡易保險の拡張志向—〉，《生命保險文化研究所所報》，第 68 期，1984 年 9 月，頁 1〜39。

18. 田村祐一郎，〈簡易保險問題の史的展開（2）—終戰前後から昭和 30 年代まで—〉，《文研論集》，第 71 期，1985 年 6 月，頁 51〜84。

19. 伍大中，〈論臺灣保險事業〉，《中國經濟》，第 154 期，1963 年 7 月，頁 5〜8。

20. 何義麟，〈「民報」——臺灣戰後初期最珍貴的史料〉，《臺灣風物》，第 53 卷第 3 期，2003 年 9 月，頁 173〜184。

21. 何鳳嬌，〈戰後臺灣拓殖株式會社社有地的接收與處理〉〉，《國史館學術集刊》，第 7 期，2006 年 3 月，頁 257〜295。

22. 吳淑鳳，〈戰後中國對日求償之交涉（1945〜1949）〉，《中華軍史學會會刊》，第 13 期，2008 年 9 月，頁 267〜293。

23. 吳聰敏，〈1910 年至 1950 年臺灣地區國內生產毛額之估計〉，《經濟論文叢刊》，第 19 卷第 2 期，1991 年 6 月，頁 164〜171。

24. 吳聰敏，〈1945～1949 年國民政府對臺灣的經濟政策〉，《經濟論文叢刊》，第 25 卷第 4 期，1997 年 12 月，頁 521～554。

25. 吳聰敏，〈臺灣戰後的惡性物價膨脹（1945～1950）〉，《國史館學術集刊》，第 10 期，2006 年 12 月，頁 129～159。

26. 吳聰敏、高櫻芬，〈臺灣貨幣與物價長期關係之研究——1907 年至 1986 年〉，《經濟論文叢刊》，第 19 卷 1 期，1991 年 3 月，頁 23～71。

27. 李為楨，〈戰後台湾の中小企業金融システムの発展——合会貯蓄公司を中心に〉，《現代台湾研究》，第 29 期，2005 年 12 月，頁 36～57。

28. 杜均衡，〈論當前保險立法的幾個課題〉，《保險季刊》，第 1 卷第 1 期，1961 年 3 月，頁 7～14。

29. 汪季蘭，〈教育的先行者——朱秀榮的「再興」之路（下）〉，《傳記文學》，第 82 卷第 1 期，2003 年 1 月，頁 39～43。

30. 沈元鼎，〈中央信託局人壽保險處業務概況〉，《保險季刊》，第 2 卷第 2 期，1962 年 6 月，頁 6～9。

31. 沈佛生，〈臺灣之人壽保險〉，《臺灣銀行季刊》，第 20 卷第 1 期，1969 年 3 月，頁 378～400。

32. 卓東來，〈汽車保險聯合審核處所負使命〉，《保險季刊》，第 1 卷第 1 期，1961 年 3 月，頁 29～30。

33. 岸上東彥，〈昭和 18 年 9 月 10 日鳥取地震の被害〉，《東京大学地震研究所彙報》，第 23 卷第 1～4 期，1947 年 2 月 28 日，頁 98～103。

34. 林文凱，〈晚近日治時期臺灣工業史研究的進展：從帝國主義論到殖民近代化論的轉變〉，《臺灣文獻》，第 68 卷第 4 期，2017 年 12 月，頁 134～141。

35. 林玉茹，〈2007 年臺灣經濟史的回顧與展望〉，《漢學研究通訊》，第 28 卷第 4 期，2009 年 11 月，頁 19～31。

36. 林振榮，〈原太平保險實際掌門人丁雪農：太平「守望者」（一）（二）（三）〉，《中國銀行保險報》，網址：http://www.cbimc.cn/。

37. 林崇英，〈我國證券借貸與信用交易制度概述〉，《證交資料》，第 599 期，2012 年 3 月，頁 47～51。

38. 筍清如，〈臺灣郵政簡易人壽保險及代理業務〉，《交通建設》，第 4 卷第 3 期，1955 年 3 月，頁 28～35。

39. 邱松慶,〈南京國民政府初建時期的金融體系〉,《黨史研究與教學》,1998
    年第 6 期,總第 144 期,頁 54～59。

40. 洪紹洋,〈臺灣基層金融體制的型構:從臺灣產業組合聯合會到合作金庫
    (1942～1949)〉,《臺灣史研究》,第 20 卷第 4 期,2013 年 12 月,頁 99
    ～134。

41. 洪紹洋,〈戰後初期臺灣造船公司的接收與經營(1945～1950)〉,《臺灣
    史研究》,第 14 卷第 3 期,2007 年 9 月。

42. 洪紹洋,〈戰後初期臺灣對外經濟關係之重整(1945～1950)〉,《臺灣文
    獻》,第 66 卷第 3 期,2015 年 9 月,頁 103～149。

43. 紀旭峰,〈戰前期早稻田大学の台湾人留学生〉,《早稻田大学史紀要》,
    第 44 期,2013 年 2 月,頁 147～183。

44. 紀明中,〈菲律賓華僑突破產險禁令──施性水敲開產險大門〉,《財訊》,
    第 48 期,1986 年 3 月,頁 130～133。

45. 胡允恭(邦憲),〈地下十五年與陳儀〉(原載於〈國民黨軍倒戈內幕(下
    集)〉),《傳記文學》,第 60 卷第 6 期,1992 年 6 月,頁 59～66。

46. 范廣大,〈台灣火險市場的回顧與展望〉,《保險季刊》,第 1 卷第 4 期,
    1961 年 12 月,頁 7～11。

47. 孫堂福,〈臺灣之產物保險〉,《臺灣銀行季刊》,第 20 卷第 1 期,1969 年
    3 月,頁 357～377。

48. 郝充仁、周林毅,〈開放外商進入壽險市場對本國原有壽險公司經營效率
    之影響〉,《保險專刊》,第 18 卷第 2 期,2002 年 12 月,頁 193～213。

49. 康金莉、姚會元,〈太平保險公司初期發展研究〉,《衡水學院學報》,第
    10 卷第 2 期,2008 年 4 月,頁 4～6。

50. 張怡敏,〈戰爭與金融:株式會社臺灣商工銀行之經營(1937～1945 年)〉,
    《臺灣史研究》29:1(2022 年 3 月),頁 89～158。

51. 張明暉,〈產險史話(八)開放市場篇〉,《保險大道》,臺北:中華民國產
    物保險商業同業公會,2007 年 6 月,頁 77～82。

52. 連克,〈臺灣第一家保險公司:臺灣家畜保險株式會社成立始末
    (1900~1905)〉,《臺灣學研究》,第 21 期,2017 年 1 月,頁 37～71。

53. 連克、曾耀鋒,〈經營理念與派別之爭:日治時期大成火災海上保險株式會
    社經營始末〉,《臺灣史研究》,第 23 卷第 3 期,2016 年 9 月,頁 43～84。

54. 陳姃湲，〈放眼帝國、伺機而動：在朝鮮學醫的臺灣人〉，《臺灣史研究》，第 19 卷第 1 期，2012 年 3 月，頁 87～140。

55. 陳效綏，〈臺灣火災保險之回顧與前瞻〉，《保險季刊》，第 2 卷第 3 期，1962 年 9 月，頁 25～29。

56. 傅斯年，〈歷史語言研究所工作之旨趣〉，《歷史語言研究所集刊》，第 1 卷第 1 期，1928 年 8 月，頁 3～10。

57. 彭金隆，〈臺灣的保險滲透度下滑，可能跟你想的不一樣！〉，《Advisors 財務顧問》，網址：https://www.advisers.com.tw/?p=10926。

58. 曾妙慧，〈臺灣「蔗農保險」之研究：1956～1986 年〉，《國立政治大學歷史學報》，第 23 期，2005 年 5 月，頁 211～249。

59. 曾耀鋒，〈日本統治時代の台湾における大成火災の事業展開〉，《日本台湾学会報》，第 15 期，2013 年 6 月，頁 69～82。

60. 曾耀鋒，〈日治時期臺灣壽險史研究的回顧與展望〉，《興大歷史學報》，第 23 期，2011 年 6 月，頁 115～130。

61. 殖產局商工課，〈臺灣に於ける保險業〉，《臺灣時報》，第 65 期，1925 年 3 月，頁 77～88。

62. 游彌堅，〈台灣保險業的前途〉，《今日財經月刊》，第 2 期，1962 年 1 月，頁 3～4。

63. 陽前董事長肇昌先生治喪委員會，〈陽肇昌生平事略〉，《逢甲人》，第 112 期，2002 年 1 月，網址：https://140.134.131.84/alupublication/。

64. 陽肇昌，〈汽車保險之回顧與前瞻〉，《保險季刊》，第 2 卷第 1 期，1962 年 3 月，頁 32～37。

65. 黃正宗，〈何以分歧？戰後臺灣保險業務發展之研究（1945～1963）〉，《台灣史學雜誌》，第 30 期，2021 年 6 月，頁 210～255。

66. 黃正宗，〈戰後臺灣戰爭保險金求償問題研究（1945～1957）〉，《臺灣文獻》，第 70 卷第 2 期，2019 年 6 月，頁 33～83。

67. 黃玉齋，〈臺灣保險事業的發展〉，《臺灣文獻》，第 15 卷第 2 期，1964 年 6 月，頁 75～110。

68. 黃自進，〈抗戰結束前後蔣介石的對日態度：「以德報怨」真相的探討〉，《中央研究院近代史研究所集刊》，第 45 期，2004 年 9 月，頁 143～194。

69. 黃自進,〈戰後台灣主權爭議與《中日和平條約》〉,《中央研究院近代史研究所集刊》,第 54 期,2006 年 12 月,頁 59～104。

70. 黃秉心,〈一年來的臺灣產物保險業務〉,《中國經濟》,第 16 期,1952 年 1 月,頁 187～188。

71. 黃秉心,〈保險事業在臺灣(上)〉,《保險季刊》,第 8 卷第 3 期,1968 年 9 月,頁 5～18。

72. 黃秉心,〈臺灣保險業之史的研究〉,《臺灣銀行季刊》,第 1 卷第 2 期,1947 年 9 月,頁 46～62。

73. 黃富三,〈清代臺灣外商之研究——美利士洋行(上)〉,《臺灣風物》,第 32 卷第 4 期,1982 年 12 月。

74. 黃富三,〈清代臺灣外商之研究——美利士洋行(下)〉,《臺灣風物》,第 33 卷第 1 期,1983 年 3 月。

75. 楊賡堯,〈保險〉,《語苑》,第 18 卷第 9 期,1925 年 9 月,頁 32～35。

76. 董漢槎,〈經營壽險事業之先決條件〉,《保險季刊》,第 2 卷第 3 期,1962 年 9 月,頁 2～3。

77. 鈴木庄助,〈臺灣島人生命保險論〉,《臺灣慣習記事》,第 5 卷 1 期,1905 年 1 月。

78. 廖漢臣,〈外商與保險業〉,《臺北文物》,第 7 卷第 2 期,1958 年 7 月,頁 71～87。

79. 臺灣人壽保險公司籌備處,〈臺灣人壽保險公司概況〉,《臺灣銀行季刊》,第 1 卷第 2 期,1947 年 9 月,頁 137～138。

80. 臺灣產物保險公司,〈臺灣產物保險公司概況〉,《臺灣銀行季刊》,第 1 卷第 2 期,1947 年 9 月,頁 132～136。

81. 臺灣銀行經濟研究室,〈臺灣之金融機構〉,《臺灣銀行季刊》,第 20 卷第 1 期,1969 年 3 月,頁 1～19。

82. 蔡慧玉,〈日治時期臺灣行政官僚的形塑:日本帝國的文官考試制度、人才流動和殖民行政〉,《臺灣史研究》,第 14 卷第 4 期,2007 年 12 月,頁 1～65。

83. 蔡慧玉,〈台灣民間對日索賠運動初探:「潘朵拉之箱」〉,《臺灣史研究》,第 3 卷第 1 期,1996 年 6 月,頁 173～228。

84. 鄭琳春，〈一個舊知識分子的十年心路歷程——蔡致通「交心材料」剖析〉，《江淮文史》，2015 年 2 期，頁 77～85。

85. 鄭會欣，〈關於戰後偽中儲券兌換決策的制定經過〉，《文史哲》，第 328 期，2012 年第 1 期，頁 79～93。

86. 蕭志前，〈近十年來之貨物海上保險〉，《保險季刊》，第 3 卷第 1 期，1963 年 3 月，頁 19～27。

87. 蕭富隆，〈臺灣省行政長官公署對臺籍行政人員之接收與安置〉，《國史館館刊》，第 24 期，2010 年 6 月，頁 1～44。

88. 薛月順，〈陳儀主政下「臺灣省貿易局」的興衰（1945～1947）〉，《國史館學術集刊》，第 6 期，2005 年 9 月，頁 193～223。

89. 嚴家淦，〈寄望於保險業〉，《保險季刊》，第 1 卷第 1 期，1961 年 3 月，頁 2。

90. 嚴家淦，〈發展人壽保險促進經濟建設〉，《保險季刊》，第 2 卷第 2 期，1962 年 6 月，頁 1。

91. 蘇瑤崇，〈論戰後（1945～1947）中美共同軍事佔領臺灣的事實與問題〉，《臺灣史研究》，第 23 卷 3 期，2016 年 9 月，頁 85～124。

十二、專書論文

1. 王泰升，〈台灣企業組織法之初探與省思〉，收入氏著，《台灣法律史的建立（二版）》，臺北：著者，2006 年，頁 281～342。

2. 吳聰敏，〈臺灣戰後的惡性物價膨脹〉，收入梁國樹編，《臺灣經濟發展論文集——紀念華嚴教授專集》，臺北：時報文化，1994 年，頁 141～181。

3. 李為楨，〈戰後初期台湾における産業組合の改組及び発展に関する考察〉，收入馬場毅、許雪姬、謝國興、黃英哲編，《近代台湾の経済社会の変遷：日本とのかかわりをめぐって》，東京：東方書店，2013 年 12 月，頁 333～358。

4. 杜量，〈臺灣之合會儲蓄〉，收入臺灣銀行經濟研究室編，《臺灣金融之研究（第 2 冊）》，臺北：臺灣銀行，1969 年 11 月，頁 339～356。

5. 林煜宗，〈臺灣證券市場之檢討〉，收錄於于宗先、劉克智主編，《台灣的金融發展》，臺北：中央研究院經濟研究所，1985 年 6 月，頁 203～262。

6. 林滿紅，〈政權移轉與精英絕續——台灣對日貿易中的政商合作（1950～1961）〉，收入李培德編，《大過渡——時代變局中的中國商人》，香港：商務印書館，2013 年 11 月），頁 100～139。

7. 林蘭芳，〈嚴家淦與戰後初期臺灣保險業（1945～1963）〉，收入吳淑鳳、陳中禹主編，《關鍵轉型——嚴家淦先生與臺灣經濟發展》，臺北：國史館，2014 年 12 月，頁 151～191。

8. 張素民，〈設立中央保險監理局之必要〉，收錄於沈雷春編，《中國保險年鑑（1937）》，上海：中國保險年鑑社，1937 年 7 月 15 日，特編頁 34～35。

9. 許雪姬，〈二二八中的林獻堂〉，收入中華民國史專題第六屆討論會秘書處編，《中華民國史專題論文集（第六屆討論會）：20 世紀臺灣歷史與人物》，臺北：國史館，2002 年 12 月，頁 989～1061。

10. 陳木在，〈保險金融的蛻變〉，收入金融監督管理委員會保險局編，《保險局（司）成立二十週年特刊》，新北：編者，2011 年 7 月，頁 18～27。

11. 陳定輝，〈強制汽車責任保險法制定籌備過程之回顧〉，收入廖淑惠等編，《強制汽車責任保險實施十週年回顧專輯》，臺北：財團法人保險事業發展中心，2008 年 11 月，頁 13～27。

12. 陳明通，〈派系政治與陳儀治臺論〉，收入賴澤涵主編，《臺灣光復初期歷史》，臺北：中央研究院中山人文社會科學研究所，1993 年 11 月，頁 223～302。

13. 陳俊宏，〈李春生、李延禧與第一銀行〉，收入李明輝編，《近代東亞變局中的李春生》，臺北：臺大出版中心，2010 年 5 月，頁 237～261。

14. 陳聰民，〈儉腸勒肚為「聖戰」——戰時貯蓄及保險〉，收入林金田編，《烽火歲月：戰時體制下的臺灣史料特展圖錄（上冊）》，南投：臺灣文獻館，2003 年 12 月，頁 91～114。

15. 曾幼瑩採訪、撰文，〈50 級經濟系 鄭世津學長〉，《東吳菁英（五）東吳大學傑出校友文集》，頁 198～205，網址：https://web-ch.scu.edu.tw/storage/app/media/1949/1_5pdf/5-02202009291540.pdf。

16. 蔡慧玉，〈日治臺灣的奉給令研究：明治建制、官制釋疑及臺灣基層行政〉，收入汪榮祖編，《地方史研究集》，嘉義：國立中正大學臺灣人文研究中心，2007 年 12 月，頁 123～188。

17. 鍾淑敏，〈戰後日本臺灣協會的重建〉，收錄於許雪姬編，《臺灣歷史的多元傳承與鑲嵌》，臺北：中央研究院臺灣史研究所，2014 年 12 月，頁 69～121。

18. 蘇為絢，〈臺灣之儲蓄業務〉，收入臺灣銀行經濟研究室編，《臺灣金融之研究（第二冊）》，臺北：臺灣銀行，1969 年 11 月，頁 260～303。

19. 鹽見俊二著，周憲文譯，〈日據時代臺灣之警察與經濟〉，《臺灣經濟史初集》，臺北：臺灣銀行，1954 年 9 月，頁 127～147。

20. 陳翠蓮，〈「大中國」與「小臺灣」的經濟矛盾——以資源委員會與台灣省行政長官公署的資源爭奪為例〉，收入張炎憲、陳美蓉、楊雅慧編，《二二八事件研究論集》，臺北：吳三連基金會，1998 年，頁 51～78。

十三、學位論文

1. 李為楨，〈戰後台湾金融システムの近代化に関する研究〉，京都：京都大學經濟學研究科博士論文，2007 年。

2. 李虹薇，〈臺灣產物保險業之發展（1920～1963）〉，臺北：國立政治大學臺灣史研究所碩士論文，2014 年 7 月。

3. 林文蘭，〈生命商品化的社會基礎與運作機制：以戰後臺灣人身保險業為例〉，臺北：國立臺灣大學社會學研究所碩士論文，2001 年 6 月。

4. 林虹妤，〈戰後的省營商業銀行——以彰化商業銀行為例（1945～1957）〉，桃園：國立中央大學歷史研究所碩士論文，1999 年。

5. 邱繼正，〈日治時期臺灣生命保險產業研究（1896～1937）——兼論民營與官營之比較〉，桃園：國立中央大學歷史學研究所碩士論文，2014 年 1 月。

6. 洪嘉鴻，〈近代臺灣證券市場的成立與發展（1885～1962）——歷史的延續與斷裂〉，臺中：國立暨南國際大學歷史學系研究所碩士論文，2013 年 7 月。

7. 夏良業，〈魏道明與臺灣省政改革（1947～1948）〉，臺北：國立臺灣師範大學臺灣史學研究所碩士論文，2009 年。

8. 張秀琪，〈日治時期新屋范姜家族社會領導階層之探討〉，桃園：中央大學客家社會文化研究所碩士論文，2008 年 1 月。

9. 張俊德,〈近代臺灣股票制度發展之研究（1899～1962）〉,臺中：國立中興大學歷史研究所博士論文,2018 年 12 月。

10. 張宸睿,〈開放保險市場對我國產險業經營效率之影響〉,臺北：國立政治大學會計研究所碩士論文,2006 年。

11. 曹慧玲,〈國家與市場：日據時期臺灣壽險市場的發展〉,臺北：國立臺灣大學社會學研究所碩士論文,2001 年 6 月。

12. 莊明庭,〈轉變為中國國際商銀：中國銀行的遷臺、復業與改制及其政策意義〉,臺北：中國文化大學文學院史學系碩士論文,2021 年 6 月。

13. 莊濠賓,〈世變下台灣地主層的沒落——以四大公司民營化為例（1949～1957）〉,南投：國立暨南國際大學歷史學系博士論文,2018 年 8 月。

14. 連克,〈從代理店到保險會社——臺灣商人的損害保險經營（1862～1947）〉,臺南：國立成功大學歷史學研究所碩士論文,2014 年 7 月。

15. 陳芙蓉,〈張素民制度經濟思想研究〉,武漢：中南財經政法大學經濟學門碩士論文,2019 年 5 月。

16. 陳亮州,〈戰後台灣日產的接受與處理〉,桃園：國立中央大學歷史研究所碩士論文,1998 年。

17. 陳鈺琪,〈王育德與臺灣人原日本兵補償問題思考會〉,臺北：國立臺灣師範大學文學院臺灣史研究所碩士論文,2020 年 2 月。

18. 陳慶立,〈廖文毅的理想國：台灣共和國臨時政府的成立與瓦解〉,臺北：國立政治大學臺灣史研究所博士論文,2013 年 7 月。

19. 曾耀鋒,〈日本統治時代の台湾における生命保険市場に関する史的研究：競争の時代から統制の時代へ〉。東京：一橋大學大學院商學研究科會計・金融專攻博士論文,2008 年。

20. 游能淵,〈台灣產物保險市場之研究〉,臺北：國立政治大學財政研究所碩士論文,1969 年。

21. 黃依婷,〈日治時期臺灣簡易生命保險研究（1927～1945）〉,新竹：國立清華大學歷史學研究所碩士論文,2012 年 7 月。

22. 黃麗敏,〈臺灣人壽保險公司對臺灣壽險之推展（民國 34～49 年）〉,桃園：國立中央大學歷史研究所碩士論文,2019 年 1 月。

23. 趙偉翔,〈中日和約第三條問題之研究〉,臺北：中國文化大學文學院史學系碩士論文,2017 年 6 月。

24. 潘美智，〈1960 年代菲律賓華僑來臺投資保險業之研究——以施性水及楊應琳為例〉，臺北：國立臺灣師範大學華語文教學研究所僑教與海外華研究組，2012 年 7 月。

25. 顏維婷，〈沒有變革的改革——全球化與台灣金融監理改革〉，臺北：國立臺灣大學政治學研究所碩士論文，2010 年 7 月。

26. 蘇薰璇，〈市場、國家與社會：從制度論探討臺灣戰後壽險市場的發展〉，臺北：國立臺灣大學社會學研究所博士論文，2013 年 1 月。

十四、教科書

1. Emmett J. Vaughan、Therese Vaughan 著，賴麗華、洪敏三譯，《保險學：風險與保險原理（第八版）》，臺北：台灣西書出版社，2001 年 4 月。

2. 加藤由作，《保險概論》，東京：嚴松堂，1944 年。

3. 江朝國，《保險法基礎理論》，臺北：瑞興，1995 年 9 月。

4. 吳聰敏，《經濟學原理（2 版）》，臺北：著者，2014 年 8 月。

5. 李榮謙，《貨幣銀行學（十版增訂）》，臺北：智勝文化，2012 年 1 月。

6. 沈中華，《金融市場：全球的觀點（七版）》，臺北：新陸書局，2019 年 9 月。

7. 孫堂福，《保險學（增訂 23 版）》，臺北：王光遠，1988 年。

8. 孫堂福，《海上保險學（增訂 14 版）》，臺北：王光遠，1984 年。

9. 袁宗蔚，《保險法》，臺北：三民書局，1963 年 11 月。

10. 張清溪、許嘉棟、劉鶯釧、吳聰敏，《經濟學：理論與實務（五版）（上冊）》，臺北：著者，2004 年 8 月。

11. 陳雲中，《保險學要義：理論與實務（修訂第 9 版）》，臺北：著者，2011 年 8 月）。

12. 黃昱程，《現代金融市場》，臺北：著者，2019 年 7 月。

13. 劉宗榮，《新保險法（二版）》，臺北：著者，2011 年 9 月）。

14. 鄭玉波著、劉宗榮修訂，《保險法論》，臺北：三民，2012 年 2 月。

15. 鄭濟世，《保險學：經營與監理》，臺北：新陸，2019 年 2 月。

16. 謝劍平、林傑宸，《證券市場與交易實務》，臺北：智勝文化，2016 年 8 月。

十五、其它

（一）機關、學校、企業官網

1. 中華民國人壽保險商業同業公會，網址：http://www.lia-roc.org.tw/。

2. 中華民國產物保險商業同業公會，http://www.nlia.org.tw/。

3. 中華民國精算學會，網址：http://www.airc.org.tw/。

4. 內閣官房，網址：https://www.cas.go.jp/jp/ryodo/shiryo/takeshima/detail/t1946012900101.html。

5. 行政院主計總處，網址：https://www.dgbas.gov.tw/。

6. 東京海上，網址：https://www.tokiomarine-nichido.co.jp/。

7. 金融監督管理委員會保險局，https://www.ib.gov.tw/。

8. 財團法人保險安定基金，網址：http://www.tigf.org.tw/。

9. 財團法人保險事業發展中心，網址：https://www.tii.org.tw/。

10. 國立臺北大學，網址：https://new.ntpu.edu.tw/。

11. 國家委員會檔案管理局，網址：https://www.archives.gov.tw/。

12. 強制汽車責任保險網站，網址：http://www.cali.org.tw/。

13. 第一生命保險株式会社，網址：https://www.dai-ichi-life.co.jp/。

14. 臺北市立成淵高中，網址：https://www.cyhs.tp.edu.tw/。

15. 臺北市議會，網址：https://www.tcc.gov.tw/。

16. 臺灣銀行，網址：https://www.bot.com.tw/。

17. 臺灣證券交易所，網址：https://www.twse.com.tw/。

（二）資料庫、檢索系統

1. 《中華民國五十二年立法院大事記》，出版地、出版時間不詳），取自：立法院大記事影像系統，網址：https://lis.ly.gov.tw/lyhdbndbc/ttsweb?@0:0:1:/sys1/lyhdbndb/ttscgi/lyhdbndb@@0.2156124448317005。

2. 中央銀行統計資料庫，網址：https://cpx.cbc.gov.tw/Tree/TreeSelect。

3. 台灣文學網，網址：https://tln.nmtl.gov.tw/ch/index.aspx。

4. 立法院法律系統，網址：https://lis.ly.gov.tw/lglawc/lglawkm。

5. 全國法規資料庫，網址：https://law.moj.gov.tw/。

6. 金融監督管理委員會銀行局統計資料庫動態查詢系統，網址：https://survey.banking.gov.tw/statis/stmain.jsp?sys=100。

7. 保險業公開資訊觀測站，https://ins-info.ib.gov.tw/。

8. 帝國議會會議錄檢所系統，網址：https://teikokugikai-i.ndl.go.jp/。

9. 國立公文圖書館アジア歷史資料センター（網站），網址：https://www.jacar.go.jp/glossary。

10. 國家圖書館期刊文獻資訊網，網址：https://tpl.ncl.edu.tw/NclService/。

11. 婦女期刊作者研究平台，網址：http://mhdb.mh.sinica.edu.tw/ACWP/。

12. 教育部「109 學年度大專院校一覽表」網站，網址：https://ulist.moe.gov.tw/。

13. 楊建成，〈日治時期台灣人士紳圖文鑑〉，網址：https://blog.xuite.net/wu20130902/wu20130902/110343202。

14. 漢珍數位圖書館，《臺灣當代人物誌資料庫》。

15. 臺灣日記知識庫，網址：https://taco.ith.sinica.edu.tw/tdk/。

16. 臺灣史檔案資源系統，http://tais.ith.sinica.edu.tw/sinicafrsFront/index.jsp。

17. 臺灣博碩士論文知識加值系統，網址：https://ndltd.ncl.edu.tw/。

18. 臺灣總督府職員錄系統，網址：http://who.ith.sinica.edu.tw/mpView.action。

19. 臺灣總督府職員錄系統，網址：http://who.ith.sinica.edu.tw/mpView.action。

（三）研究報告

1. 李思儀、詹書媛，〈台灣女子中等教育之研究——以台中女中（1919~1960）為例〉，臺中：國立臺中女子高級中學九十七學年度人文暨社會科學實驗班專題研究成果，2008 年。

2. 李為楨，〈戰後初期台灣金融機構之接收與金融體系機能的演變研究成果報告（精簡版）〉，行政院國家科學委員會專題研究計畫成果報告，計畫編號：NSC 97-2410-H-004-048，2009 年 10 月。

3. 株式会社エァクレーレン，《「明治期に金融制度の確立等に貢献した人物」に関する研究調査》，2017 年 12 月，網址：https://www.fsa.go.jp/common/about/research/20180313/20180313.html。

（四）錄影資料

1. 民視台灣學堂，〈戰後初期的台灣：四萬換一塊 2017.03.14——薛化元〉（錄影資料），網址：https://www.youtube.com/watch?v=Oj04q6jc65I。

2. 東森新聞台，《台灣啟示錄》復刻版第 655 集（影像資料）（原播映時間 2011 年），網址：https://www.youtube.com/watch?v=om3xqt6m60Y（台灣啟示錄 Youtube 官方頻道）。

3. 故事 StoryStudio,〈二二八後的日子！回到 1950 年時局常識大考驗 ft. 薛化元老師！〉(錄影資料),網址:https://www.youtube.com/watch?v=0oR5PqriQ_U&t=14s;https://www.youtube.com/watch?v=Oj04q6jc65I。

4. 財團法人保險事業發展中心、公共電視,《臺灣商業保險發展史(錄影資料)》,臺北:財團法人保險事業發展中心,2015 年 7 月。

(五)企業年報

1.《中國人壽 109 年度年報》。

2.《兆豐保險 2019 年年報》。

3.《臺銀人壽保險股份有限公司中華民國一〇八年度年報》。

(六)未分類

1.〈天主教聖谷東區中文週訊〉(2019.5.5),https://catholicchinese.org/wp-content/uploads/2019/05/2019-05-05.pdf。

2. Swiss Re Institute, *Sigma*, Zurich: Swiss Re Institute, No 2007/4、No 2008/3、No 2009/3、No 2010/2、No 2011/2、No 2012/3、No 2013/3、No 2014/3、No 2015/4、No 2016/3、No 2017/3、No 2018/3、No 2019/3、No 2020/4、No 2021/3。

3. Tassava, Christopher. "The American Economy during World War II". EH.Net Encyclopedia, edited by Robert Whaples. February 10, 2008. 網址:http://eh.net/encyclopedia/the-american-economy-during-world-war-ii/。

4. 財團法人日本交流協會臺北、高雄事務所,《原日本軍人・軍屬之未付薪津、軍事郵政儲金・外地郵政儲金、簡易人壽保險・郵政年金等之支付通知書》,出版地不詳:通知者,1995 年 11 月。

5. 逢甲大學金融學院,〈肇昌講堂〉,網址:https://cof.fcu.edu.tw/ccyang_memorial-hall/。

6. 湯傳斌,〈父親悼文〉(2013 年 12 月 16 日),網址:http://blog.sina.com.cn/s/blog_707b21060101ink9.html。

附錄一　臺灣金融接管計畫草案

一、由財政部指派四聯總處、四行、二局會同臺灣省政府組織接管臺灣金融委員會（以下簡稱接管委員會），辦理接管臺灣金融事項。接管臺灣金融委員會，於各銀行改組後結束，以後地方金融行政由財政廳設科主管。

二、接管第一步由接管委員會派員至臺灣各銀行及其他金融機關監督其繼續營業，以免金融停滯而引起社會之不安。一面著手清理與調整，以為接管改組之準備。

三、接管第二步手續視臺灣各銀行之業務情形，分別由省政府及四行、二局主持接管，並予以改組，惟仍應秉承接管委員會辦理之。

　　甲、臺灣銀行，除將其發行及代理國庫業務移交中央銀行、外匯業務移交中國銀行外，應改為臺灣省銀行，由臺灣省政府主持接管改組及事項。

　　乙、日本勸業銀行辦理農貸可由中國農民銀行主持接管，並將其改為中農之分行。

　　丙、臺灣商工銀行可由交通銀行主持接管，改為交通之分行。

　　丁、臺灣儲蓄銀行，可由信託局主持接管，改為信託局之分局。

　　戊、華南銀行可由中國銀行主持接管，必要時，得令其停業。

　　己、三和銀行有華僑及臺胞投資，清理後，改組為純粹臺胞資本之銀行，仍准繼續營業。

　　庚、郵政儲金及保險部份可由郵政儲匯局接管。

四、臺灣原有之市庄及農業信用組合，為純粹下層之金融機構，由地方政府整理或改組，並予以扶助及獎勵。

五、除上列經接管改組之五行及中央銀行與中國銀行分行外，非遇實際需要時，其他銀行暫不在臺灣設立分行。

六、臺灣銀行雖為私人集資之銀行，然其過去實為敵國政府侵略及剝削臺灣人民之有力工具，其資產應予以無條件之沒收。

臺灣各銀行經接管改組後，除戰爭犯罪所有之股本，應予以沒收外（其他應予沒收之股本，亦得沒收），其餘日人之股本得酌定價格，可分年償還，每年之股息照付，而不分發紅利。

七、中央銀行應按原有流通之臺灣銀行券，印製一元、五元、十元及五十元之地名流通券（以下簡稱新幣），以適當之比率，陸續兌換臺灣銀行券。至新臺幣對法幣及外匯之比率，視當時國內外幣值情形，另行規定。

八、中央銀行應派員隨軍進發，設立兌換站。接收一重要地區後，即於該地迅速設立辦事處或分行，以辦理新幣之發行及兌換事項。

九、接管初期，中央銀行新幣發行時，首應（登記各該地區人民臺幣之持有額）規定兌換期間（不宜太長）及每人兌換之數額，以防止敵人之套取。

十、臺灣原有之輔幣，暫時仍准流通。

十一、清算臺灣銀行之發行數額，並向敵國政府要求準備金之償還。

十二、清算各銀行之存放款總數，其負債額以各該行之資產抵補之。

十三、接管初期，應限制每一存戶之提款數額每月不得超過若干（以能維持每一存戶每月之最低生活為原則）。必要時，敵國人民得暫時停止其提款。

十四、各銀行之原有放款，如在敵國內者，應要求敵國政府負責收回；如確係不能收回之呆帳，應向敵國政府索還。

十五、清算敵國政府及公司企業在臺灣發行之各種證券及其基金數額與還本付息之狀況，並規定清理辦法。

甲、屬於敵國發行之公債，應立即停止付息還本，其臺胞所持有之債券登記總數後，應向敵國政府索還。

乙、屬於敵國政府及公司企業發行之他種證券，如基金缺乏及未能如期付息還本者，應向敵國政府要求償還。

丙、屬於私家企業發行者，如有缺乏基金及未能如期付息還本情事，則責令各該企業償還或強制以其資產抵債。

十六、接管臺灣各銀行之總、分行所需之上、中級業務人員，應由四聯總處、
　　　六行局及臺灣調查委員會儲備訓練。至原有各行之中、下級臺籍人員應
　　　儘量留用，其中、下級之日籍人員，則需經審查後，再酌予分別留用。

十七、臺灣各銀行在外資產（除中國外），其處理辦法由中央政府另定之。

資料來源：〈臺灣金融接管計畫草案〉，收入張瑞成編，《中國現代史史料叢編第四集：
　　　　　光復臺灣之籌劃與受降接收》，頁 175～178。

附錄二　行政長官公署財政處 1946 年 2 月 16 日公告及訓令

壹、財政處致丑（銑）財四字第 547 號公告

　　查本省各項戰爭保險原屬日本政府保證委託本省各保險會社代辦，此項保險金自應由日本政府負責賠償，茲為清理起見，經擬定處置辦法三項簽奉核准在案，特將處理辦法分列如左：

　　一、關於戰爭保險之罹災案件，限各保戶自公告之日起一個月內向投保會
　　　　社辦理登記，逾期截止。

　　二、前項罹災案件於登記後，各會社應迅速調查評定，限於一個月內辦理
　　　　完竣。

　　三、凡經評定應付之戰爭保險金，屬於日人者，由該會社給予證明，以便
　　　　持向日本政府支取，屬於中國人者，由政府派員向日本政府索取照發。

貳、財政處發給產險業之訓令

　　查臺灣各損害保險會社業經派員監理在案，茲據檢送檢查報告前來經擬訂處理辦法簽奉行政長官批准照辦，茲將處理辦法分列如左：

甲、一般損害保險

　　一、各會社之應收未收保險費及應付未付保險金限自二月十六日起至五
　　　　月十五日止清理完竣。

　　二、安田、同和、大阪住友、千代田、大倉、東京、日本、日產、大正、

　　日新、興亞等十一會社自二月十六日起一律停止接受新保險契約，并結束其支店、出張所及代理店。

三、大成會社由本處委託辦理接受新保險契約及改受其他各會社之舊契約，但應另立新帳，其損益及責任由本處承受，給予該會社應得之手續費，其委託辦法另定之。

四、各會社冗員應予裁汰以節經費，留用人員薪津酌予調整統由監理委員擬定報請本處核定實施。

五、各會社在臺帳務清理完竣應即接收合併組設新公司，一面派員前往日本各該本支店清理欠款。

乙、戰爭損害保險

一、關於戰爭損害保險之罹災案件，由本處公布通告限一個月內向各該會社登記完竣。

二、前項罹災案件於登記後，各會社應迅調查評定，限於一個月內辦理完竣。

三、凡經評定應付之戰爭保險金屬日人者，由各該會社給予證明書，以便持向日本支取，屬於中國人者由政府派員向日本政府索取後照發。

參、財政處發給壽險業之訓令

　　查臺灣各生命保險會社業經派員監理在案，茲據檢送檢查報告前來經擬訂處理辦法簽奉行政長官批准照辦，茲將處理辦法分列如左：

甲、一般生命保險

一、各會社之應收未收保險費及應付未付保險金限自二月十六日起至五月十五日止清理完竣。

二、凡在民國三十四年八月十五日以前過期未繳保險費之契約應照各該會社規章辦理，在三十四年八月十六日以後過期未繳保險費之契約應否准予補繳續保，應由監理委員核定辦理。

三、明治、帝國、日本、富國徵兵、住友、日產、三井、第一徵兵、安田、野村、第百及大同等十二會社自二月十六日起一律停止接受新保險契約，所有各該會社之舊保險應另立新帳登記收支。

四、各會社冗員應予裁汰以節省經費，留用人員薪津酌予調整統由監理委員擬定報請本處核定實施。

五、各會社出張所及代理店應予分別裁減以節開支。

六、各會社應集中辦公，其場所由監理委員指定之。

七、千代田、第一生命兩會社由本處委託辦理接受辦理新保險契約，但應另立新帳，其損益及責任由本處承受，給予該會社應得之手續費，其委託辦法另定之。

八、日人或中國人保戶應分別處理，除應付中國人保險金應予清償外，應付日人保險金應由原會社給予證明書，持向各該本店支取。

九、各會社在臺帳務清理完竣應即接收合併組新公司，一面派員前往日本各該本店清理欠款。

乙、戰爭生命保險

一、關於戰爭生命保險之罹災案件，由本處公布通告限一個月內向各該會社登記完竣。

二、前項罹災案件於登記後，各會社應迅調查評定，限於一個月內辦理完竣。

三、凡經評定應付之戰爭保險金屬日人者，由各該會社給予證明書，以便持向日本支取，屬於中國人者由政府派員向日本政府索取後照發。

資料來源：「日賠償戰爭保險金處理辦法公告案」；〈臺灣省各保險會社檢查報告書及相關文件（1946 年 2 月）〉，頁 53～56、62～64；〈各種保險處理方法　由長官批准公布〉。

附錄三　舊壽險契約改保後平均保額與物價指數對照表

序號	時間點（改保倍數）	平均保額	物價、米價月份	物價指數（倍數）	物價倍數 v.s.						米價	可購米量（公斤）
					1937.6	1945.7	1945.8	1946.7	1946.10	1947.8		
1	1937.6	1,302.10	1937.6	100	1	-	-	-	-	-	0.198	6,576
2	1945.7	1,876.58	1945.7	241.99	2.42	1	-	-	-	-	2.05~7.68	244~915
3	1945.8		1945.8	1,171.65	11.72	4.84	1	-	-	-		
4	1946.7		1946.7	15,202.66	152	62.82	12.98	1	-	-	22.42	84
5	1946.10		1946.10	15,515.56	155	64.12	13.24	1.02	1	-	23.70	79
6	1947.8		1947.8	45,365.93	454	187	38.72	2.98	2.92	1	70.13	27
7	1948.1.15～1948.7.15（1st, 5～10）	18,766	1948.1	101,097.79	1,011	418	86.29	6.65	6.52	2.23	97.13	193

戰後臺灣保險市場的接收與重整（1945～1963）

序號	期間											
8	1948.7.16～1948.12.31（2nd, 10～20）	37,532	1943.7	169,377.96	1,694	700	145	11.14	10.92	3.73	196.05	191
9	1949.1.1～1949.2.28（3rd, 30～60）	112,595	1943.12	980,280.34	9,803	4,051	837	64.48	63.18	21.61	1,172.05	96
10	1949.3.1～1949.4.30（4th, 60～120）	225,190	1949.2	2,234,045.02	22,340	9,232	1,907	147	144	49.24	4,582	49
11	1949.5.1～1949.6.30（5th, 600～1,200）	2,251,896	1949.4	4,440,618.47	44,406	18,350	3,790	292	286	97.88	7,973	282
12	1949.8.1～1949.12.31（6th, 6,000～12,000）	562.97	1949.7	376.57	150,628	62,246	12,856	991	971	332	0.58	971
13	1950.1.1～1951.3.31（7th, 12,000～24,000）	1,125.95	1949.12	585.65	234,260	96,806	19,994	1,541	1,510	516	0.60	1,877
14	1951.3.31（12,000～24,000）		1951.3	1,193.85	477,540	197,339	40,758	3,141	3,078	1,053	1.43	787

說明：

1. 平均保額及米價單位，序號1～2為日圓，序號3～11為舊臺幣，此後為新臺幣。
2. 平均保額係指臺籍保戶之平均保額，序號2～6截至1945年3月之數據。1937年（序號1）因查無臺籍保戶契約平均保額之數據（所有契約平均保額為1,406.97圓），故以1945年3月臺籍保戶契約平均所有契約相對對所有契約平均保額（2,021.71圓）之比例（92.55%）乘以1937年所有契約平均保額1,406.97圓，估算1937年臺籍保戶契約平均保額。序號7以後之平均保額為1945年3月之平均保額乘以當次改保最高倍數。
3. 序號7為第1次改保的時間，括號為改保倍數，序號14為最後1次改保的截止時間。
4. 米價為臺北市蓬萊米零售價格，序號1～3因查無資料，所載數值為全年度平均。
5. 拙稿〈何以分歧？戰後臺灣保險業務發展之研究（1945～1963）〉附錄2（頁252）在計算對比1946年10月的物價倍數時，分母誤用成1946年7月的物價指數（應用1946年10月），導致計算出之數值與正確數值有些落差，在此更正。

資料來源：

1. 改保期限（序號 7～14）：「據臺灣人壽保險公司舊契約清理委員會遞接收日營千代田等生命保險會社各支店清理整理結束總報告等轉請查照核備見復」。

2. 平均保額：生命保險協會，《昭和生命保險事業》，頁 50～51；臺灣省行政長官公署統計室，《臺灣省五十一年來統計提要》，表 410（歷年保險業），頁 1122。

3. 物價指數：吳聰敏、高櫻芬，〈臺灣貨幣與物價長期關係之研究──1907 年至 1986 年〉，頁 61～62。

4. 米價：黃登忠，《臺灣百年糧政資料彙編（第一篇）》（臺北：臺灣省政府糧食處，1997 年 6 月），頁 4～6；黃登忠，《臺灣百年糧政資料彙編（第二篇）》（臺北：臺灣省政府糧食處，1997 年 6 月），頁 568～577。

附錄四　臺灣保險保費收入統計（1914～1970）

單位：千元（圓）（名目保費 1945 年以前為日圓，1946～1948 年為舊臺幣，1949 年以後為新臺幣；實質保費為 1937 年 6 月之日圓）

年　度	平減指數	產　險			壽　險			簡易壽險		
		保費收入（名目）	保費收入（實質）	指數（實質）	保費收入（名目）	保費收入（實質）	指數（實質）	保費收入（名目）	保費收入（實質）	指數（實質）
1914	57.58	201	349	18.26	663	1,151	8.67			
1915	53.12	225	423	22.13	672	1,265	9.53			
1916	58.63	240	409	21.39	460	785	5.91			
1917	71.61	327	457	23.90	674	941	7.09			
1918	94.7	392	414	21.65	826	872	6.57			

年										
1919	108.39	487	449	23.49	1,065	982	7.40			
1920	128.94	612	475	24.83	1,226	951	7.16			
1921	99.89	529	530	27.71	1,421	1,423	10.72			
1922	104.98	566	540	28.23	1,289	1,228	9.25			
1923	106.73	534	500	26.18	1,185	1,110	8.37			
1924	105.24	672	639	33.42	1,607	1,527	11.50			
1925	111.54	727	652	34.11	1,744	1,564	11.78			
1926	102.11	741	726	37.98	1,964	1,924	14.49			
1927	96.82	753	778	40.69	2,247	2,320	17.48	336	347	5.45
1928	98.57	846	858	44.91	2,590	2,627	19.79	820	832	13.08
1929	100.76	949	942	49.26	3,105	3,082	23.22	1,159	1,151	18.08
1930	82.57	1,099	1,331	69.62	4,277	5,179	39.02	1,812	2,195	34.49
1931	69.46	1,013	1,458	76.28	4,762	6,856	51.65	2,252	3,243	50.95
1932	74.07	1,054	1,423	74.43	5,363	7,240	54.54	2,840	3,835	60.26
1933	84.05	1,136	1,351	70.70	6,197	7,373	55.54	3,582	4,262	66.97
1934	78.62	1,208	1,537	80.41	7,542	9,593	72.27	4,156	5,287	83.07
1935	84.63	1,383	1,634	85.50	9,592	11,334	85.39	4,747	5,609	88.15
1936	97.72	1,711	1,751	91.63	11,528	11,797	88.87	5,559	5,688	89.39
1937	100	1,911	1,911	100.00	13,274	13,274	100.00	6,364	6,364	100.00
1938	113.6	2,169	1,909	99.89	15,291	13,461	101.40	8,053	7,089	111.39
1939	118.31	2,797	2,364	123.70	18,777	15,871	119.56	9,676	8,178	128.51
1940	135.23	3,462	2,560	133.95	22,424	16,582	124.92	11,815	8,737	137.29
1941	141.92	4,000	2,818	147.45	23,711	16,707	125.86	14,188	9,997	157.09

年										
1942	150.18	5,199	3,462	181.12	24,312	16,189	121.96	21,668	14,428	226.72
1943	159.22	5,253	3,299	172.62	34,728	21,811	164.32	27,692	17,392	273.30
1944	178.93	9,790	5,471	286.27	24,509	13,698	103.19	34,022	19,014	298.79
1945	237.43	10,937	4,607	241.02	24,509（e4）	10,323（e4）	77.77（e4）	34,279	14,438	226.87
1946	11,888.21	22,088（e1） 54,300（e2） 44,176（e3）	186（e1） 457（e2） 372（e3）	9.72（e1） 23.90（e2） 19.44（e3）	24,509（e4）	206（e4）	1.55（e4）	33,120	279	4.38
1947	38,015.17	140,636（e1） 345,734（e2） 281,272（e3）	370（e1） 909（e2） 740（e3）	19.36（e1） 47.58（e2） 38.71（e3）	23,760	63	0.47	22,603	59	0.93
1948	138,180.67	1,081,506（e1） 2,658,730（e2） 3,244,517（e3）	783（e1） 1,924（e2） 2,348（e3）	40.95（e1） 100.67（e2） 122.85（e3）	133,273	96	0.73	21,307	15	0.24
1949	350.92	1,168（e1） 2,871（e2） 3,503（e3）	333（e1） 818（e2） 998（e3）	17.41（e1） 42.80（e2） 52.24（e3）	296	84	0.64	15	4	0.07
1950	821.33	3,713（e1） 9,128（e2） 11,139（e3）	452（e1） 1,111（e2） 1,356（e3）	23.65（e1） 58.15（e2） 70.96（e3）	1,729	211	1.59	134	16	0.26
1951	1,286.99	14,000	1,088	56.92	2,808	218	1.64	104	8	0.13
1952	1,574.88	22,130	1,405	73.52	3,596	228	1.72	88	6	0.09

戰後臺灣保險市場的接收與重整（1945～1963）

年										
1953	1,862.57	31,578	1,695	88.70	4,397	236	1.78	73	4	0.06
1954	1,936.90	39,963	2,063	107.95	8,914	460	3.47	50	3	0.04
1955	2,053.76	60,406	2,941	153.89	11,573	564	4.25	251	12	0.19
1956	2,327.88	83,027	3,567	186.61	13,169	566	4.26	339	15	0.23
1957	2,563.18	101,597	3,964	207.39	15,735	614	4.62	412	16	0.25
1958	2,621.11	137,399	5,242	274.27	17,568	670	5.05	581	22	0.35
1959	2,849.27	189,097	6,637	347.24	14,852	521	3.93	676	24	0.37
1960	3,231.24	218,929	6,775	354.49	16,438	509	3.83	1,048	32	0.51
1961	3,335.51	254,646	7,634	399.44	18,781	563	4.24	1,366	41	0.64
1962	3,452.16	285,340	8,266	432.46	44,191	1,280	9.64	1,463	42	0.67
1963	3,655.53	327,077	8,947	468.14	270,745	7,406	55.80	1,847	51	0.79
1964	3,741.22	389,174	10,402	544.26	467,168	12,487	94.07	7,054	189	2.96
1965	3,563.65	473,820	13,296	695.66	509,574	14,299	107.72	7,017	197	3.09
1966	3,609.08	578,650	16,033	838.87	519,078	14,383	108.35	17,664	489	7.69
1967	3,715.41	714,350	19,227	1,005.96	644,348	17,343	130.65	56,668	1,525	23.97
1968	3,851.68	802,000	20,822	1,089.43	839,000	21,783	164.10	130,797	3,396	53.36
1969	3,794.90	994,000	26,193	1,370.45	1,136,000	29,935	225.51	201,737	5,316	83.54
1970	3,956.98	1,206,000	30,478	1,594.63	1,291,000	32,626	245.79	310,031	7,835	123.12

說明：

1. 保費收入（實質）＝〔保費收入（名目）／平減指數〕*100；指數（實質）＝〔保費收入（實質，各年度）／保費收入（實質，1937）〕*100。

2. 產險（1946～1950）目前僅查到臺灣產物（含監理階段）一家業者之保費收入資料（e1），其值顯然較實際值爲低，故另估計2種可能狀況供佐參考。第1種情況（e2）假設1946至1950年臺灣產物保費收入占整體產業保險費收入之比例與1951年相同，故以臺灣產物1951年保費收入新臺幣569萬4,855元（見：黃玉韞，〈臺灣保險事業的發展〉，《臺灣文獻》，15：

2（1964 年 6 月），頁 76、78）占產險業整體保費收入 1,400 萬之比例（40.68%），回推 1946 至 1950 年之產業整體保費；第 2 種情況（e3）假設資保險（含臺灣分所）、中信局產物保險處（含臺灣分局）1946 至 1950 年的保費收入與整體產物相同，故 1946、1947 年以臺灣產物保費收入的 2 倍做為整體產險業保費收入，1948 至 1950 年為 3 倍（中信局臺灣分局於 1947 年 10 月才開業）。筆者目前找到保險部分年度的保費收入資料，1949 年 1 至 9 月為新臺幣 23 萬 5,750.32 元（為總臺灣產物 1949 年保費收入的 84.26%），並存臺灣產物 1950 年度的保費收入部分找到新臺幣 312 萬 8,392.63 元（為臺灣產物 1950 年保費收入的 20.19%）。1950 年為新臺幣供參考。分別見：《資源委員會檔案》，「經費」，中央研究院近代史研究所，〈保險事務所〉，館藏號：24-10-22-005-01，頁 205、215。

3. 壽險（1945～1946）目前尚未找到資料，暫假設保費收入與 1944 年相同（e4），但由於戰後業務近乎停頓，要到 1946 年 4 月才重新展開，而有效契約應繳保費金額不會變動，故實際上保費收入應該不會這麼高。

4. 壽險（1947～1948）僅臺灣人壽一家業者之保費收入資料，但因中信局臺灣分局 1948 年 12 月才開壽險業務（頁 149）。故臺灣人壽即代表當時的壽險業。

5. 壽險之原始資料應為應收月保費收入，未來成以 12 轉換為年保費收入，不過實收和應收之間可能存在一些落差。簡易壽險為應收保費月保費收入。

6. 日治時期傷害保險保費收入歸在產險業，戰後歸在壽險業，不過是項業務無論戰前、戰後規模都極小，可以忽略。

7. 1949 年以後傷害保險保費收入已將簡易壽險併入計算，但仍單獨列出簡易壽險 1949 年以後保費收入資料供參。

資料來源：
1. 平減指數：採躉售物價指數，吳聰敏、高櫻芬，〈臺灣貨幣與物價長期關係之研究──1907 年至 1986 年〉，頁 61～63。
2. 名目保費收入：
(1) 壽險、產險（1914～1942）：臺灣總督府財務局金融課，《臺灣の金融（昭和五年）》，頁 288～289（取 1914～1927）；臺灣總督府財務局，《臺灣金融年報（昭和十三年）》，頁 172～173（取 1928～1935）；臺灣總督府財務局，《臺灣金融年報（昭和十八年）》，頁 178～179（取 1936～1942）。
(2) 壽險、產險（1943～1944）：善後救濟總署臺灣分署經濟技正室編，《臺灣省主要經濟統計》。
(3) 產險（1945）：〈臺灣省各保險社檢查報告書及相關文件（1946 年 2 月）〉，收入陳雲林總主編，《館藏民國臺灣檔案匯編》第 78 冊，頁 49～50。
(4) 產險（1946）：監理階段（1946.4.1～1946.6.15，頁 101）保費收入為 546 萬 5,207.99 元，臺灣產物 1946 年 7 至 12 月保費收入為 1,647 萬 4,473.91 元，合計 2,193 萬 9,681.9 元。分別見：「大成火災海上保險株式會社業務交清冊電送案」，臺灣省調查報告書（1947 年 2 月）〉，收入陳雲林總主編，《館藏民國臺灣檔案匯編》第 193 冊，頁 220。
(5) 產險（1947～1950）：臺灣銀行金融研究室，《臺灣金融年報（36 至 39 年）》（臺北：編者，1948 年 6 月、1949 年 6 月、1950 年 6 月、1951 年 4 月），頁 240～243（36 年）、146～149（37 年）、150～151（38 年）、110～111（39 年）。

（6）產險（1951）：本年度尚查無精確資料，僅見相關文獻提及產險業當年度保費收入新臺幣 1,400 餘萬元，其中火災保險為 4.54 百萬元。分別見：嚴家淦，〈寄望於保險業〉，頁 2；陳故綏，〈臺灣火災保險之回顧與前瞻〉，頁 28；保險季刊社，《五十三年度臺灣保險事業》，頁 17。

（7）產險（1952～1964）：保險季刊社，《五十三年度臺灣保險事業》，頁 6。

（8）產險（1965～1967）：孫堂福，〈臺灣之產物保險〉，頁 366～368。

（9）產險（1968～1970）：陽肇昌，〈三十年來的保險事業〉，頁 117。

（10）壽險（1947～1948）：臺灣銀行金融研究室，《臺灣金融年報（36 至 37 年）》，頁 244～245（36 年）、150～151（37 年）。

（11）壽險（1949～1967）：沈佛生，〈臺灣之人壽保險〉，頁 385。

（12）壽險（1968～1970）：中華民國人壽保險商業同業公會，〈人壽保險業歷年人壽保險及年金保險投保率與普及率〉，網址：http://www.lia-roc.org.tw/index03/rate1.pdf，下載日期：2021 年 6 月 13 日。

（13）簡易壽險（1927～1944）：臺灣省行政長官公署統計室，《臺灣省五十一年來統計提要》，表 418（歷年簡易人壽保險），頁 1138～1139。

（14）簡易壽險（1945～1948）：1947 至 1948 年所引資料以折算新臺幣，故乘以 4 萬回推臺幣金額，另 1946 年列有 5 月及 12 月兩個數值，取 5 月。交通部郵政總局編，《郵政七十周年紀念專輯（下冊）》，頁 353、361。

（15）簡易壽險（1949～1970）：交通部郵政總局編，《郵政統計彙輯》（臺北：編者，1976 年 3 月），頁 282。